そうだったのか！中国

池上彰
Akira Ikegami

集英社

目次

はじめに 4

第1章 「反日」運動はどうして起きたのか 6

第2章 毛沢東の共産党が誕生した 16

第3章 毛沢東の中国が誕生した 28

第4章 「大躍進政策」で国民が餓死した 40

第5章 毛沢東、「文化大革命」で奪権を図った 52

第6章 チベットを侵略した 74

第7章 国民党は台湾に逃亡した 92

第8章 ソ連との核戦争を覚悟した 110

第9章 日本との国交が正常化された 118

第10章 鄧小平が国家を建て直した 138
第11章 「一人っ子政策」に踏み切った 156
第12章 天安門事件が起きた 166
第13章 香港を「回収」した 186
第14章 江沢民から胡錦濤へ 200
第15章 巨大な格差社会・中国 208
第16章 進む軍備拡張 218
第17章 中国はどこへ行くのか 228

おわりに 236／中華人民共和国地図 238
中華人民共和国憲法序言 240／もっと知りたい人のために 242
主要参考文献 244／中華人民共和国年表 247／索引 255

はじめに

二〇〇七年三月、世界経済は同時株安に大きく揺れました。発端は、中国・上海の株式市場で株価が急落したこと。中国の株価下落が世界を揺るがすまでになっていることを示したのです。

かつては「アメリカがクシャミをすると日本が風邪をひく」という言葉がありましたが、いまや「中国がクシャミをすると、アメリカや日本は悪寒を覚える」という状態になりつつあります。

悠久の歴史と文化をもち、歴史的に日本に大きな影響を与えた中国。日本は、中国から多くのものを学んできました。

稲作も漢字も仏教も中国から伝わりました。孔子の『論語』は、いまも日本人の精神に息づいています。これほどまでに日本に影響を与えてきた中国は、経済力でも日本に大きな影響を与えるようになりました。

その一方で、最近の中国での反日運動には戸惑いを覚える人も多いことでしょう。

中国政府高官による高飛車な反日発言。靖国神社参拝問題をめぐる発言。中国に対する違和感が日本国内で広がっています。

私たちは、中国について、古代から近代までは学校の世界史でも学びます。しかし、現代史について学ぶ機会は多くありません。日本の多くの若者が、中国現代史を、まったく知らないのです。

中国政府は、日本に対して、「歴史を直視せよ」と言います。その言や良し。では、自分たちはどうなのでしょうか。中国共産党によって引き起こされた数々の悲劇について、中国は、「歴史を直視」しているのでしょうか。

実は、中国共産党公認の歴史には、共産党によって改竄《かいざん》されたものが多数あります。実際の歴史はどうだったのか。私たちは、日本の歴史を学ぶとともに、中国の歴史も知っておく必要があるのです。

日本は、中国という隣人から引っ越すことはできません。だったら、隣人が、どんな歴史を歩んできたか、まずはそれを知ることから始めましょう。

二〇〇七年　六月

池上　彰

第1章
「反日」運動は どうして起きたのか

愛国主義を掲げていれば、何をしても許される。そんな意味が込められていました。

「反日」運動はどうして起きたのか

反日運動で襲撃される上海の日本総領事館（2005年4月）

上海の日本総領事館が襲われた

学生たちが投げるペットボトルや石が、警官隊の頭上を越えていく。その先にあるのは、上海の日本総領事館。建物が、みるみる汚れ、壊されていく。なのに、警官隊は、学生たちを制止しようともしない。

こんな衝撃的な映像がニュースで流れたのは、二〇〇五年四月十六日のことでした。総領事館に投石を繰り返した学生たちに一般市民も加わり、一部は暴徒化して、日本料理店も襲いました。参加者は一万人近くに上ったとも推計されています。

若者たちは大声で日本を批判し、中には「愛国無罪」というスローガンを掲げる者もいました。「愛国主義の行動は罪に問われない」という意味です。愛国主義を掲げていれば、何をしても許される。そんな意味が込められていました。

中国国内での反日デモは、その一週間前の四月九日、北京市内でも日本大使館周辺で起きていました。北京での反日デモは、かなり統制がとれていたものの、上海では激しい破壊活動を伴うものに発展したのです。日本が国連の安全保障理事会の常任理事国になろうという動きに

point! 愛国無罪

「日中戦争」直前の1936年に起きた抗議運動で掲げられたスローガン。
「五・四運動」などでも用いられた歴史的な言葉。

反対するものでした。

　私たちが驚いたのは、学生たちの行動以上に、中国政府の対応でした。上海での事件の翌日、中国を訪問した町村信孝外務大臣は、中国に、日本の総領事館を破壊した行動に対して謝罪と賠償を求めましたが、中国側は、これを拒否したのです。

　拒否したどころか、中国の李肇星《りちょうせい》外相は、「これまで中国政府は、日本国民に申し訳ないことをしたことはない。主要問題は、日本政府が歴史認識の問題で中国人民を傷つけたことだ」と述べて、むしろ学生たちの破壊活動を容認する姿勢すら見せたことでした。

　中国の若者たちが、これほどまでに反日感情を持っていること。中国政府が、それをむしろ奨励している気配があること。このことを、衝撃的な映像と共に、私たちは知ることになったのです。

　中国では、集会やデモ行進の自由などが、建前としては憲法で認められていますが、実際には、当局の許可がなければ行動は起こせません。若者たちが、このような行動に出ることができたのは、当局が黙認ないしは奨励していたからこそなのです。

このような行動に出ることができたのは、当局が黙認ないしは奨励していたからこそなのです。

西安の悪ふざけが反日運動に

　中国での反日運動は、すでに二〇〇三年から、各地で発生するようになっていました。この年の十月、中国西部の西安《せいあん》にある西北大学の演芸会で日本人留学生が演じた寸劇が火をつけました。

　学生たちの真面目な英語劇などの後に、日本人留学生三人が登場し、Tシャツにブラジャーをつけ、股間に紙コップをつけて踊ったのです。決して趣味がいいとは言えませんが、単なる悪ふざけのレベルでした。

　ところが、その日の夜から、インターネットの掲示板に、「日本人留学生が中国人を侮辱した」という書き込みがあり、翌日には学内に寸劇を批判する壁新聞が張り出されました。

　実際の寸劇を見ていない学生たちが、ウワサで怒り、日本人留学生のいる学生寮を襲って、食堂を破壊しました。

　さらに、たまたま寮にいた無関係な日本人の女子学生が、日本人だというだけで殴られ、それを止めようとした中国人たちも暴行を受けました。

　このニュースが報じられると、騒ぎはさらにエスカレート。他大学の学生たちも駆けつけて、数万人の若者たちが、規制しようとする警官隊と衝突したり、市内の日本料理店を襲撃したりしたのです。

　大学当局は、日本人留学生の寸劇が中国人を侮辱したものではないことを知りながら、学生たちを退学させ、寸劇に協力した日本人語学教師を解職しました。

　さらに西北大学の共産党委員会も声明を出し、学生たちの「義憤」に理解を示しました。暴力行為を諌《いさ》めるのではなく、「反日行動」にお墨付きを与えたのです。「反日行動だったら、破壊行動を伴っても咎《とが》めはない」。中国の若者たちは、こう受け止めました。

サッカー試合で「反日」が際立った

　西安での事件は、日本国内ではそれほど大きくは報道されませんでした。日本人の多くが中国の「反日」を知ったのは、二〇〇四年七月のことです。サッカーのアジアカップが中国の四都市で開かれ、

アジアカップで熱狂する中国応援団（2004年7月）

試合の模様は日本に実況中継されました。このとき日本人はテレビの映像で、観客席の中国人たちの反日行動を目の当りにすることになったのです。

重慶《じゅうけい》で行われた日本の四試合は、いずれも対戦相手が中国以外でしたが、日本の選手には常にブーイングが浴びせられました。日本の対戦相手がボールをとると、歓声が起きるありさまです。日本選手は、まるでアウェーで試合をしている状態でした。特に七月二十四日の対タイ戦では、日本人サポーターにペットボトルが投げつけられました。

こうした異常な事態は、日本と中国との直接対戦でピークを迎えました。八月七日の北京での試合です。

中国の公安当局は、サッカー場に五〇〇〇人、周辺に五万人近い治安部隊を動員して警戒に当たりました。それでも騒ぎを押さえ込むことはできなかったのです。

試合は日本が3対1で勝ったものですから、不満を持った中国の若者たちが、試合終了直後から騒ぎ始めます。会場を出た日本大使館の公使の車は群衆に襲われ、窓ガラスを割られました。騒ぎを抑えることができないため、日本の選手やサポーターは会場に足止めされるありさまです。日本人が会場を出ることができたのは深夜になってからのことでした。

サッカーの国際試合は、サポーターの感情がとかく高揚しがちなもの。宿敵に負ければ不満を爆発させたくなる気持ちはわかりますが、この夜の騒ぎは常軌を逸していました。しかも事前に中国当局が騒ぎを抑え込もうとしていたにもかかわらず失敗したことは、中国当局のコントロールが効かないほどのエネルギーの

［中国こぼれ話］

重慶の反日意識

中国の重慶は、日中戦争時代、日本軍の無差別爆撃を受けた都市です。一九三七年、日本軍が当時の中華民国の首都・南京《ナンキン》を占領すると、中華民国は首都を重慶に移します。

一九三九年五月、日本の海軍航空隊は市街地中心部に対する無差別爆撃を開始しました。後には陸軍航空隊も参加し、多数の市民が死亡しました。

日本のゼロ戦（零式戦闘機）が戦場にデビューしたのが、この重慶爆撃でした。

爆撃は一九四三年まで続きました。重慶市民には、この無差別爆撃の被害の記憶があり、中国国内では反日意識が高い都市です。

point! パンダ

1950年代後半から80年代初めにかけて、世界各国との親善のために、中国政府はパンダを贈呈。外交に活用したことで、「パンダ外交」という名前が生まれた。

しかし、中国政府の「反日運動」に対する方針には、明らかに迷いと動揺が見られました。

マグマがたまっていることを示したのです。

そして、そのマグマは、やがて二〇〇五年四月、北京で、そして上海で、大きく噴き出したのです。

日本人の「親中意識」は急激に低下

アジアカップでの反日行動、そして北京、上海での反日暴動を目の当りにした日本人は、これを機に、一気に反中ムードを持つようになります。

内閣府の世論調査によると、二〇〇三年十月には中国に「親しみを感じる」と答えた人が四十七・九%に上っていましたが、二〇〇五年十月の時点では三十二・四%にまで急減したのです。

そもそも多くの日本人が中国への親しみの感情を持つようになったのは、一九七二年の田中角栄《かくえい》訪中がきっかけでした。

中華人民共和国が成立した後、日本と中国の間では国交が結ばれず、東西冷戦のもと、両国関係は冷え切っていました。

にもかかわらず、中国の当時の首脳である毛沢東《もうたくとう》主席や周恩来《しゅうおんらい》首相が、日本に丁重な対応を見せたことから、日本人の中国ファンが激増したのです。

日中友好の証として日本に贈られた二頭のパンダ「カンカン」「ランラン」は、日本人の中国ブームを巻き起こしました。

それ以来、漠然と「日中友好」のイメージを持っていた日本人は、思わぬ反日運動にショックを受け、一気に「嫌中意識」を持つようになりました。

中国共産党、反日運動抑制に動く

若者たちの反日暴動にショックを受けたのは中国共産党指導部も同じでした。共産党は、常に人々の行動を統制しています。党の統制が届かないところでの大衆行動には、本能的な危機意識を持つのです。

それでも若者たちの批判の矛先が日本に向かっているかぎりは構わないのですが、統制されない行動は、政府批判に転じかねないパワーを秘めていました。これが共産党には恐怖だったのです。事実、若者たちの主張の中には、日本に対して弱腰であるとして、当局を批判する動きが出始めていました。

上海での反日運動が暴発する前日、上海市の公安当局は、法律を守るように呼びかけるメールを市民の携帯に送っていました。中国人の携帯電話のメールアドレスが当局に全部把握されているというのも驚きでしたが、当局のこうした働きかけにもかかわらず、大勢の若者が暴動に参加したのです。

危機感を持った中国政府は、反日運動の抑え込みの方針に転換しました。

上海の反日暴動から三日後の四月十九日、李肇星《りちょうせい》外相が北京の人民大会堂に党・政府・軍の幹部三五〇〇人を集め、「情勢報告会」を開きました。席上、李外相は、反日行動の徹底した取締りを指示します。

また、それまで日本批判を繰り広げていた中国の各新聞は、一転して日中友好の大切さを説き始めたのです。中国のメディアは、すべて中国共産党と政府の管理下にあり、方針に忠実でなければならないからです。

しかし、中国政府の「反日運動」に対する方針には、明らかに迷いと動揺が見られました。

中国当局には、うっかり若者たちの反

「愛国主義教育基地」のプレート

日運動を抑えると、若者たちの怒りが対政府、対共産党に向けられるという恐れがあります。そこで当初は、若者たちの行動を、「愛国の情あふれる行動」と賛美して見せました。

ところが、当局のお墨付きを得たと考えた若者たちの行動がエスカレートして、統制が効かなくなると、今度は一転して抑えにかかりました。若者たちの反日意識に手を焼く当局の困惑ぶり。そこには、自らが作り出した反日意識を統制できなくなっている実態がありました。

若者たちの反日意識は、実は中国共産党が育成したものだったのですが。

では、どうして共産党は、若者たちの反日意識を育成することになったのでしょうか。そこには、「天安門事件」の苦い教訓があったのです。

中国共産党の正統性が問われた

「天安門事件」とは、中国の民主化を求める学生たちを、共産党の軍隊が踏みつぶした出来事のことです。一九八九年六月四日のことでした。

詳しくは第12章で取り上げますが、当時は隣国ソ連で民主化を進めたゴルバチョフ書記長が中国を訪問するのに合わせて、世界のメディアが中国に集まっていました。学生たちは、世界の報道陣の前で民主化を叫ぶことで、世界の目を意識した中国共産党の弾圧を避け、民主化を進めることが可能だと計算していました。

しかし共産党は、民主化を求める学生たちに脅《おび》えました。民主化とは、要するに共産党による独裁的な政治支配ができなくなることです。それは許せないことだったのです。「共産党にお願いすれば民主化が実現する」と素朴に考えていた学生たちの共産党への信頼感は、あっさり裏切られました。

共産党は、軍を出動させて学生たちを蹴散《けち》らしましたが、深刻な危機感を覚えます。学生たちをこのまま放置すると、近い将来再び中国共産党の政治的正統性が問われかねません。それを予防するため、学生たちに共産党の存在意義をたたき込むことにしました。これが「愛国教育」です。

共産党、「愛国教育」を推進

愛国教育を推進したのは江沢民《こうたくみん》政権でした。大学の新入生には軍事訓練が義務づけられ、中学や高校の歴史の授業時間が増やされました。特に中国近代史に時

実は中国政府が主張する「被害」は、年を追うごとに増えてきたという事実があります。

間を割《さ》き、中国が帝国主義列強や日本軍によって侵略を受けた屈辱の歴史を詳しく学ぶことになりました。

一九九四年には「愛国主義教育実施要綱」が制定され、各地に戦争犠牲者の慰霊碑や記念館を整備し、「愛国主義教育基地」に指定しました。児童・生徒は、こうした教育基地を訪れ、中国の歴史を学ぶことになったのです。

一九九五年は「抗日戦争勝利五十周年」に当たり、この年から徹底した愛国教育が進められました。

中国の人民は、かつて悲惨な生活を送っていた。その人民を解放したのが中国共産党だ。だから共産党が権力を握っていることは正しいことだ。こういう論理で共産党の政治的正統性を強調し、「正しい党」に指導される中国を愛することが求められました。

実は中国共産党も範とするマルクス・レーニン主義では、「労働者は祖国を持たない」ということになっています。労働者に対して祖国を愛するように求めるのは国家権力を握っている資本家であり、世界の労働者は国境を越えて団結し、革命を起こさなければならない、ということになっているのです。中国共産党は、愛国教育を推進することで、マルクス・レーニン主義から逸脱したのです。しかし、そんなことは問題にされませんでした。

権力を維持することだけを目的とする愛国教育は、排外主義的な民族意識を高揚させる危険があります。自分たちは国を愛している。自分たちが愛している国は素晴らしい。こんなに素晴らしい国はほかにない。ほかの国は、我々の国より劣っている。こんな意識が形成されかねないからです。

事実、中国では、これ以降、民族主義の高揚が見られます。健全な民族意識ならいいのですが、根拠のない他国への蔑視が増大するとすれば、危険なことです。

江沢民、「歴史問題」を強調

当時の江沢民《こうたくみん》は、最高指導者だった鄧《とう》小平《しょうへい》によって中央に引き上げられたばかり。党内基盤が確立しているわけでもなく、国民的な人気があるわけでもありませんでした。そこで江沢民が使ったのが、「歴史問題」というカードです。

愛国教育で若者たちの反抗の芽を摘む一方、過去に中国を侵略した日本に対して謝罪を求めることで、「強い指導者」を印象づける方針でした。

一九九八年十一月、中国の江沢民国家主席は、中国の元首としては史上初めて

【中国こぼれ話】

江沢民

一九二六年、中国内陸の江蘇《こうそ》省揚州の旧家に生まれました。江沢民の「沢民」とは、「人民に恩恵を与える」という意味。幼少時から古典を学びます。新生中国では漢字の改革を行い、簡体字と呼ばれる略字が使われるようになりましたが、江沢民は従来の繁字体をよく使います。

十三歳のとき、中国共産党員だった叔父の養子となり、南京中央大学を経て上海交通大学で学んで、学生時代に中国共産党に入党します。

新中国成立後はモスクワに留学。文化大革命時代には辛酸をなめますが、毛沢東死後、上海で頭角を現わし、最高指導者鄧小平に見出されて中央政界に進出しました。

「反日」運動は
どうして起きたのか

日本を訪問。行く先々で江沢民は、「歴史問題」を持ち出しました。

小渕恵三《おぶちけいぞう》総理との首脳会談で江沢民は、「近代に日本軍国主義は何度も中国人民に深刻な災難をもたらす侵略戦争を引き起こした。率直に言って多くの列強の中で日本は中国にもっとも重い被害を加えた国家だ」と述べて、日本に謝罪を求めました。

また、日本での演説で江沢民は、日本による侵略で「中国は軍民三五〇〇万人が死傷し、六〇〇〇億ドル以上の経済的損失をこうむった」と主張しました。

実は中国政府が主張する「被害」は、年を追うごとに増えてきたという事実があります。

一九五〇年代、中国は、日本軍による侵略で中国国民の死傷者は一〇〇〇万人、経済的損失は六〇〇億ドルと算定していました。それが、「抗日戦争勝利四十周年」の一九八五年には、死傷者一八〇〇万人、経済的損失一〇〇〇億ドルに引き上げられたのです。

そして五十周年の一九九五年には、死傷者三五〇〇万人、直接的な経済被害が一〇〇〇億ドル、間接的な被害が五〇〇〇億ドルと主張するようになったのです。

江沢民国家主席は、さらに宮中晩餐会で、「われわれは痛ましい歴史の教訓を永

日本を訪れた江沢民（1998年）

遠にくみ取らなければならない」と日本を批判しました。

どこに行っても日本を批判する。「江沢民主席は、日本に何しに来たのか」という日本国内での反中ムードが広がりました。

どうして江沢民は、日本訪問時に、これほど「歴史問題」を持ち出したのでしょうか。それは、江沢民が面子《めんつ》をつぶされたことに怒ったからではないか、という見方があります。

江沢民は面子をつぶされた？

江沢民訪日の前月、韓国の金大中《キムデジュン》大統領が訪日し、「日韓共同宣言」を発表していました。この中で日本側は、「韓国国民に対し植民地支配により多大な損害と苦痛を与えた」ことに「痛切な反省と心からのお詫びを述べた」と明記されました。

しかし、翌月の「日中共同宣言」では、日本側が「中国への侵略によって中国国民に多大な災難と損害を与えた責任を痛感し、これに対し深い反省を表明した」という表現はありましたが、「お詫び」の表現はありませんでした。

これが江沢民の面子を失わせた、という見方があります。「韓国にはお詫びをしておきながら、我が中国にお詫びをしないのはどういうことだ」と怒ったのではないか、というわけです。

当時の小渕総理には、「韓国には過去にお詫びしたことがなかったので謝罪したが、中国に対しては既に謝罪しており、お詫びを繰り返すことは韓国との間でバランスを失する」という思いがありました。しかし、その判断が、江沢民には通じませんでした。

江沢民にとっては、日本の歴史認識を正すこと、つまり「日本は中国を侵略し、中国人民に多大な被害を与えました。謝罪します」と日本に言わせることが、「日本の中国侵略」と戦って勝利した中国共産党の政治的正統性を高めることになり、「強い指導者」であることを中国国内でアピールできるということだったのです。

「反日」でないと失脚の恐れ

中国共産党が軍国主義日本と戦って勝ったことで新生中国を建国したという「建国神話」を持つ中国にとっては、そもそも「反日」の姿勢がバックボーンになっていました。政治家にとっては、「親日派」と見られると失脚する恐れがあったのです。そのことは、胡耀邦《こようほう》総書記の失脚で明らかになります。

一九八三年十一月、中国共産党のトップである胡耀邦総書記が来日。中国の首脳としては初めて日本の国会で演説しました。

また、東京都内で開かれた「青年のつどい」にも出席して挨拶し、翌年に日本の青年三〇〇〇人を中国に招待する計画を発表しました。

胡耀邦総書記は日本に好意を持ち、当時の中曾根康弘総理と個人的に親しく交際していました。

ところが中曾根総理は、戦後四十年にあたる一九八五年八月十五日、靖国神社に公式参拝しました。これに中国の古参幹部たちが一斉に反発。翌月には、北京の三つの大学で学生たちが反日集会を開き、「日本軍国主義打倒」「中曾根打倒」を叫びました。このうち北京大学の学生たちは、天安門広場までデモ行進したのです。

中国で自由なデモ行進はできません。デモ行進が黙認されたということは、当局が暗黙の了解を与えたことを示しています。中曾根と親しかった胡耀邦を追い落とそうとする勢力がいて、学生たちの行動を煽《あお》ったことがうかがえるのです。

胡耀邦は、一九八六年に中曾根を個人の資格で中国に招きましたが、こうした

政治家にとっては、「親日派」と見られると失脚する恐れがあったのです。

親日的姿勢が保守派の反感を買い、胡耀邦はますます追い詰められることになりました。胡耀邦を失脚させるチャンスを狙う保守勢力が力をつけたのです。

胡耀邦は、中国国内では民主化を進めようとしていました。これを評価する学生たちは、八六年十二月、胡耀邦を応援する集会やデモ行進を各地で繰り広げました。これがかえって胡耀邦に対する保守派の攻撃材料になり、八七年一月、胡耀邦は総書記辞任に追い込まれました。

親日的な立場をとると政治的に危険であるという「常識」が、このとき中国国内で確立したのです。

「日中友好」は、対ソ戦略の必要性から

一九七二年、田中角栄総理が中国を訪問し、日中関係の改善に踏み切りました。このとき中国は、戦時中の日本に対する損害賠償を放棄すると日本に伝えました。中国にしては大いなる妥協をして、「日中友好」を唱えたのです。反日がいわば生命線だった中国共産党が、どうして「日中友好」に踏み出したのか。

詳しくは第9章で取り上げますが、当時の中国は、北の大国であるソ連と厳しく対立するようになっていました。ソ連と対決するには、「反ソ統一戦線」を築かなければならない。そのために、日本、そしてアメリカとの関係を改善する必要があったのです。

この中国の戦略について、中国政治・外交史が専門の横山宏章氏は、「夷《い》をもって夷を制す」という伝統的な発想があったと分析しています（横山宏章『中華思想と現代中国』）。

中国には、伝統的に「中華思想」があります。徳と礼を持ち繁栄する大中華と、その周辺に存在する「夷狄《いてき》」（文化の遅れた者）の国々という構図です。しかし、中華がいつも繁栄しているわけではありません。ときに国乱れ、独立が脅かされることがあります。こういうときは、周辺の「夷狄」を利用して独立を保とうとする戦略を「夷をもって夷を制す」と呼ぶのです。

第二次世界大戦後、新中国を建設した中国共産党は、中国を侵略した日本、日本の背後にいるアメリカに対抗するため、ソ連と手を結びました。

ところが、そのソ連との対立が深まると、今度は日本と手を結ぶことでソ連に対抗しようとしました。中国による、この「夷をもって夷を制する」という戦略で、「日中友好」が唱えられたという側面があるのです。

こうした戦略からすれば、ソ連が崩壊したことで、中国は対ソ戦略というくびきから逃れ、対日政策を考えることができるようになりました。たとえ中国国内で反日運動が高まり、日本との関係が一時的に悪化しても構わないということになったのです。日本に対する外交方針はフリーハンドで臨めるようになったということでしょうか。それが、若者たちの反日運動を容認することにつながったのです。

このように、日中関係を見る上では、中国国内の歴史を知る必要があります。とりわけ現代中国を知る上では、中国共産党についての知識が欠かせません。

中国共産党が、中国国内でどのような位置にあり、現代中国をどのように形作ってきたのか。次章から、中国共産党の結成までさかのぼって見ることにしましょう。

第2章 毛沢東の共産党が誕生した

湖に浮かべた観光船の上で会議を続行し、中国共産党の結成を宣言しました。

上海に残る、第一回共産党大会の会場

共産党第一回大会の参加者は十二人だった

華やかに発展する上海。中心部の喧噪を抜けた旧市街地に、その建物はあります。全国から子どもたちが「革命の歴史」を学ぶために訪れる場所。それが、中国共産党第一回大会が開かれた住宅です。

一九二一年七月二十三日、この住宅で大会は密かに開かれました。このとき中国共産党員は全国にわずか五十三人（五十七人という説も）。その代表として十二人が出席しました。毛沢東《もうたくとう》もその一人でした。やがて中国共産党のトップに君臨する毛沢東も、このときは、代表の一人でしかありませんでした。

中国共産党は、世界革命をめざすソ連の共産党の指導を受けたコミンテルン（世界共産党）の中国支部として発足しました。大会には、コミンテルンから派遣されたマーリンとニコルスキーという人物も出席しています。会期中、周辺に警察の捜査が及んだため、参加者は途中で上海の市街地を離れて、湖に浮かべた観光船の上で会議を続行し、中国共産党の結成を宣言しました。

ちなみに、日本で日本共産党が誕生するのは、翌年のことです。

当時の中国は、帝国主義諸国の侵略を

point! コミンテルン

世界共産党（国際共産党とも）のこと。ロシア革命を世界に輸出することを目的に、1919年にモスクワで設立され、レーニンによって指導された。実態としては、ソ連の方針を世界の共産党に命令する組織だった。第二次世界大戦中の1943年、アメリカやイギリスと協調するために解散した。

受けていました。それでも、中国の山東《さんとう》半島を占有していたドイツが第一次世界大戦で敗北したことから、山東半島は中国に返還されるものと人々は考えていました。しかし、ヴェルサイユ条約で、山東半島はドイツから日本に領有権が移ることが決まります。この事実を知って怒った若者たちは、街頭に出て抗議行動を繰り広げました。一九一九年五月四日のことでした。これが「五・四運動」です。

これをきっかけに、中国では、日本に対抗する反日愛国運動が盛り上がります。街頭でのデモ行進や日本製品ボイコット運動が繰り広げられました。

このときにも反日運動があったのです。

中国では、この「五・四運動」の盛り上がりの中から共産党が誕生したことから、現代の中国で五月四日は特別な意味を持つ日なのです。

労働運動が発展する素地を生むほどには、資本主義はまだ成熟していなかったのです。

この運動の中で、北京大学教授の陳独《ちんどく》秀《しゅう》が創刊した雑誌『新青年』（創刊時は『青年雑誌』）が若い知識人の支持を得て読者を広げます。

一九一七年にロシア革命が発生すると、この雑誌は、いち早くロシア革命の思想を紹介し、共産主義思想を広める役割を果たしました。各地に共産主義に共鳴する若者たちが出現し、中国共産党の母体となっていくのです。

コミンテルンから派遣されたマーリンは、まず上海に入り、共産主義に共鳴する若者たちに接触して、共産党の結成を働きかけました。こうして中国共産党は、上海で産声を上げたのです。当時の中国共産党は、北京大学の教授など都市部のインテリが主体でした。その後に「農民の党」として発展していく兆《きざ》しはまだありませんでした。

「民族民主革命」をめざした共産党

中国共産党は、コミンテルンの指示どおりの方針を打ち出します。共産党の目的は、社会主義社会の実現ですが、マルクスによれば、社会主義は発展した資本主義の次の段階ということになります。当時の中国は、まだ資本主義が発展しておらず、その前の封建制の段階にありました。

[中国こぼれ話]

「共産党」は日本で生まれた翻訳語

コミュニズムという言葉が日本に入ってきたとき、この言葉は「共産主義」と訳されました。「私有財産は人々の共有財産になり、共に生産する」というような意味で名づけられました。

この言葉が中国に持ち込まれ、共産主義を目指す党ということで共産党と名づけられたのです。

社会主義社会の実現のためには、まずは封建制から資本主義に移行させ、さらに社会主義に持っていかなければならないという、「二段階の革命」が必要になるという認識でした。

農村では、大地主が土地を保有し、農民たちは土地を持たず、大地主のもとで小作農として酷使されていました。そこで共産党としては、土地制度を改革し、土地を農民に分配する必要があると考えました。

また、社会主義へと移行させるためには、その前に経済を封建制から資本主義へと発展させなければならないということになります。しかし、無秩序な資本主義の発展を認めるわけにはいきません。そこで、中国共産党としては、資本を二つに分類します。

中国に利益をもたらす愛国的なもの（民族資本）と、中国の利益を外国に売り渡す売国的なもの（買弁資本）です。

民族資本は発展させ、買弁資本は認めない、という方針です。資本というものが、そもそも単純に二つに分類できるものかどうかはともかく、中国共産党としては、この分類を基本とし、社会主義革命の前に、まずは「民族民主革命」が必要であるという方針を打ち出したのです。

やがて毛沢東《もうたくとう》が編み出す「農村からの革命」という視点は、まだ見当たりません。

コミンテルンという外部からの方針がそのまま中国に持ち込まれたため、「革命は先進的な労働者が起こすもの」という大原則が打ち出されました。当時の中国は巨大な農村社会であり、労働者の数は限られたものだったのですが。

コミンテルンの方針にもとづき、中国共産党は、まずは都市部の労働者を組織することから始めることになりました。中国共産党設立の翌月、「中国労働組合書記部」を設置し、労働者の組織化に着手します。

「五・四運動」の盛り上がりを受けて、都市部での労働組合運動も一時は盛り上がりを見せますが、軍閥によって大弾圧を受け、労働運動は下火に向かいます。労働運動が発展する素地を生むほどには、資本主義はまだ成熟していなかったのです。

国民党と共闘へ

一九一二年一月、中華民国が成立し、翌二月、それまでの清《しん》の皇帝が退位して、清朝が滅亡します。これが「辛亥革命《しんがいかくめい》」です。

いったんは民主主義国への道を進むかに見えましたが、清政府の生き残りだった袁世凱《えんせいがい》が実権を握り、帝国への逆行が進みます。袁世凱はまもなく病死。後には、各地に軍閥が乱立し、中国は、一つの国家として機能しなくなります。

この混乱の中で、中国に民主国家を樹立しようとしていたのが、孫文《そんぶん》でした。

いったんは南京《ナンキン》で中華民国臨時政府を樹立しますが、袁世凱からの圧力で、袁世凱に大統領の座を譲らざるをえなくなります。袁世凱の死後、軍閥が割拠する中で、孫文は、広東《カントン》を拠点に改めて中華民国を再建する運動を始めます。ロシア革命の成功と「五・四運動」の盛り上がりを見た孫文は、一九一九年十月、それまでに結成していた中華革命党を中国国民党と改称し、幅広い国民運動を展開していました。

これに目をつけたのがコミンテルンでした。コミンテルンは、中国共産党の樹立を働きかける一方で、マーリンは孫文に会って国民党と共産党が合流して幅広い国民運動を展開するように働きかけます。

孫文はこれを了承。共産主義を容認する方針を打ち出しました。

こうして一九二四年一月、新しい中国国民党第一回全国大会が広州《こうしゅう》で開かれました。中国共産党の党員は、個人の資格で国民党の党員にもなったのです。中央委員二十四人のうち三人は共産党員。中央委員候補十七人のうち七人が共産党員で、毛沢東も中央委員候補になりました。これは「第一次国共合作」と呼ばれます。

一九二五年三月、孫文が死去すると、国民党は党内で左右の対立が激化します。右派の指導者は蔣介石《しょうかいせき》でした。蔣介石は、国民党内部に共産党員が存在することを認めず、共産党系党員の弾圧に踏み切ります。打撃を受けた共産党は、一九二七年七月、全員が国民党から脱退しました。第一次国共合作は崩壊したのです。

その一方で蔣介石は軍閥との戦いも進

point! 孫文

1866年—1925年。広東省の農家に生まれ、医師となった後、革命運動に身を投ずる。袁世凱に敗れた後は、一時日本に亡命していた。日本在住中、近くにあった「中山」という家の苗字をとって「孫中山」と号すようになった。ここから、中国では「孫中山先生」と呼ばれる。いまの中国からも、台湾の「中華民国」からも、「革命の父」と評価されている。

孫文

め、一九二八年、ほぼ中国全土を統一。南京を首都にした国民党政権が成立しました。誕生した中華民国政府は、国民党の一党独裁政権で、蒋介石《しょうかいせき》が主席となりました。主席とは、英語でいえばプレジデント。つまり大統領のことです。

中国共産党、武装蜂起

国民党から脱退した共産党は、コミンテルンの指示を受け、一転して武装蜂起路線をとります。「労働者農民が武装して立ち上がり、国民党政権を倒して革命を成功させよ」という指示を受け、その通りのことを試みたのです。

一九二七年八月一日、国民党との合作時代に養成した武装組織二万人を動員して、江西省《こうせい》の南昌《なんしょう》で武装蜂起に踏み切り、南昌を占領しました。

これが、中国共産党が独自の軍隊を持った最初の日とされ、現在は人民解放軍の建軍記念日となっています。

しかし、この武装蜂起路線はことごとく失敗します。共産党組織が武器を持って都市を占領しても、都市住民は立ち上がりませんでした。南昌でも、国民党軍が駆けつけると、簡単に打ち破られてしまいます。その後も各地で武装蜂起しますが、住民の支持を得られないまま、共産党の部隊は国民党軍に包囲され、次々に壊滅させられてしまいました。

誕生したばかりの中国共産党は、中国の実情を知らないモスクワのコミンテルン本部から下される指示に、ひたすら従うばかりでした。コミンテルンは、「革命の母国」であるソ連の共産党が指導する組織。絶対的な存在だったのです。

コミンテルンは、「ロシア革命モデル」こそが唯一絶対の路線と考えていました。レーニンを指導者に、労働者農民が都市で武装蜂起して成功したロシア革命の経験から、この路線こそ、世界のどこでも通用するものだと信じきっていました。ロシアとはまったく国情が違う中国に対しても、同じやり方を押しつけたのです。

中国共産党の当時の指導部には、ソ連に留学した経験のある者が多く、コミンテルンの指示を金科玉条のものとして受け止めました。

中国には、まだ共産党を支持する広範な勢力が存在しないのに、コミンテルンの方針に従った武装蜂起路線をとったために、惨めな失敗を遂げたのです。

評価が分かれる毛沢東という人物

共産党の都市部での武装蜂起がことごとく失敗する中で、この路線にさっさと見切りをつけ、わずかな部隊を率いて山岳地帯に撤退した人物がいました。毛沢《もうたく》東《とう》です。

中国現代史は、この毛沢東抜きに語れません。しかし、さて、どう語ったらいいものか。それほど大きな存在で、その歴史的評価は毀誉褒貶《きよほうへん》激しく、まさに怪物、巨魁《きょかい》なのです。

私が学生だった一九六〇年代、毛沢東は「中国革命の星」であり、現代史に燦《さん》然《ぜん》と輝く巨人でした。

しかし、文化大革命の実情が判明し、毛沢東個人の性癖も明らかになるにつれて、「中国人民数千万人を死に至らしめた独裁者」という評価が固まりつつありま

毛沢東の共産党が誕生した

中国の実情を知らない モスクワのコミンテルン本部から 下される指示に、 ひたすら従うばかりでした。

す。

それでも中国国内では、「誤りもあったが、革命の偉大な指導者」という評価になっています。

毛沢東の存在を現代史にどう位置づけるか、大変むずかしいのですが、毛沢東を軸に、その後の共産党の成長を見ていきましょう。

毛沢東は、一八九三年十二月二十六日、湖南《こなん》省の農村で、豊かな農家の子として生まれました。小学校を出て十三歳には父親が決めた女性と最初の結婚をしていますが、この女性は三年後に死亡しています。毛沢東は、この女性について、まったく語っていないので、詳細は不明です。

幼少の頃から読書好きで、小学校を卒業後、いったんは農業を手伝いますが、向学心に燃え、湖南省の省都である長沙《ちょうさ》の師範学校に進みます。当時の中国の農村では、小学校を出るだけでも、かなり恵まれた存在ということになりますが、毛沢東は、さらに進学できたのです。これも、裕福な父親の仕送りによるものでした。

二十四歳で師範学校を卒業すると、北京大学教授になっていた師範学校時代の指導教授を頼って北京に出て、北京大学の図書館に就職します。

ここで、雑誌『新青年』の寄稿者たちと知り合い、マルクス主義思想に目覚めたのです。毛沢東は、恩師の娘である楊《よう》開慧《かいけい》と結婚し、故郷の湖南省に戻って小学校の校長になると共に、書店を開き、事業として大成功をおさめました。経営の才覚があったようです。

中国共産党の第一回全国大会が上海で開かれたときは、湖南省の代表として出席しています。

井岡山で根拠地建設

コミンテルンの指示を受け、武装蜂起路線をとった共産党が各地で壊滅状態となるや、毛沢東は、一九二七年、部下を引き連れて、山岳地帯に撤退します。

毛沢東が向かったのは、井岡山《せいこうざん》でした。湖南省と江西省《こうせいしょう》の境界付近にある山岳地帯で、「攻めにくく守りやすい」地形でした。ここに「革命根拠地」を築いたのです。

中国の小学校五年生の社会科教科書（国定教科書）では、井岡山には「比較的よい大衆的基盤があった」（小島晋治監訳『わかりやすい中国の歴史　中国小学校社会教科書』）と表現されていますが、ここには「土匪《どひ》」（山賊）がいたのです。毛沢東は山賊の親玉と話をつけて、部隊を駐留させました。やがて「土匪」の部隊も共産党の軍事組織（紅軍《こうぐん》）のメンバーに組み込みます。

ここで毛沢東は、独自の「ゲリラ戦」の戦術を練り上げます。「敵進我退、敵駐

［中国こぼれ話］

井岡山で三回目の結婚

毛沢東が井岡山で活動を始めたとき、妻の楊開慧《ようかいけい》は長沙に留まりましたが、国民党軍に逮捕されました。毛沢東の妻であることが発覚し、毛沢東との離縁を迫られたものの、これを拒否したために銃殺されました。

そのころ毛沢東は、井岡山で知り合った賀子珍《がしちん》と恋仲になり、二人の間に子どもが生まれていました。三回目の結婚です。

我擾、敵疲我打、敵退我追」（敵が進めば我は退く。敵が止まれば我は撹乱する。敵が疲れれば我は攻撃する。敵が退けば我は追う）というものです。ゲリラ戦のエッセンスを四文字の四セット、計十六文字にまとめ、読み書きできない農民たちに暗唱させることで、兵士として育成しました。

さらに、兵士として守るべき内容を三つの規律としてまとめました。

1 行動は指揮に従う
2 労働者や農民のものを奪わない
3 敵から奪ったものはみんなのものとする

毛沢東は、これを歌にして農民出身の兵士たちに歌わせました。

これに、寝具を片付ける、やたらなところで大小便しない、などの六つの注意が加わりました。その後、注意は八項目に再編され、現在に至っています。

1 言葉づかいは穏やかに
2 売買は公正に
3 借りたものは返す
4 壊したものは弁償する
5 人を殴ったり罵ったりしない
6 農作物を荒らさない
7 女性をからかわない
8 捕虜を虐待しない

こうして「三大紀律（規律）八項注意」としてまとめられ、共産党軍の守るべきものとなりました。

この程度のことを徹底させなければならなかったというところに、当時の現状がうかがえますが、共産党軍は、この規律を守ることで、規律が乱れきった国民党軍に対して道徳的優位に立ち、国民の支持を広げていくことになるのです。

「農村が都市を包囲する」路線確立へ

毛沢東はさらに、大地主から土地を取り上げ、小作農に土地を分配する方針を打ち出しました。自分の土地を持てるということは、ひたすら大地主のために働かされてきた農民にとって、「自分が労働の主人公」になることです。農民たちは、この「土地革命」の方針を熱狂的に支持しました。

また、当初は中国共産党に対して都市での武装蜂起を指示したコミンテルンも、ことごとく失敗すると方針を変え、一九二八年、農村地帯で土地革命と紅軍建設に力を入れるという方針に改めました。結果的に、毛沢東の独自の路線が追認されることになったのです。

資本主義が未発達で都市部でも労働者の数が少ない中国の現状では、人口の圧倒的多数を占める農民の支持がないかぎり、革命は非現実的でした。現実主義者の毛沢東は、農村に拠点を築いて土地を農民に分配し、喜んだ農民を紅軍に組織するという形で「革命拠点」を築いていったのです。

これが、「農村が都市を包囲する」とい

point! 蔣介石

1887年—1975年。現在の中国の浙江《せっこう》省で生まれる。成人後、日本の陸軍士官学校に留学し、1909年から11年まで陸軍に勤務。その後中国に戻り、辛亥革命に参加して孫文に認められ、国民党幹部に。1948年、中華民国総統になるも、翌年、国共内戦に敗れ、台湾へ逃亡。台湾で中華民国を名乗る。

蔣介石

毛沢東の共産党が誕生した

人口の圧倒的多数を占める農民の支持がないかぎり、革命は非現実的でした。

う、毛沢東独自の革命路線の確立につながります。井岡山《せいこうざん》以外の地でも、別の共産党員たちが、農村根拠地の建設を始めていました。

農村根拠地で粛清が行われた

農村根拠地が各地に建設され、その支配範囲は拡大する一方で、根拠地内部では、「国民党のスパイが潜入している」という理由から、紅軍の将兵たちを処刑する動きも生まれました。

毛沢東の井岡山でも、紅軍の将兵を処刑しています。さらに、井岡山から少し離れた富田地区に駐留していた紅軍第二〇軍の幹部も処刑したことから、第二〇軍が反乱を起こすと、共産党は毛沢東の指導のもと、反乱軍を鎮圧し、二〇〇〇人を超える兵士を処刑しました。

人里離れた閉鎖的な場所で、同じイデオロギーを持った集団が生活していると、些細《ささい》な意見の対立が決定的な対決に発展するということがよくあります。そこから、同じ仲間の大量処刑が行われます。かつて日本でも、連合赤軍が群馬県の山中で「根拠地」なるものを建設して集団生活をしているうちに、「総括」という名のもとに集団処刑が行われたことがありました（詳しくは小著『そうだったのか！日本現代史』参照）。それが、もっと巨大なスケールで起きたのです。中国各地の農村根拠地で処刑された紅軍将兵は、数万人ともいわれています。

敵と戦う前に、内部で殺し合いが行われていたのです。

「長征」という名の逃避行へ

毛沢東の井岡山暮らしは長くは続きませんでした。一九二九年、毛沢東は戦線を拡大するため山を下り、新たな根拠地づくりをめざします。福建省《ふっけん》と江西省の境の瑞金《ずいきん》に「江西ソビエト」と呼ばれる根拠地を建設したのです。さらに、ここで「中華ソビエト共和国臨時中央政府」樹立を宣言しました。毛沢東が主席に選出されました。他の地域の共産党軍も合流し、勢力は増大します。毛沢東が主席には就任しましたが、中国共産党の本部が上海から移ってきたことで、毛沢東の実権は、ソ連留学組の党幹部に奪われました。

「ソビエト」とは、ロシア語で「評議会」のこと。ロシア革命は、議会選挙による政権獲得ではなく、共産党が指導する労働者農民の集団（評議会）によって成し遂げられました。そこから、「ソビエト社会主義共和国連邦」という国家になりました。そのロシア革命式の国家を中国にも樹立しようという宣言でした。

しかし、井岡山より平坦な土地だったこともあり、蒋介石の国民党軍の度重なる攻撃を受けて、根拠地を維持できなくなります。

一九三四年秋、紅軍は江西省の中央根拠地を放棄し、西に向かって脱出しました。八万六〇〇〇人の大部隊でした。これが、「長征《ちょうせい》」の始まりです。

兵士の家族を含む八万六〇〇〇人の部隊は、武器だけでなく、家財道具一式を持って移動したのです。各地で国民党軍の攻撃を受け、そのたびに死傷者が続出します。

飢えと寒さにも苦しめられました。25ページの地図のように、まずは、西に進み、やがて北上します。国民党軍に追われ、進路は迷走しました。長征は一年あ

point! 中国紅軍

中国語で「紅」は赤のこと。ロシア革命の主体となった軍事組織が「赤軍」と呼ばれるようになったことから、中国共産党の軍隊も「赤軍」と呼ぶようになったのだが、中国語では「紅軍」と表記される。

自分以外の知識人を批判することでライバルになりそうな人物の芽を摘み取ったのです。

まりも続き、一万二〇〇〇キロを大移動したのです。陝西省《せんせい》の山岳地帯である延《えん》安《あん》にたどり着いたときは、当初の八万六〇〇〇人が、わずか八〇〇〇人に激減していました。

この長征は、「苦難の行軍」とも呼ばれ、その後の新中国建設に当たって、困難に直面するたびに引き合いに出されます。「苦難の行軍を忘れるな。長征の苦労に比べれば大したことはない。長征をやり遂げた共産党に不可能の文字はない」というわけです。

正直言って、私も学生時代に中国の現代史を学んだとき、この長征には感動したものですが、いまになってみれば、戦略もないままの逃避行にすぎなかったことがわかります。

戦略を誤り、共産党の力が十分に備わっていない段階で「中華ソビエト共和国臨時中央政府」樹立を宣言し、国民党軍の攻撃を受けて根拠地を放棄し、逃げ回る。指導者が判断を誤ると、いかに多くの犠牲者が出るものなのか。それを如実に示すものでした。

毛沢東、ついに権力を掌握した

この長征が始まったことについて、毛沢東には責任はありませんでした。毛沢東が農村での根拠地建設の方針を打ち出したことに、当時の中国共産党の幹部は否定的で、毛沢東は党の指導的立場に立つことはできなかったのです。

しかし、惨めな逃避行が始まったことから、当時の共産党幹部の責任問題が持ち上がります。長征の途中での「遵義《じゅんぎ》会議」でした。

一九三五年一月、貴州省《きしゅう》遵義で、中国共産党政治局の拡大会議が開かれました。会議で毛沢東は、党指導部の「極左冒険主義」を批判します。「極左冒険主義」とは共産党特有の表現ですが、要するに、共産党はまだ十分な力を持っていないのに武装蜂起という誤った方針をとったために多大な損害を被ったことを批判したのです。

席上、それまで党指導部に忠実だった周恩来《しゅうおんらい》が自己批判して毛沢東の批判を認めたため、会議の大勢は決しました。毛沢東は政治局常務委員となり、共産党内部で、政治面でも軍事面でも主導権を確立していくのです。周恩来が毛沢東に忠誠を誓うという二人の関係も決まりました。

延安に革命根拠地を建設した

一九三五年十月、共産党軍は陝西省《せんせい》の呉起鎮《ごきちん》にたどり着き、長征は終わりました。同じ省内の延安に革命の根拠地を建設し、共産党本部もここに設置することになります。中国共産党は、新中国誕生後、この延安を「革命の聖地」として扱うようになりました。

延安には丘の中腹に洞窟式の住居が掘られていて、毛沢東はここに住むようになります。

国民党軍の攻撃からひとまず逃れたこの場所で、毛沢東はマルクス主義の学習を始め、独自の理論を築いていきます。

その後、『実践論』『矛盾論』という題名で出版される内容をまとめたのも、この頃です。この内容は、毛沢東が一九三七年に延安の党学校で講演しています。真の知識は、実践を通じてのみ獲得できると説いて、当時の知識人たちを批判しています。つまり、自分以外の知識人を批

毛沢東の共産党が誕生した

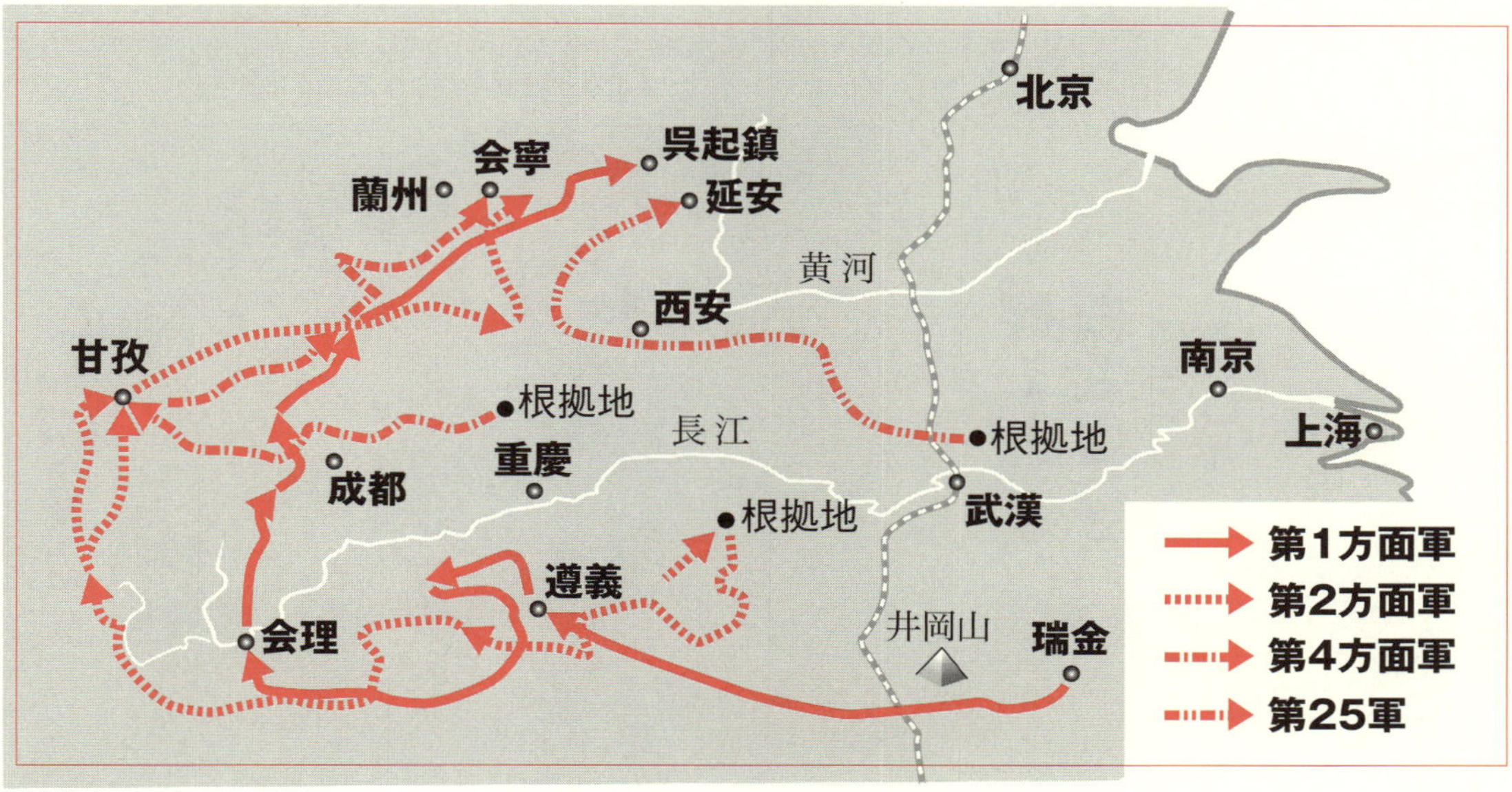

長征のルート

判することでライバルになりそうな人物の芽を摘み取ったのです。

さらに、革命においては、「敵対的な矛盾」と「敵対的でない矛盾」があり、共産党内部の誤った考えは「敵対的でない矛盾」だが、「誤りを犯した人が、誤りを固執し、さらにそれを拡大してゆくならば（中略）敵対的なものにまで発展する可能性がある」（毛沢東著　松村一人、竹内実訳『実践論・矛盾論』）と述べて、党内の思想の純化を求めました。

それが、一九四二年二月からの「整風運動」となります。スパイを摘発し、党の思想を純化するという運動でしたが、要するに共産党内部の反・毛沢東派を絶滅させるものでした。ここでもまた、数千人の共産党員が無実の罪に問われ、処刑されました。

こうして毛沢東は、共産党の実権を掌握します。一九四三年五月、毛沢東は、中国共産党中央委員会主席に就任しました。共産党のトップに上り詰め、「毛沢東の共産党」が完成したのです。

中国共産党は、「毛沢東思想をあらゆる活動の指針とする」と定められました。

毛沢東に対する「個人崇拝」の兆しが見え始めていたのです。

［中国こぼれ話］

『中国の赤い星』

延安時代の毛沢東は、世界に知られる人物となります。きっかけは、アメリカ人ジャーナリストのエドガー・スノーの取材を受けたことです。一九三六年、スノーは延安を訪れて三か月間滞在し、毛沢東への長時間のインタビューを行い、『中国の赤い星』という本にまとめました。

一九三八年にアメリカで出版されたこの本で、毛沢東は中国革命の優れたリーダーとして描かれ、西側世論を毛沢東びいき、中国共産党びいきにしました。

また、この本は中国語にも翻訳され、これを読んだ大勢の中国の若者が、共産党に入党しました。

毛沢東、四回目の結婚

延安時代の一九三七年、毛沢東と賀子珍との夫婦関係が悪化します。賀は病気の治療を名目にソ連に送られます。賀がいなくなると、毛沢東は山東省出身の女優である江青《こうせい》と結婚しました。

賀子珍は、共産党の幹部たちに敬愛されていたので、毛沢東が賀と別れて江青と一緒になったことに激怒する幹部が多かったといいます。

point! 周恩来

1898年—1976年。江蘇《こうそ》省の地主の家に生まれる。1917年から19年まで日本に留学。現在の法政大学や明治大学の前身の学校で学ぶ。1919年に中国に帰国し、「五・四運動」に参加して逮捕される。釈放されると、翌年にはパリに留学。中国共産党フランス支部を設立。帰国後、1931年に「江西ソビエト」に入り、毛沢東と行動を共にするようになる。

周恩来

第二次国共合作へ

共産党軍の長征が終わった直後、思わぬ出来事が発生しました。「西安《せいあん》事変」です。一九三六年十二月、国民党軍の張学良《ちょうがくりょう》が、西安で蒋介石を監禁したのです。

張は、国民党軍と共産党軍が戦うことを嫌い、一緒になって日本軍と戦うべきだと蒋介石に迫りました。西安には共産党から周恩来らが駆けつけ、交渉の結果、蒋介石は、しぶしぶ協力を認めざるを得ませんでした。

こうして、国民党と共産党が共に協力して日本軍と戦うことになりました。第二次国共合作の成立です。

一九三七年七月、北京郊外の盧溝橋《ろこうきょう》で夜間演習をしていた日本軍に対して発砲があったことをきっかけに、日本軍は中国軍への攻撃を始めました。日中戦争の始まりでした。

日本軍の侵略に対して、国民党と共産党が共に戦うことになったのです。

「抗日」戦争を戦ったのは誰だったのか

第二次国共合作で、日本軍と戦うため、国民党軍と共産党の紅軍が「国民革命軍」の名の下に統合されました。

このうち共産党の紅軍の主力部隊は「第八路軍」となりました。「第八方面軍」という意味です。この部隊は、国民革命軍の一部という形式でしたが、実際には共産党独自の軍隊でした。

一方、国民党陸軍第四軍を再編する形で、「新四軍」も発足しました。こちらは軍長が国民党員で、副軍長が共産党員という形でしたが、実質的には共産党の紅軍でした。

この二つは、戦後、一九四七年に人民

また江青は過去に四人の男性と結婚または同棲した経歴があったことから、眉をひそめる人が多かったのですが、もはや敵なしの独裁的権力を掌握した毛沢東に諫言《かんげん》する人間はいませんでした。

こうして、国民党と共産党が共に協力して日本軍と戦うことになりました。

解放軍に再編されています。

現在の中国の公認の歴史では、この国共合作で共産党は日本軍と激しく戦ったということになっていますが、実際に日本軍と真正面から戦ったのは、国民党の軍隊でした。そのことを、はからずも小学生向けの教科書で認める形になっています。

「抗日戦争が始まると、中国共産党は八路軍、新四軍を指導して、日本軍の占領地区へ前進し、敵の後方で、広範に大衆を立ち上がらせて遊撃戦を展開し、抗日根拠地を打ち建てた」(『わかりやすい中国の歴史　中国小学校社会教科書』)

「敵の後方で」と、書いてありますね。つまり、「敵の前方」にいたのは国民党軍だったのです。

毛沢東は、国共合作とはいえ、したたかに、共産党の勢力拡大を狙いました。毛沢東は、「力の七〇%は勢力拡大、二〇%は妥協、一〇%は日本と戦うこと」と指令を出していたのです(謝幼田《しゃようでん》著　坂井臣之助訳『抗日戦争中、中国共産党は何をしていたか』より)。

毛沢東の軍隊は、日本軍との戦いを避け、国民党軍が日本軍と戦って戦力を消耗させていくのを横目で見ながら、勢力拡大をはかっていました。

中国共産党は、抗日戦争で中心的役割を果たして勝利したことを自らの政治的正統性の根拠として宣伝しています。しかし、実際にはそうでなかったことを、中国人研究者の謝幼田は、中国国内で正規に発刊された歴史文書、軍幹部の回顧録などを元に調べあげています。

日本の敗北で国共内戦へ

一九四五年八月、日本は敗北します。一九四六年になると、第二次国共合作も崩壊。国民党軍と共産党軍は、再び内戦に突入しました。

しかしこのとき、ソ連は共産党を支援しました。日本の敗北の直前、当時の満洲に侵攻していたソ連軍は、日本軍を武装解除した上で、土地を中国共産党に引き渡しました。

さらに、ソ連軍は、共産党の軍に膨大な武器を供与していました。

[中国こぼれ話]

胡錦濤が初めて国民党軍の役割を認めた

二〇〇五年九月三日、抗日戦争勝利六十周年の記念大会が北京の人民大会堂で開かれました。この席で胡錦濤《こきんとう》共産党総書記は、抗日戦争中、国民党軍が正面の戦場を担い、戦争初期には上海などで日本軍に打撃を与えた、と述べました。共産党のトップとして、初めて国民党の役割を認めたのです。

この演説は、台湾の国民党に対する融和策ではありますが、共産党が、抗日戦争での歴史の再評価をしたという点で注目されます。

日本軍との戦いで国民党軍が消耗していたのに対して、共産党軍は勢力を増大させていました。そこにソ連から大量の武器が届いたわけですから、内戦では共産党が有利になります。

共産党は、農村部で、地主の土地を取り上げて貧農に分配し、農民の圧倒的な支持を受けます。一九四九年一月、共産党の人民解放軍は北京(当時の名称は北平《ペーピン》)に入城。国民党政府は台湾に逃げ出し、国共内戦は終結したのです。

第3章 毛沢東の中国が誕生した

天安門広場に集まった三十万人の群衆が、歓声をもってこれに応えました。

中華人民共和国の建国を宣言する毛沢東（1949年10月）

毛沢東、新中国建国を宣言した

一九四九年十月一日午後三時。毛沢東は北京の天安門の上に立ち、マイクに向かって、中華人民共和国の成立を宣言しました。

天安門広場に集まった三十万人の群衆が、歓声をもってこれに応えました。

天安門は、明、清時代の皇帝の城であった紫禁城《しきんじょう》の正門に通じています。まさに新しい中国の皇帝であるかのような演出でした。

式典に向けて造成された天安門広場は、五十万人を収容できる広さがあります。これ以降、天安門広場は、たびたび中国現代史の舞台になるのです。

現在の天安門には、毛沢東の巨大な肖像画が掲げられ、向かって左には「中華人民共和国万歳」、右には「世界人民大団結万歳」の標語が掲げられています。「世界の人民が団結する」、つまり世界に社会主義国家を増やすために努力するという目標を示しているのです。

新しい中国の国名には、実は三つの案がありました。建国の前の段階で検討されたのです。

その三つとは、「中華人民民主共和国」「中華人民民主国」「中華人民共和国」でし

point! 中華人民共和国憲法

最初の憲法は、1954年に制定され、その後、1975年、1978年、1982年と、3回全面改正されている。現行憲法は、1982年12月に全国人民代表大会第5回会議で採択され、実施されたもので、138条からなっている。

その後の経緯を見ると、名前のとおり「民主」が欠けた国家になったのですが。

た。「人民」と「民主」と「共和」という言葉をどのように盛り込むかが問題になったのです。最初の国名案は長すぎるので却下となり、次には、「民主」を入れるか「共和」にするか、ということになりました。

「共和」とは、民主主義の政治体制のことですから、わざわざ「民主」を入れないでもいいのではないか、という意見が有力になりました。「人民」という言葉の中に民主主義の原則が盛り込まれている、という主張もあり、「中華人民共和国」に決まったのです。

その後の経緯を見ると、名前のとおり「民主」が欠けた国家になったのですが。「中華人民共和国」の「中華」とは、「中華思想」という言葉があるように、自らの文明を「世界の中心」と考える伝統的な思想です。

儒教の「礼」を持つ自分たちが中心であり、そうした文化を持たない周辺の異民族は「夷狄《いてき》」（文化の遅れた者）として軽蔑の対象となるという発想です。マルクス・レーニン主義の共産党によって建国された新中国にも、「中華思想」が流れていることがわかります。

新中国の国旗は「五星紅旗」と定められました。共産革命を象徴する赤旗（中国語では紅旗）をベースに、大きな星一つと小さな星四つがあしらわれています。

大きな星は中国共産党を意味し、四つの小さな星は、労働者、農民、知識階級、愛国的資本家を象徴しています。共産党が主導することが国旗に示されているのですね。

国歌は、一九三五年の映画「風雲児女」の主題歌で、抗日戦争の時代に歌われていた「義勇軍行進曲」をそのまま採用しました。

共産党が国家を指導する

新しい中国が建国された段階では、まだ憲法がありませんでした。憲法を制定するには国民の代表である議会が必要ですが、その議会も成立していなかったからです。

そこで、議会に代わるものとして、「人民政治協商会議」を開きました。これには、共産党を中心に、それ以外の八つの「民主党派」や軍、地方の代表が参加しました。

一九五四年に正式な憲法が制定され、正式な政府が成立するまで、この会議が

[中国こぼれ話]
「義勇軍行進曲」の歌詞

起ち上がれ！
奴隷となりたくない人々よ！
われらの血と肉をもって築こう、われらの新しい長城を！
中華民族は、最大の危険に直面し、一人ひとりが最後の雄たけびをあげるときだ。起て！ 起て！ 起て！
われら万人心を一つにし、
敵の砲火をついて前進しよう！
敵の砲火をついて前進しよう！
前へ！ 前へ！ 前へ！
（駐日中国大使館訳による）

毛沢東記念堂

毛沢東が新中国の建国を宣言した天安門の前には天安門広場が広がっています。その広場の一角に、毛沢東の遺体を安置した毛沢東記念堂があります。毛沢東の顔を一目でも見たいという人々で、連日長蛇の列ができ、中国国民の毛沢東への思いを示しています。

毛沢東の中国が誕生した

毛沢東記念堂に入場するための行列

中国の最高権力機関として機能しました。

ここには共産党以外の党派も加わっていいます。当時、共産党以外にも党派が存在し、国民党政権に反対する運動をしていました。これを共産党は「民主党派」と呼び、共同で新国家建設にあたるという方針をとりました。共産党以外の幅広い階層を取り込もうとしたのです。「民主党派」の内訳は別表の通りです。

新中国の権力構造を、毛沢東の共産党は、「人民民主主義独裁」と呼びました。これは、共産党の一党独裁ではなく、「プロレタリア階級、農民階級、小ブルジョア階級、民族ブルジョア階級およびその他の愛国的民主分子の人民民主統一戦線」によって権力が行使されるというものでした。

「プロレタリア階級」とは、労働者階級のこと。「小ブルジョア階級」とは、大資本家ではない、中小経営者や知識人のこと。「民族ブルジョア階級」とは、外国資本が入っていない、中国人の経営者のこと。

これは、共産党独裁の社会主義国家ではなく、資本家も参加して、幅広い人たちとともに、ゆっくり社会主義をめざす、という方針を意味していました。

八つの民主党派

国民党革命委員会　元の国民党の関係者
中国民主同盟　知識人の集まり
中国民主建国会　経済界の関係者
中国民主促進会　教育・出版関係者
中国農工民主党　医療衛生関係の知識人
中国致公党　帰国華僑の利益代表者
九三学社　科学技術関係の知識人
台湾民主自治同盟　台湾出身者

実質は「一党独裁」へ

新生中国は、共産党と八つの「民主党派」が一緒になって権力を行使するということになっていました。いわば形の上では「連立政権」だったのですが、建国直後、「民主党派」は、いずれも綱領を書き改め、「共産党の指導」を受けることを盛り込みました。

「他党の指導を受ける」と明言している党派が、自立した政党であるわけはありません。実質的には中国共産党の一党独裁なのです。日本のマスコミが、中国の政治について、「事実上の一党独裁」と表現するのは、そういう意味なのです。

なお、現在の中国政府は、「民主党派」について、「野党ではなく、反対党でもなく、参政党である」と説明していますが、実態は「賛成党」なのです。

「人民民主主義独裁」とは、人民の代表が、人民を搾取《さくしゅ》する資本家の復活を許さないように、「資本家階級に対する独裁」を行う、ということを意味します。

しかし、「人民の権力」は、「正しい思想」がなければ行使できないので、「正しい思想」を持った共産党が「人民の代行」をするということになります。つまりは共産党の一党独裁です。

また、「人民を搾取する資本家」が誰であるかは、共産党が判断するしかないのですから、「独裁」の対象になる人物や組織は、共産党が決めることになります。

軍隊が国家の軍隊ではなく、党の軍隊であるというのは、世界でも極めて異例です。

共産党が国家を「指導」する

旧ソ連もそうでしたが、中国や北朝鮮のように共産党（北朝鮮は朝鮮労働党）が一党独裁政治をしている国家では、共産党が国家組織より上位にあります。

たとえば日本でいえば、まず国家があり、その国家の中で、自民党や民主党などの政党が活動しますが、中国はそうではありません。まずは中国共産党があり、国家のあらゆる組織は、共産党の指導を受けるのです。

共産党のトップが国家主席に就任しますし、日本の国会に相当する人民代表大会の委員は、共産党の推薦を受けた人だけがなれます。

司法権も独立していません。検察官が誰をどのような罪で起訴するかは共産党の指示を受けますし、裁判官が判決を下す際も、共産党の意向を尊重します。

中国の軍隊である人民解放軍は、「党の軍隊」です。共産党の指令を受ける軍隊なのです。軍隊の指揮監督をするのは軍事委員会で、形式的には党の軍事委員会と国家の軍事委員会がありますが、メンバーはほぼ同じです。軍隊が国家の軍隊ではなく、党の軍隊であるというのは、世界でも極めて異例です。

建国後、すぐに七十万人が処刑された

新中国が建国されても、国内にはまだ国民党の残党がいました。地方には封建的な地元ボスも多く、共産党の改革に抵抗しました。共産党は、こうした抵抗勢力の排除に乗り出します。一九五〇年には、「反革命活動の鎮圧に関する指示」が出され、三年間で全国で七十万人が「反革命分子」として処刑されたのです。

処刑の多くが公開処刑でした。広場に群衆を集め、群衆の前で「罪人」の罪名を発表した上で、その場で銃殺します。人々は、これを見て、「共産党に逆らうと、

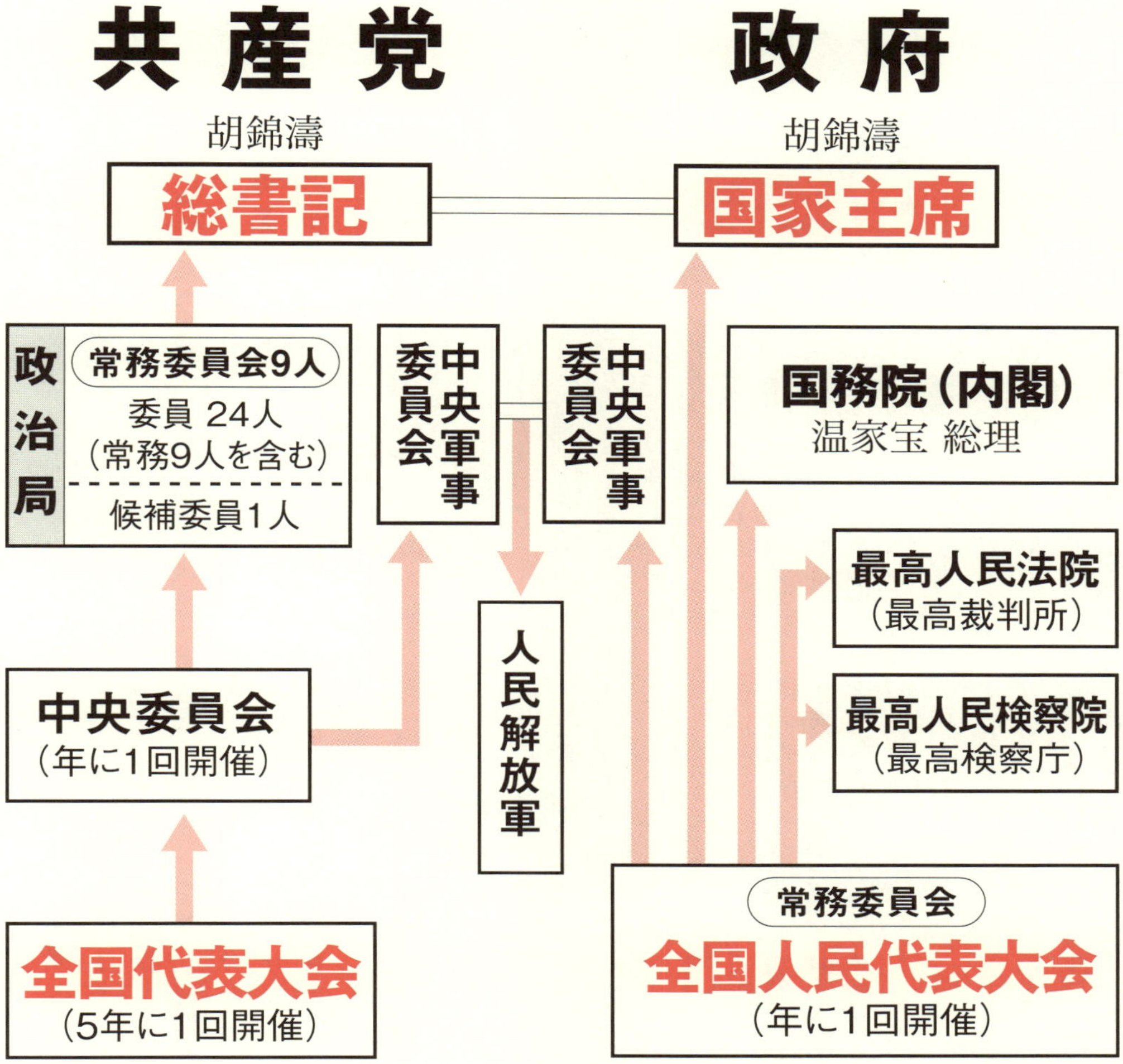

共産党と政府の関係図(2007年5月現在)

［中国こぼれ話］

中南海

天安門広場に立って天安門を見ると、間に大通りが走っています。この通りを左に進むと、しばらくして右側に深い緑の地区が見えてきます。ここが「中《ちゅう》南海《なんかい》」といい、共産党幹部の居住区です。

入口は厳重に警備され、一般の観光客は近づけません。中をうかがい知ることもできませんが、深い緑と広大な湖があり、豪華な建物が点在しています。

こういう目にあう」ということを学ぶというわけです。

また、処刑を免れても、多くの人々が強制労働収容所に送られました。これを「労改」と呼びました。「労働を通じて改造する」という意味です。

抵抗勢力がほかにも隠れていないか、監視する仕組みも作られました。全国の工場に「治安保衛委員会」が設置され、労働者を監視したのです。

戸籍と単位で国民を管理した

労働者を監視するだけでなく、全国民

point! 中ソ友好同盟相互援助条約

1949年10月に成立した中華人民共和国がソ連と結んだ条約。1950年に調印。中ソ対立が表面化してからも、条約は有効だったが、1979年の米中国交正常化にともない、4月に中国側が更新拒否をソ連に伝え、1980年に失効した。

を管理する。その手法として導入されたのが、戸籍制度です。一九五一年に導入されました。全国民が戸籍で管理され、戸籍の移動は原則としてできなくなったのです。

　農村の戸籍と都市の戸籍は厳格に区別され、農村から都市への移動は原則として不可能になりました。建国当時の中国は、巨大な農民国家。国民の約九割が農民でした。この農民たちが都市に流入したら、収拾がつかなくなると考えた共産党は、戸籍を管理することで農民を農村に縛りつけたのです。この制度は現在に至っても続いています。

　こうした戸籍管理が維持できたのは、配給制度があったからです。生活必需品は国家が戸籍にもとづいて配給する制度でした。各家庭には配給切符が渡され、切符と引換えに物資を受け取る仕組みです。もし農村から都市に出ると、都市での配給切符を持っていないので、食べ物が入手できません。これで、農民が都市に出ることを防いだのです。

　一方、都市の住民は「単位」で管理されました。都市の住民は、全員が何らかの「単位」に所属します。企業で働いていれば、その企業が単位になりますし、学生や教職員は学校が単位になります。働いていなければ、居住区が単位になります。配給は、この単位で行われたのです。

　さらに、一人一人の管理には、「檔案《とうあん》」という身上調書が使われました。各単位を管理する共産党委員会は、所属している個人一人一人について、「檔案」を作成します。ここには、経歴ばかりでなく、本人の思想や人間関係、出身階級が記載されています。これが、死ぬまでついてまわるのです。

　もし就職先が変われば、元の「単位」から新しい「単位」に、この「檔案」が送られます。

　「檔案」に記載される出身階級は、労働者、貧農、下層中農、革命幹部、革命軍人、革命烈士（革命の過程で犠牲になった者）の家族などと分類されました。こうした階級に分類された者は優遇されました。

　これに対して、地主、富農、反動分子、悪質分子、右派に分類されると、たとえ有能でも幹部にはなれませんでした。その子弟も、「出身が悪い」として、進学や就職で差別されたのです。こうして、まるで封建社会のように固定した身分制度が出来上がりました。国民を徹底して管理する手法が完成したのです。

　この中国の手法は北朝鮮でも導入されましたが、北朝鮮の階級分類はさらに細分化され、国民の管理に使われています。

「三反」「五反」で共産党主導を確立

　これだけの管理体制を確立したうえで、毛沢東は、おもむろに共産党以外の勢力の排除に乗り出しました。

　それが、「三反運動」と「五反運動」でした。政府の腐敗を撲滅するというのが、「三反運動」でした。「三つに反対する」ということです。その三つの反対とは、「汚職反対・浪費反対・官僚主義反対」です。これ自体は、誰も反対できない目標です。この目標を掲げた大衆運動が展開されました。

　ところが、途中で、こうした腐敗は、資本家たちが流す害毒が原因だとされてしまいます。そして今度は、五つの害毒に反対しなければならない、という運動に発展します。これが「五反運動」です。五つの害毒とは、「贈賄・脱税・横領・手抜き・経済情報の窃盗」でした。

　この運動は、結局は「資本家」を対象とした運動でした。新中国が「人民民主主義独裁」で掲げた「小ブルジョア階級、民族ブルジョア階級およびその他の愛国的民主分子」に打撃を与えるものだったのです。

この運動により、新中国は、建国早々、共産党主導の国家体制の構築に成功したのです。

各地で企業の経営者や中小商店主が批判を受け、大勢の群衆の前でつるし上げられました。これが「大衆闘争」と呼ばれました。つるし上げを受けた人たちの中には自殺者も相次ぎました。自殺者が数十万人に上ったという説もあるほどです。

誰も表立って反対できない目標を掲げて大衆運動を始め、いつの間にか共産党以外の人物・組織が決定的な打撃を受けるという手法でした。この運動により、新中国は、建国早々、共産党主導の国家体制の構築に成功したのです。

「向ソ一辺倒」宣言

新中国は、ソ連の支援を受けて発足しました。そもそも中国共産党は、ソ連型の社会主義をめざした組織。国家権力を握った以上、ソ連型国家の建設を進めるのは当然のことでした。

この場合のソ連型国家とは、生産手段を国有化した国家のことです。「生産手段」というのは、工業では工場のことですし、農業なら農地や家畜のことです。工場も商店もすべて国営化し、農業部門は集団農場にすることを意味しました。

毛沢東は、建国前の一九四九年七月には「向ソ一辺倒」を宣言しました。ソ連の〝弟分〟の国家となるという宣言でした。

これにソ連も応えます。中国建国宣言の翌日、ソ連が新中国承認の最初の国になったのです。

毛沢東は、建国から間もない一九四九年十二月にはソ連を訪問します。スターリン七十歳の誕生祝いが名目でした。

しかし、翌年の二月に「中ソ友好同盟相互援助条約」が結ばれるまで、二か月以上も滞在し、ソ連からの援助引き出し交渉を続けたのです。

この結果、重工業の部門でソ連の全面的な援助を受けることが決まりました。

「新民主主義」で経済は急激に発展

実は中国は、建国当初から社会主義国家だったわけではありません。当初、毛沢東は、社会主義を「将来の目標」と考えていました。

遅れた封建制の中国は、一気に社会主義へと進むことはできないので、当分の間、資本主義と共存する時代が続くと考えたのです。そもそもマルクス主義では、社会主義は発展した資本主義の次の段階のことでした。封建社会が民主主義革命によって資本主義社会になり、資本主義が高度に発展した後に社会主義革命が起きて社会主義社会になる、と想定されていました。

中国は遅れた封建制の農業国家ですから、そのまま社会主義になる経済的条件が備わっていません。まずは共産党の監督の下で資本主義を発展させ、条件が整った段階で社会主義へと移行する。これが毛沢東の計算で、本格的な社会主義化を進めるまでには、資本主義の時代を二十年程度と想定していました。

毛沢東は、この路線を「新民主主義」と呼びました。「まだ社会主義ではない」という意味でした。

新民主主義経済は、資本主義と社会主義の混合経済です。資本主義経済を容認していたのです。個人経営者や私営企業を国有化することには慎重でした。

毛沢東は、一九五〇年六月段階で、「ある人は資本主義を早く消滅させて社会主

point! 劉少奇

1898年―1969年　1945年当時から、中国共産党で、毛沢東に次ぐ指導者として活躍。「大躍進」の積極的推進役を果たすが、その挫折を巡って、毛沢東との不和が表面化。文化大革命では、紅衛兵の最大の標的として激しく攻撃される。1968年、「永遠に党から除名する」という厳しい措置を受ける。1980年に名誉回復。

義を実行できると考えているが、それは誤りであり国情に適合していない」と発言しています（天児慧『中華人民共和国史』より）。

この路線のもと、一九五〇年六月に「土地改革法」を布告します。地主から土地を取り上げ、零細な小作農に土地が分配されたのです。一九五二年末には、三億人の農民に土地が与えられました。

農民たちは、自分たちの土地を持つことができ、生産意欲が高まります。農産物の生産高が急激に増加するのです。

一九五二年末には、工業や農業の生産高が新中国の建国前の最高水準を超えました。一九五三年六月末段階の人口調査で、中国の人口は約六億人に達していました。

政治体制も整備されました。「国会」にあたる全国人民代表大会の代表委員一二二六人が選出され、一九五四年九月に第一回会議が開かれました。ただし、選出された委員は、自由な選挙ではなく、共産党が推薦した候補者に信任票を入れるという投票でした。

人民代表大会によって正式な憲法が制定され、国家の指導者が改めて選出されました。国家主席に毛沢東、副主席は朱《しゅ》徳《とく》、全国人民代表大会委員長は劉少奇《りゅうしょうき》、国務院（内閣のこと）総理は周恩来という顔ぶれでした。

一気に社会主義へ

政治体制は確立し、反対派も撲滅できた。経済は中国史上最高を記録している。

これを見た毛沢東は、「社会主義に進む経済的基盤が形成された」と考えました。本来は、社会主義への道は時間がかかるものであると他を戒めていたのに、本人は、社会主義社会がすぐそこまで来ているような気になってしまったのです。

一九五三年には早くも「新民主主義段階」の終了が宣言されました。社会主義への「過渡期」に突入したのです。

一九五三年から工業は第一次五か年計画が始まり、ソ連から援助を受けて大型重工業のプロジェクトが各地で始まりました。

工業化は重工業に片寄っていました。国民の消費生活向上につながる軽工業ではなく、国力向上をめざした重工業を優先したのです。

しかも、こうした重工業の工場は内陸部に建設されました。経済が発展しているのは沿海部ですから、経済成長の効率を考えたら、沿海部に重工業の工場を建設するのが合理的でした。しかし、冷戦が始まり、万一アメリカや日本（！）に沿海部を占領されても、内陸部の工業地帯によって中国の経済を支えるという戦略をとったのです。

当時の内陸部は道路も整備されておらず、発電所も不十分でした。まったく産業基盤がないところに工場を建設しようとしたのですから、効率は悪く、生産性は極めて低いことになりました。

農業を集団化した

農業部門での社会主義化は、農業の集団化です。共産党は、国共内戦の時代から、大地主の農地を取り上げて貧農に分け与えるという方針で農民の圧倒的支持を得てきたのですが、いざ社会主義を進めるとなると、いったん農民に与えた土地を取り上げることになるのです。

農家にとって、農地は生産手段です。

農民の生活に必要な分までも国家に供出させ、ソ連に支払っていました。いわば「飢餓輸出」です。

生産手段は私有化を認めないというのが共産党の立場でした。生産手段を個人が所有すると、それによって他人を搾取したり、無計画な生産で混乱が起こったりする恐れがある。生産手段を国有あるいは「人民所有」にすれば、搾取も起きないし、計画経済によって生活が安定する。

　これが、毛沢東の方針でした。すでにソ連では、スターリンが同じ発想から農業の集団化を進め、これがソ連での農業生産停滞の原因になっていくのですが、その結果が出るのはまだ先のこと、中国にとっては、ソ連に続け、ということになったのです。

　農業の集団化は、三段階に分かれ、当初は緩やかに進められることになっていました。最初の段階は、「互助組」からでした。

　近隣の農家で「互助組」を作ることが推奨されました。ふだんは別々に農業をしている農家が、農繁期には互いに助け合うというものです。単なる互助組織であり、日本の農村地帯でごく普通に見られたものでしたが、まずはここから始めたのです。

　互助組で農民に「集団農業」に慣れさせると、次の段階で「合作社」に進みます。合作社には初級合作社と高級合作社がありました。

　初級合作社は、二十戸から三十戸の集落を単位にして、農民たちは自分の土地や家畜を合作社に出資します。その上で、農民は一社員として合作社の経営に参加し、共同で働きます。

　生産物は全員に分配されますが、土地や家畜を提供した農家には分配が加算されるという仕組みです。

　最終段階の高級合作社は、単位がさらに大きく、二〇〇戸単位になります。この段階では、土地も家畜も集団所有になります。農家が出資した土地や家畜について、出資した農家の権利は消滅します。集団で働き、生産物は平等に分配するというものです。

　互助組も初級合作社も遅々として進みませんでしたが、業を煮やした毛沢東がハッパをかけた結果、一九五六年には全国の農村の九割が、一気に高級合作社になってしまいました。急激な農業集団化が行われたのです。

　ところが、合作社で生産された農産物のかなりの部分は、国に供出させられました。共産党政府は、農民から取り上げた農産物で、ソ連からの「援助」の支払いにあてたのです。ソ連からの援助は無償ではありませんでした。代金を支払わなければならないのですが、新中国に外貨はありません。そこで、農産物の現物支払いということになったのです。

　しかし、中国は農産物が余っていたわけではありません。農民の生活に必要な分までも国家に供出させ、ソ連に支払っていました。いわば「飢餓輸出」です。

　中国は、農業を犠牲にして工業開発を進めたのです。かつて農民に依拠して革命を成功させた人物が、今度は「農民に依拠して（犠牲にして）」工業化を進めました。

「社会主義の確立」を宣言した

　一九五三年から始まった「社会主義への過渡期」は、早くも一九五六年には達成されたと発表されました。この年、社会主義制度が基本的に確立されたと宣言されたのです。

　この年に開かれた共産党第八回全国大会で、社会主義社会が基本的に実現し、主要矛盾はもはやプロレタリア階級とブルジョア階級との階級対立ではなく、先進的な社会主義制度と遅れた生産力であると宣言しました。

　このとき共産党員は一〇七三万人に達していました。毛沢東の満足した表情が想像できます。しかし、ここから毛沢東の過信が始まります。長期的な目標のは

point! ポル・ポト

カンボジアの政治家、独裁者。農村の生まれながら、パリで高等教育を受けたポル・ポトは、知識人を敵視し、国の発展に尽くしたい海外から帰国した留学生ら、多くの知識人たちを殺害した。その背景にも、毛沢東思想が影をおとしているといわれる。

こんな様子を見た中国国民は、誰も毛沢東を、そして共産党を批判できなくなりました。

ずだった社会主義体制が、こんなにもたやすく実現できるものであれば、先進国に追いつき追い越すのは時間の問題だという気になっていくのです。

しかし、現実は毛沢東の希望通りには進みませんでした。農民たちは、せっかく獲得した自分たちの土地を、集団農業によって失い、農地に対する「自分の土地」という意識が失せて、労働意欲の減退に見舞われます。農業の集団化によって、農業生産高は低迷を始めるのです。

さらに一九五七年になると、合作社から脱退する農民が増え、合作社が解散に追い込まれるケースも出てきました。

「百花斉放・百家争鳴」を呼びかけた

共産党主導の国家体制を確立したとはいえ、毛沢東は、決して現状に満足しませんでした。一九五七年二月には、「人民内部の矛盾を正しく処理する問題について」と題した講演を行い、共産党に対する党外からの積極的な批判を歓迎すると述べました。これが、「百《ひゃっ》花《か》斉《せい》放《ほう》・百《ひゃっ》家《か》争《そう》鳴《めい》」です。

すべての人が自由に発言し、共産党のあり方について活発に議論しよう、と呼びかけたのです。

共産党主導の体制はできていても、そもそも新中国は、共産党以外の八つの「民主党派」との連立政権の形をとっています。こうした共産党以外の勢力が、どんな考えを持っているのか。共産党に対する脅威となることはないのか。毛沢東は、それをはっきりさせようと考えたのです。

そうは言っても、共産党の事実上の独裁体制の下で、共産党を批判することは大変勇気のいることです。誰もなかなか発言しようとしませんでした。すると毛沢東は、「言者無罪」(言う者に罪なし)というスローガンを唱え、自由に批判するように促したのです。

毛沢東の熱心な働きかけを受けて、共産党と共に新中国建国に尽力した「民主党派」の人たちが、徐々に口を開きます。「党天下」に対する批判が飛び出したのです。「党天下」とは、要するに共産党独裁になっている、という批判です。国家機関のすべてのトップに共産党員を配置し、共産党がすべてを決定するという現状を批判しました。党と国家機関の明確な区別を求める意見も出たのです。

反右派闘争へ

共産党に対するさまざまな批判が噴き出したところで、毛沢東は反撃に出ました。

「百花斉放・百家争鳴」を呼びかけたわずか四か月後の一九五七年六月、毛沢東は、「組織的な力で右派分子の狂気じみた攻撃に反撃しよう」という党内指示を出しました。共産党を批判した人物に対する弾圧に乗り出したのです。これが「反右派闘争」でした。共産党を批判した人物に「右派」というレッテルを貼ったのです。

共産党を批判したのは、「知識分子」と呼ばれる人たちでした。当時の中国は識字率が低く、読み書きができ、自分の意見を主張できる人物は「知識分子」と分類されました。反右派闘争では、共産党を表立って批判した人たちばかりでなく、「知識分子」一般が「思想改造」の対象となりました。

毛沢東の社会主義路線では、共産党の命令を聞く労働者と農民こそが大事であり、批判精神を持った知識人は邪魔でしかなかったのです。

この反右派闘争では、五十五万人を超える人々が「右派」と認定され、職場を追われ、辺境に追いやられました。また、十一万人以上が投獄されました。毛沢東が、「右派は人口の五%程度だろう」と発言したことから、これを機械的に適用し、職場の五%を右派と認定して追放するところも出る有様でした。

「右派」と認定された人たちの家族も同じ運命をたどったので、被害を受けた人数は二〇〇万人以上に上るという推定もあります。

この五十五万人のうち、五十三万人については、毛沢東が死去してから三年後の一九七九年になって、ようやく名誉回復がなされました。あまりに遅い軌道修正でした。

なぜ毛沢東は方針転換をしたのか

それにしても、毛沢東は、どうして「百花斉放・百家争鳴」を呼びかけ、それが一転して「反右派闘争」を推進したのでしょうか。

日本でも、会社の飲み会で、「今夜は無礼講で」という上司の発言を真に受け、うっかり上司に直言すると、翌日から上司の態度が冷ややかになるというのは、よくあることです。日本の会社ではせいぜい左遷程度ですが、毛沢東の中国では命にかかわりました。

毛沢東の方針転換を好意的に解釈すれば、党の至らない点を党外から率直に指摘してもらうことで党を良くしようとしたものの、予想以上の批判に慌て、反撃に出た、ということになるでしょう。

しかし実際には、最初から「反共産党分子」をあぶり出すために、「自由に批判せよ」とあおった可能性が高いのです。

当時、毛沢東が急激な社会主義路線をとったことに対して、中国国内では不満・批判が出ていました。これに毛沢東が危機感を抱いた可能性が強いのです。

毛沢東は、急速な社会主義化を進めようとしました。うまくいかないと、「右派が妨害している」と考えました。資本主義思想は根が深く、常に人民に「正しい思想」を叩き込まないと、資本主義に後戻りする恐れがあると考えたのです。

とりわけ「知識人」は動揺しやすいので要注意であるとして、目の敵にしました。毛沢東の行動には、常に「反知識人」の姿勢が見えます。新中国成立前の延安根拠地でも知識人をつるし上げましたが、建国後は、全国レベルで知識人を槍玉に上げたのです。

ちなみに、毛沢東思想の影響を受け、カンボジアで毛沢東型の社会主義建設を進めようとしたポル・ポト政権も知識人を目の敵にしました。ポル・ポトは、文字通り知識人絶滅策をとったのです。

指導者の間違いを正せなくなった

「百花斉放・百家争鳴」でうっかり批判を口にしたら、徹底的な弾圧を受けた。こんな様子を見た中国国民は、誰も毛沢東を、そして共産党を批判できなくなりました。

指導者とて人間。誰しも間違いはするものですが、これ以降、毛沢東や共産党が間違った方針を打ち出しても、誰も批判できなくなったのです。こうして、毛沢東の暴走を誰も阻止できないまま、巨大な中国は、とてつもない暴走を始めるのです。

それが「大躍進《だいやくしん》政策」でした。一九五八年五月、中国共産党第八回全国大会第二回会議が開かれ、「社会主義建設の総路線」が採択されました。「大躍進政策」が始まったのです。

第4章「大躍進政策」で国民が餓死した

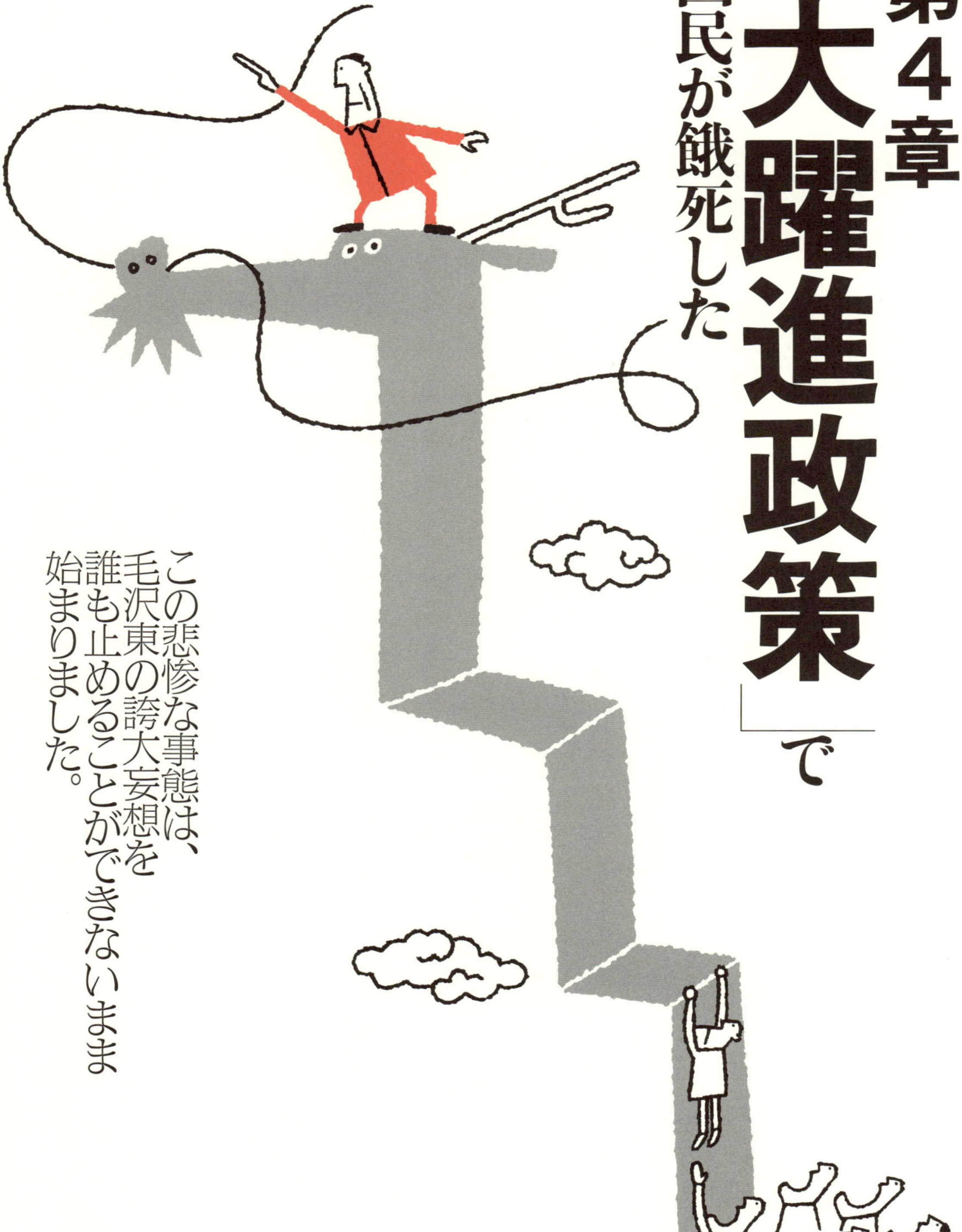

この悲惨な事態は、毛沢東の誇大妄想を誰も止めることができないまま始まりました。

「大躍進政策」で
国民が餓死した

レストランで食事を楽しむ人たち

豊かな食生活を楽しむまでになったが

発展する中国では、貧富の差が大きいとはいえ、都市部では多くの人が、豊かな食生活を楽しめるようになってきました。二〇〇六年七月、中国各地を訪れた私は、どこでも貪欲なまでに食生活を楽しむ人々の迫力に圧倒されたものです。

ここには、過去の暗い影はありません。しかし、この中国で、いまからわずか四〇年前、大多数の人々が飢餓線上にあったことを、誰が信じられるでしょうか。中国の若者たちは、そうした自国の負の歴史を一切知らされていないのです。

この悲惨な事態は、毛沢東の誇大妄想を誰も止めることができないまま始まりました。

一気に「大躍進」を考えた

一九五八年、中国では「大躍進政策」が始まりました。毛沢東は、新生中国が誕生した直後、社会主義社会実現には長い期間がかかると考えていました。しかし、自らの独裁的な支配が成立すると、今度は、一気に社会主義を実現できると考え始めます。そこで打ち出した方針が、

point! 国内旅券制度

もともとはロシアにあった制度で、1714年のピョートル大帝令が起源とされる。16歳以上に義務づけられた。農奴たちを土地に縛りつける目的で作られ、ロシア革命で廃止されたが、1930年代の農業集団化期に再導入され、ブレジネフ時代の改革まで続いた。

いったん政権を握ると、共産党は、その土地を再び取り上げることになったのです。

「大躍進政策」でした。遅れた中国を、「大躍進」によって一気に社会主義、共産主義にしてしまおうという発想だったのです。

　そのために、農業の集団化と鉄鋼の生産拡大が進められました。まず農業の集団化に関しては、一九五六年までに大多数の農家が高級合作社に編成されていましたが、これを「人民公社」に再編成したのです。

　社会主義、共産主義は、私有財産を否定します。この場合の私有財産とは、要するに資本家にとっての土地や工場のことなのですが、農民が持っている土地も私有財産とみなされました。農地を個々の農民から取り上げ、社会全体の財産とすることが、社会主義への道だと考えられたのです。

　人民公社の「公社」とは、「コミューン」の中国語訳です。「コミューン」とは、マルクス主義の考え方で、理想の社会主義社会のことです。労働者・農民が主人公となって、すべてを自分たちが決めて共同で社会を建設していく仕組みとして考えられていました。ただ、マルクス主義の思想ではありましたが、理想であって、具体的にどのようなものになるのか、はっきりしませんでした。中国では、それを全土で一気に実現させようとしたのです。

　人民公社は、農業ばかりでなく、工業、農業、商業、文化、教育、軍事を総合する共同体となり、これを来るべき共産主義社会の基盤とすることを毛沢東は考えました。

　農民たちは、人民公社で農業をし、工業にも携わり、商売もし、文化を高め、教育も受け、兵士にもなる。あらゆることを実行する万能な存在になることが目標でした。それにより、農民と労働者の格差、肉体労働と頭脳労働の格差もなくしていけると考えました。理想というよりは、夢想に近いものでした。

人民公社が誕生した

　共産党は、一九五八年八月の政治局拡大会議で「人民公社設立についての決議」を採択し、合作社を合併して人民公社に再編成する方針を打ち出しました。それからの三か月で、全国七十四万の合作社は、二万六〇〇〇の人民公社に改組されたのです。これほど一気に実現できたのは、実態としてはそれまでの合作社が人民公社と名前を変えただけのものだったからです。

　人民公社を建設するということは、農民が持っている農地を取り上げ、共同で農作業することを意味しました。

　共産党は、国民党と戦って革命をめざしていた当時、土地を農民に分け与えることで農民の支持を得ました。大地主が持っている土地で小作をさせられていた農民たちは、自分たちの土地を持つことができることを大歓迎。共産党の支持が拡大しました。共産党が勝利した大きな理由でした。

　しかし、いったん政権を握ると、共産党は、その土地を再び取り上げることになったのです。今度は国家が大地主となりました。

　個々の農家が所有している農耕用の家畜も取り上げられ、人民公社の所有となりました。自分の家畜が取り上げられることを知った農民たちは、思わぬ行動に出ました。取り上げられる前に家畜を殺し、その肉を売ったのです。家畜を取り上げられれば、それまでですが、肉を売

「大躍進政策」で国民が餓死した

れば、その分だけ自分の現金収入になったからです。

こうして農業集団化の過程で家畜は激減しました。さらに集団農場になると、農民たちは、集団所有となった農耕用の家畜を死ぬほどこき使いました。農民たちは、こんな歌を歌ったといいます。

「昔は、牛が死んだら泣いた。自分の牛だから。今は、牛が死んだら喜ぶ。肉が食べられるから」（ジャスパー・ベッカー著　川勝貴美訳『餓鬼』）

「彼らはもはや、仕事にたいする熱意はなく、田畑を大事にする思いもなく、家畜をかわいがる心もなかった。なぜなら、自分の労働の成果はすべて、取り上げられてしまうからだ。そのかわり農民は思うのだった。共産主義になったのだから、欲しいものはなんでも国が与えてくれると」（同書）

これが日本の場合ですと、戦後のGHQによる土地改革で、戦前の大地主の土地は小作農に分配されました。自分の土地を持つことができた農民たちの労働意欲は高まり、日本の農業生産は飛躍的に高まったのです。戦前のような飢饉《ききん》とは無縁の時代を迎えました（詳しくは小著『そうだったのか！　日本現代史』参照）。

ところが中国は、この路線をとりませんでした。中国共産党は、農民に土地を分け与えて農民の支持を獲得し、政権をとってしまうと、今度は土地を取り上げました。いわば農民を騙《だま》す形で政権を掌握したことになります。

毛沢東には個人的な理想（夢想）があったのですが、中国の農民たちにとっては、せっかく自分たちのものになった土地が、再び取り上げられただけだったのです。

農業集団化に反対した農民の中には、土地から逃げ出す者も出始めました。これは農業の崩壊につながりかねません。これを避けるため、毛沢東は、「国内旅券制度」を導入しました。農民たちは、当局から「国内旅券」を発行してもらわなければ、国内旅行もできなくなったのです。農民には農家としての戸籍が作られ、都市の戸籍を得ることは事実上不可能になりました。農民を土地に縛りつける仕組みが整備されたのです。

毛沢東、「地上の楽園」を約束

第3章で取り上げたように、毛沢東が「百花斉放《ひゃっかせいほう》」と「反右派闘争」を通じて独裁的な地位を確立すると、毛沢東に対する個人崇拝も進むようになります。「偉大な指導者」と呼ばれるようになるのです。「偉大な指導者」は間違いを起こさないことになっていますから、毛沢東の指示は、必ず正しく、必ず守らなければならないことになります。

中国共産党は、毛沢東の個人崇拝を進めることで党の権威を高め、党の権力をより強固なものにしようとしたのですが、その個人崇拝によって、誰も毛沢東をたしなめることができなくなり、毛沢東の言うがままになっていくのです。

毛沢東は、「大躍進政策」によって、中国国民に対し、「地上の楽園」の実現を約束しました。共産党は、毛沢東の指示通りのことを実践すれば、食糧は豊富になり、欲しいものは何でも手に入る理想郷がやってくると宣伝しました。

この様子は、最近では中国に隣接する別の国のことを思い出させますね。毛沢東がやったのと同じことを、いまも実践し、国民が食糧不足に苦しんでいる国があるのです。

「子どもが座れる稲」？

当時の中国では、「子どもが座ることができるほど豊作の稲」というものが宣伝されました。そんな写真も公表されました。毛沢東の指示の成果というわけです。

point! ルイセンコ学説

1934年に発表され、スターリン政権下で公認され、ソ連の生物学会では、学説に反対する学者たちは粛清された。「スターリン批判」とともに、ルイセンコも地位を失い、理論の誤りも明らかにされて、誰にもかえりみられなくなった。

田に稲を密植、つまりびっしり植えれば、それだけ多数の稲の穂が実り、米が豊作になる。こう考えた毛沢東の指示により、全国の農村で稲の密植が行われたのです。

「偉大な指導者」の指示に間違いがあるはずはありませんから、現場では、「密植の成果」を出さなければなりません。毛沢東や党幹部の現地視察があるときは、現場の責任者が、伸びた稲を一か所に集め、「稲がびっしり生え、子どもが座ることもできるほど」という姿を見せます。視察が終われば、稲を元に戻してしまいます。

こうした作為の中には、稲の間にベンチを隠し、その上に子どもを座らせて写真を撮っていた例もあったことが、後になってわかります。

こうした成果が大々的に発表されれば、全国の農村では、「偉大な指導者の指示はやはり正しい。うまくいかないのは自分たちのやり方が悪いからだろう。うまくいかないと報告すると、自分たちの責任が問われる。上には、うまくいっていると報告しておこう」ということになります。

こうして全国一斉に稲の密植が行われ、米の生産高は急減します。実際には米の生産が減少しているのに、中央政府には、「米が豊作」という報告が上がるようになりました。

密植した畑を手入れする農民。「豊作」を宣伝するための写真

共産主義理論を「進化論」にあてはめた

当時のソ連や中国、そして北朝鮮などの社会主義国では、「稲を密植すれば大豊作」という荒唐無稽《こうとうむけい》な理論が一世を風靡《ふうび》していたのです。これは、ソ連の生物学者ルイセンコの「マルクス主義の生物学への応用」なるものでした。

マルクス主義によれば、資本主義社会では労働者同士が同じ階級として団結・協力し、資本家と戦って革命を起こし、社会主義を実現するのが「歴史の必然」であり、これが「科学」だということになっていました。

この理論を、自然界の植物の世界にも単純にあてはめたのです。植物は、同じ種が高密度に植えられると、人間社会で労働者が互いに協力し合うように、種同士が助け合って豊作になるという「理論」でした。

「同じ階級」の植物同士は、光や肥料について互いに争ったりはしないだろうと考えられたのです。

動植物は遺伝的な特質を持っていると

スズメ退治のためには、農民が総出で太鼓や鍋を叩いてスズメを驚かせる方針がとられました。

いう、現代では当然の理論も否定し、環境が動植物の性質を決定すると主張しました。環境が変われば人は変わるという共産主義理論を単純に植物学にあてはめたものでした。

農村に生まれながら農業のことを知らなかった毛沢東は、ソ連のルイセンコ学説をそのまま中国に導入しました。毛沢東はすでにこの時点では個人崇拝の対象となっていたので、毛沢東の説に、誰も異論を唱えませんでした。

この密植方式は、中国で惨事を引き起こしますが、北朝鮮でも金日成が農業に導入し、大きな被害をもたらすことになります。

荒唐無稽な農業改革が実行された

荒唐無稽な農業改革は、密植だけではありませんでした。「農地深耕」「農地管理」「作物保護」「水利灌漑《すいりかんがい》」も行われました。

農地深耕とは、田や畑を深く耕すことです。深く耕せば、それだけ農作物が豊かに実るという根拠のない理論が唱えられ、農民たちは土地をひたすら深く掘り下げることが求められました。地下三メートルも畑を耕す地域もあったのです。地域差も考慮せず、全国一律に深く耕したため、表土の薄い場所では表土の養分が失われてしまうという事態も発生しました。

農地管理は、輪作のことです。田畑で同じ作物ばかりを育てると土地がやせてしまうので、定期的に休ませるべきだということです。これ自体は間違いではありませんが、機械的に一斉に田畑を休耕させたため、耕作する農地が急減しました。

作物保護は有害生物の駆除です。スズメ、ねずみ、昆虫、ハエが「四悪」とされ、絶滅させるための人海戦術が展開されました。スズメ退治のためには、農民が総出で太鼓や鍋を叩いてスズメを驚かせる方針がとられました。驚いたスズメは地上に降りてくることができず、飛び続けているうちに疲れて死ぬだろうというのです。

信じられないようなことが、大真面目で全国一斉に繰り広げられたのです。スズメ退治によってスズメの姿が消えると、今度は天敵がいなくなった昆虫が大発生し、農作物に被害が出ました。

水利灌漑は、大規模な灌漑工事やダム建設です。農民たちが、これも人海戦術で駆り出されました。高度な技術も機械もなかったため、セメントや鉄鋼を使わず、人力で土砂を積み上げるというレベルの工事でした。このためすぐに崩壊し、大きな被害を出すことになりました。農民がこの仕事に駆り出されたため、肝心の農作業ができなくなるという副作用も伴いました。

虚偽の報告が行われた

こうした農業改革は、共産党公認の「正しい」理論にもとづいて行われている以上、生産が伸びなければ、それは農業に携わっている者が失敗したことになります。

人民公社も要するに国営企業。保身に走る官僚がいて、いかにうまくいっているかを上に報告することになります。そのためには、中国に古くから伝わる「白髪三千丈」のような誇大な報告が行われました。

たとえば湖北省では、共産党地方委員

毛沢東は、欧米諸国がなぜ巨大な製鉄所を建設するのか理解できなかったといいます。

会の幹部が、遠方の水田から豊作の稲を抜き取り、鉄道沿線の水田にびっしりと植えました。毛沢東の専用列車が通過する際、車窓から豊作の様子を見せ、毛沢東に大豊作を印象づけようとしたのです。

毛沢東の政治秘書の田家英は、当時内輪では、次のように慨嘆していたといいます。

「楚王は柳腰の女性《にょしょう》を妃に求めた。すると後宮はひとり残らず体重をへらすために断食し、餓死した。主人がおのれの好みをあかるみにだせば、召使いは気に入られようと死物狂いになってそれを追い求めるものだ」(李志綏《りしすい》著　新庄哲夫訳『毛沢東の私生活』)

李志綏は、当時毛沢東の主治医でした。李は、大躍進政策のありさまについて、後にこう分析しています。

「毛沢東はごますりとへつらいになれきっていた。この壮大な計画をなんとかのませようと党や政府の最高首脳をおしまくっていたのだ。そんな毛に気に入られようとして、また応じなかった場合のわが身の政治的な将来も恐れて、高級幹部は下級幹部に圧力をかけ、下級幹部は下級幹部で農民を無慈悲に働かせたり、上司の聞きたがるような報告をしたりして対応せざるをえなかった。このようにして考えられぬ途方もない報告書が作成されたのである。穀物の平均収穫高が一畝につき五トンどころかその二倍増、三倍増にもなったのだ」(同書)

「食糧生産が順調に進んでいる」という報告を受けた毛沢東は、豚の餌にしても食糧が余ってしまうと、幻の剰余食糧の処分に頭を悩ませたといいます。

ここには、すっかり「裸の王様」になってしまった独裁者がいたのです。

農民が鉄鋼の生産も始めた

毛沢東の「大躍進政策」では、農業と並んで、鉄鋼生産の拡大も重要な柱でした。

当時のソ連ではフルシチョフが「アメリカの経済力を十五年で追い越す」と宣言していました。これを意識した毛沢東は、当時世界で経済力が二位だったイギリスを十五年で追い越すという目標を立てました。具体的には、鉄鋼生産高でイギリスに追いつくことでした。

中国の一九五七年の鉄鋼生産量は五三五万トン。これを翌年には一〇七〇万トンと、倍増させる目標を立てました。

この倍増計画が実現したという報告が行われると、翌年には目標が二七〇〇万トンにまで引き上げられました。

しかし、鉄鋼の生産のために新たに製鉄所が建設されたわけではありませんでした。「労働者・農民が主人公」の国としては、人民公社の敷地で建設することになったのです。

これは「裏庭煉鋼炉」(土法高炉)と呼ばれました。耐火レンガにモルタルを塗っただけの、高さ四～五メートルの手製の鉄鋼炉でした。

毛沢東にしてみれば、鉄は裏庭の高炉で簡単に造れるのに、なぜ巨大な製鉄所を建設しなければならないのか、というわけです。毛沢東は、欧米諸国がなぜ巨大な製鉄所を建設するのか理解できなかったといいます。

鉄鋼生産拡大のため、全国六十万か所に土法高炉が建設され、農民一億人が動員されました。

しかし、「裏庭で簡単に造れる」レベルの鉄は、毛沢東の理解とは異なり、まったく役に立たないものばかりでした。毛

土法高炉で鉄を生産する人々

沢東が「裏庭で簡単に造れる」と主張しているので、党の幹部たちは、毛沢東が現地を視察する際は、製鉄所で製造された高品質の鉄を運び込んで見せたのです。これを毛沢東はすっかり信じてしまいます。

鉄製品も木材も失われた

製鉄所では、鉄鉱石を原料にして、何十ものプロセスを経て高品質の鉄を製造しますが、「裏庭の高炉」では、そんなことができません。ただの「鉄の塊」ができるだけでした。

製造した鉄を何かに加工するのではなく、「製鉄」それ自体が目的になってしまいました。農民たちが、手近にある鉄製品を炉で溶かして鉄にするというものでしかなかったのです。

鉄鋼生産の材料にするため、農民の家庭から、鍋やフライパン、包丁などが供出させられました。材料がなくなると、農作業用の鋤《すき》や鍬《くわ》、シャベルまでが高炉に投げ入れられたのです。

本来は高炉で鉄鋼を生産し、鋤や鍬を製造しなければならないのに、それを破壊してしまうという、本末転倒の事態となったのです。しかも、できたものは、

point! 彭徳懐

1898年―1978年 解放軍元帥のひとり。大躍進問題をめぐって毛沢東の怒りをかい、「右翼日和見主義反党集団の首謀者」と断罪された。文化大革命開始とともに迫害を受け、病死。1978年に名誉を回復。

早くも飢饉が始まりました。体力のない病人や老人が次々に死亡していくのです。

何の役にも立たない鉄の塊。こうして農家から鉄製品が姿を消し、農作業用の道具も失われました。

高炉の火を燃やす材料には木材が使われたため、農民たちは周辺の森林から木材を切り出しました。中国全土から急激に森林が失われることになったのです。森林が減少することで、山崩れ・土砂崩れが起こりやすくなり、自然が荒廃。農業生産は一段と低下したのです。

燃やすものがなくなると、農民たちは家庭のテーブルや椅子などの木製家具まで持ち出して燃やしました。党の方針に逆らうわけにはいかず、熱心に取り組んでいる姿勢を示さなければ、党から批判されてしまうからです。党から批判されるということは、生命の危険を伴うものだったからです。

結局のところ、農民たちが取り組んだ製鉄業とは、日常生活に欠かせない鉄製品を溶かして使えなくし、森林を消滅させ、家庭の家具も失わせるというものでした。

しかも問題なのは、農民たちが、この鉄鋼生産に駆り出され、肝心の農作業ができなくなっていたということです。

また灌漑工事も、農民たちの日常の農作業を犠牲にして取り組まれました。こうして、肝心の農産物の生産が急減しました。

実った農産物は、その多くが収穫されないまま、田や畑で腐っていったのです。

働かなくても食べられた

当時の人民公社では、共産主義の「必要に応じて働き、必要に応じて得られる」という理想を実現しようと、食糧の無料配給制を実施しました。具体的には、「公共食堂」を設置したのです。

農民たちは、各家庭で食事することが禁じられ、公共食堂で集団で食事をしました。

「食事は公共食堂で無料で食べられる」ということになったため、農民たちは、「タダで食べられるなら食べ放題に食べよう」ということになりました。個々の農家で食事をしている頃に比べて、中国全土で食糧消費が増大しました。

その一方で、農地が自分のものでなくなったための労働意欲の低下ばかりでなく、働いても働かなくても同じという悪平等で、労働意欲は一層低下しました。

農作業の時間は減り、労働意欲は低下。しかし食糧消費は増大。それが何を意味するかは明らかでした。

そして飢えが始まった

農民たちは、鉄鋼生産や灌漑施設の工事で忙しく、穀物の収穫をする時間がなく、農機具を溶鉱炉で溶かしてしまったために穀物の刈り取りもできない。せっかく実った穀物は田畑で腐ってしまう。それでも何とか収穫された穀物は、すべて人民公社の貯蔵庫に収蔵されました。

地方の役人たちは、業績を誇示し、忠誠心を示すために、収穫高はとてつもなく高い数字を報告していました。このため、国家に納める穀物の量は、実際に収穫できた量を上回る場合もありました。人民公社の貯蔵庫は空っぽになっていったのです。

一九五九年には、早くも飢饉が始まりました。体力のない病人や老人が次々に死亡していくのです。

人々は、あらゆる野草を食べました。

樹木の皮をはぎ、木の葉もむしって食べます。こんな食べ物は体に合うわけがなく、下痢をして死亡する人が相次ぎました。

「農民が飢えている」という情報が党の上部に上がると、「穀物は豊作だという報告があったのに飢えている人民がいるということは、穀物を隠している人物がいるに違いない」ということになってしまい、「反穀物隠し」キャンペーンが行われました。

役人たちが農家を回り、住居から倉庫から、徹底的に調べました。もし農家が穀物を少しでも保管しているのが見つかると、すべて取り上げられます。抵抗した農民は、容赦なく暴力を振われました。この暴力で死亡する農民も多かったのです。

毛沢東の腹心は諫《いさ》めたが

地方で農民たちが飢え、次々に餓死しているのに、党にはその声が届かない。この構造的欠陥が、被害を拡大させました。

それでも、共産党幹部の中には、飢饉の実態を知り、方針転換を図らなければならないという危機感を持った人もいました。

その一人が彭徳懐《ほうとくかい》でした。彭徳懐は、毛沢東と同じ湖南出身で、古くから毛沢東と行動を共にしていました。朝鮮戦争で中国が北朝鮮支援のために参戦したときは、中国軍の総司令官を務めています。当時は国防部長（国防大臣に相当）の要職にありました。

彭徳懐は、故郷の湖南を視察して、餓死者まで出ている惨状を知り、大躍進政策の見直しの提言を考えました。

一九五九年の七月から八月にかけて、江西省廬山《ろざん》のリゾート地で中国共産党の政治局拡大会議と中央委員会が開かれた際、彭徳懐は毛沢東に対し、密かに私信の形で政策転換を提案したのです。

この提言自体は非常におとなしいもので、基本的には大躍進政策が正しく、毛沢東の指導も正しいと支持したうえで、政策の見直しを求めていました。

しかし、絶対的独裁者になっていた毛沢東は、自分の方針に異議が唱えられることに我慢できませんでした。私信を直ちに会議で公開し、彭徳懐と、彭徳懐に同調した幹部たちに「右翼日和見主義」というレッテルを貼り、会議の席上、激しく批判したのです。彭徳懐も同調者たちも、失脚しました。

会議に出席していた他の幹部たちは飢饉の実態を知っていて、方針転換を求める彭徳懐の主張が正しいと感じていましたが、彭徳懐を支持することは、即ち自らの失脚を意味します。沈黙したり、毛沢東を支持したりすることで、自らの生き残りを図りました。彭徳懐は孤立し、毛沢東の方針の正しさを再確認することになってしまいました。

これ以来、毛沢東は、大躍進政策を見直すどころか、一層の推進を求めます。毛沢東と常に行動を共にし、数々の軍功を立てていた彭徳懐ですら政策転換を求めると失脚したのですから、大躍進政策の中止を言い出せる人物はいなくなりました。

こうなると、地方幹部たちは、食糧生産が減少していることを認めるわけにはいかなくなります。うっかり認めると、「右翼日和見主義」と批判され、失脚する危険に直面するからです。

こうして、飢餓が深刻化しているのに、食糧は大増産が続いているという報告ばかりが行われました。生産された食糧の四〇％は国に納めることになっていたため、嘘の報告量の四〇％という数字は、実際に収穫された食糧の全量を上回る場合がほとんどでした。こうなると、少しでも食糧を確保する努力が続けられることになります。

「党幹部は、保管された食糧を探し求めて、村々をまわった。それは残酷で野蛮な運動だった。多くの農民が拷問にあい、死ぬまで殴打された」（『餓鬼』）

農民たちは、餓死するか、餓死しなくても党幹部の拷問にあって死んでいったのです。

全土で餓死者が続出した

一九六〇年、河南省《かなんしょう》光山《こうざん》県の小さな村の様子について、当時の飢饉から生き抜いた劉暁華《りゅうぎょうか》という女性は次のように証言しています。

「村のぬかるんだ道には、何十人もの餓死者が埋められぬままに横たわっていた。荒れたままの畑にも死体があった。その死体のあいだをぬうように、まだ生きのびている者たちが、食べられる野草の種を求めて這いまわっていた」

自分が生産したものは自分のものになる。こんな簡単な原理だけで、飢餓が解消されたのです。

「埋葬してやれるほどの元気は誰にもなかった」

「牛は死に、犬は食べられ、ニワトリやアヒルは、穀物税のかわりとして、はるか昔に共産党に没収されていた。樹木の小鳥たちも消えた。その樹木でさえ、葉はむしりとられ、皮ははぎとられていた」

「一九五八年から六一年にかけての飢饉は、中国史上では特異なものだった。北は小麦を生産する黒竜江沿いの寒冷奥地から、南は緑豊かな亜熱帯の海南島まで、広大な中国全土の隅々までを飢饉が襲ったのは、初めてのことである」

「すべての地方で人々は飢えていたのである」（同書）

にもかかわらず、その情報は毛沢東のもとに届きませんでした。幹部たちは知っていても、黙っているしかありませんでした。

それどころか、毛沢東とその取り巻きには、常に最高級のもてなしが行われていました。毛沢東が地方に視察に出かけると、歓心を買うために、地元の党幹部が最高の歓迎をしたのです。その様子を、毛沢東の主治医だった李志綏は、こう皮肉っています。

「私どもは共産主義的な楽園で日常をおくっていただけに、少なくともわれわれにとっては共産主義社会がすでに到来したも同然であった」（『毛沢東の私生活』）

毛沢東、一歩後退

全土で飢餓が広がる状態に、遂に党幹部たちも耐え切れなくなりました。一九六一年になると、周恩来らは、毛沢東に実態を告げるようになります。党幹部こぞっての「反乱」に、さすがに弱気になった毛沢東は政治の第一線から退き、改革派が実権を握りました。

劉少奇や陳雲《ちんうん》、鄧小平らが改革を進めました。農業集団化を緩め、個人が自分の農地で作物を育て、それを売ることができるようにしたのです。

集団で農業をするのではなく、自分たちだけで農業することが認められ、自分たちが育てた農作物を自分たちで売りさばくことができるようになると、農民の労働意欲は向上し、農業生産は回復。飢餓状態から脱する農村が増え始めました。

自分が生産したものは自分のものになる。こんな簡単な原理だけで、飢餓が解消されたのです。

毛沢東は、まるで拗《す》ねたように一線を退き、こうした改革を黙認しました。自らの「革命」路線が否定されるのを傍観するしかなかったのです。

こうして毛沢東は、実質的な権力を失っていきました。しかし、毛沢東はあきらめていませんでした。その後、思いもかけぬ形で、自分の権力を奪った改革派に復讐するのです。それが、「文化大革命」でした。

文化大革命がどんなものだったのかは、次章で取り上げます。

「毛沢東の大躍進政策」は輸出された

大躍進政策の失敗は秘密にされました。大成功という宣伝だけが行われたのです。このため、当時の中国は、世界の開発途上国にとって「希望の星」に見えました。

アフリカのアンゴラ、モザンビーク、エチオピア、ソマリアなどは、中国の農業集団化をお手本にしました。伝統的な農業を放棄して、集団農場を建設したのです。その結果は、飢饉や飢饉に伴う内戦でした。

カンボジアでは、ポル・ポト政権が毛沢東の路線を信じ、全国民を農村に送り込みました。知識人を憎み、専門技術を軽蔑し、素人の人海戦術だけで大規模な灌漑施設を建設したのです。結果は、大規模な自然破壊であり、実り豊かな農業地帯での飢餓の発生でした（『そうだったのか！　現代史』参照）。

中国共産党が惨めな失敗を隠し、成功と宣伝したために、世界規模で大失敗を繰り返すことになったのです。

毛沢東は、中国人民に対してだけでなく、世界の開発途上国の人々の死にも責任を負っているのです。

「空想的社会主義」で多くの犠牲者が

毛沢東の誇大妄想から始まった大躍進政策は、惨めな失敗に終わりました。この失敗により、中国全土で少なくとも四〇〇〇万人が死亡したと推定されています。

毛沢東の死後、一九七九年に共産党組織した制度改革委員会は、実際に何が起こったのかを調査し、飢饉で四三〇〇万人から四六〇〇万人が死亡したという結論を出しました。しかし、大躍進の惨事は、それで終わりませんでした。その後、毛沢東が発動する文化大革命によって、さらに大勢の人々が犠牲になるのです。

マルクスと共に共産主義理論を構築したエンゲルスに『空想から科学へ』という作品があります。過去にユートピアなど理想社会を空想した空想的社会主義者たちがいたが、マルクス主義こそが科学的社会主義であると主張しています。空想か科学かといえば、毛沢東がめざした社会主義は、空想的社会主義でしかなかったのです。

個人が空想する分には構いませんが、中国では、空想的社会主義を実現させる実験のために、四〇〇〇万人もの犠牲者が出たのです。

日本に対して「過去を教訓にすべきだ」と「歴史問題」で追及する中国は、この過去について一切口をつぐんでいます。その事実は中国の学校の教科書に載っていません。日本に対して「歴史を直視」するように求めている中国政府は、自国の負の歴史を直視していないのです。

過去を認められないのは、大躍進という大惨事が、毛沢東という個人の過ちにとどまらず、明らかに中国共産党の犯した過ち、いや犯罪だからです。この過去を過ちと認めることは、即ち共産党の過ちを認めることであり、共産党の政治的正統性が問われることでもあります。それができない共産党は、過去を教訓にすることなくフタをして、なかったことにしているのです。

第5章
毛沢東、「文化大革命」で奪権を図った

現代の中国にとって、文化大革命はいまだに評価が定まっていないのです。

毛沢東、「文化大革命」で奪権を図った

道端で売られている文化大革命当時のポスター

「毛沢東語録」は土産物に

北京や上海の露店、骨董品店《こっとうひんてん》、土産物店では、文化大革命当時のポスターが売られています。また、赤い表紙の小冊子が多数並べられています。『毛沢東語録』(正式には『毛主席語録』)です。かつて中国全土を揺るがした文化大革命。このとき運動の中心になった紅衛兵《こうえいへい》たちが、常に手に持ち、ときに天にかざしていたのが、この小冊子でした。常に肌身離さず持ち歩くべきものだった冊子が、露店で売られているという現状は、文化大革命の混乱が遠い過去になったことを示しています。

しかし、遠い過去になったのは時間の流れだけ。現代の中国にとって、文化大革命はいまだに評価が定まっていないのです。

二〇〇六年八月、文化大革命開始から四十周年を迎えましたが、中国共産党は、国内の報道機関に対して、文化大革命については一切触れないように指示を出しました。中国の報道機関も、中国のほかの組織と同じく中国共産党の指導を受けることになっていますから、四十周年を振り返る記事は登場しませんでした。

四十年経っても、中国共産党にとって

土産物として売られている『毛沢東語録』

は、「大躍進政策《だいやくしん》」の失敗と並んで、文化大革命も触れてほしくないテーマなのです。共産党の歴史的責任が問われる出来事だからです。

歴史的な大事件でありながら、歴史にフタをして、なかったことにしたい出来事。中国にいまも大きな傷痕を残す文化大革命について振り返ってみましょう。

毛沢東、国家主席を譲る

文化大革命を一言でいえば、共産党内部での権力基盤が弱まった毛沢東が、党外の勢力を巻き込んで展開した奪権闘争でした。

前の章で見たように、大躍進政策の失敗で、毛沢東の権威と権力は弱まりました。一九五九年四月には、毛沢東は国家主席のポストを副主席だった劉少奇《りゅうしょうき》に譲ります。

当時の中国では、国家組織としてのトップは国家主席(大統領)。中国共産党のトップは中央委員会主席で、二つの「主席」のポストがありました。建国以来、毛沢東が二つのポストを独占していたのですが、この時点で、国家の主席と党の主席が分離されたのです。

国家主席の交代は、大躍進政策の失敗

飢饉が天災によってもたらされたものではなく、人災よるものだと認めたのです。

に対する批判の高まりを受けてのものでしたが、毛沢東個人の意向もあったようです。国家主席はさまざまな公式行事に出席しなければならず、毛沢東はそれを嫌っていました。公式行事にとらわれず、自由な立場で行動したかったのです。

また、毛沢東流の「蛇を穴からおびき出す」という戦法だったことも指摘されています。わざと一線から退いてみせ、誰が権力を掌握しようとするかを見極めることで、自分の権力を奪う恐れがある人物を発見し、その人物が力を持つ前に叩きのめす、という戦法です。毛沢東は、しばしばこの方法をとっていました。

また、国家主席を他人に譲ることで、自分に対する人々の尊敬の度合いに変化が起きるかを確認したかったともいわれています。

しかし、共産党の主席の地位は守りました。中国を支配するのは共産党であり、共産党の主席であることが、権力の最大の源泉だったからです。

この結果、国内に二人の「主席」が存在することになりました。毛沢東にしてみれば、「中国の主席」は自分一人だったのですが、劉少奇は、次第に「国家主席」として振る舞うようになります。毛沢東はこれに強い不満を持つようになっていきます。

毛沢東、遂に自己批判

やがて、毛沢東が劉少奇を憎むことになる事態が起きました。一九六二年一月に開かれた党中央委員会の拡大工作会議です。この会議は、大躍進政策によって発生した飢饉《ききん》の対策を話し合うためのものでした。全国から七〇〇〇人の幹部が招集されました。席上、劉少奇が演説し、飢饉が天災によってもたらされたものではなく、人災によるものだと認めたのです。これは、事実上の毛沢東批判でした。この演説を受けて、各地から集まった幹部たちも、口々に大躍進政策を批判しました。

毛沢東は、遂に一歩後退することになります。この会議で演説し、初めて「自己批判」をしたのです。「私はほかの者たちがみずからの責任を逃れようとしてもいいと言っているのではない。実際に、ほかの者も多くが責任の一端をになっているのだ。しかし、私がまず第一に誤りに責任を負うべき人間だろう」(李志綏著 新庄哲夫訳『毛沢東の私生活』)と。

「自己批判」とはいっても、ほかの者にも責任があると述べるなど、最高実力者としては決して潔いものではなかったのですが、毛沢東が自己批判をしたのは初めてのことでした。これ以降、毛沢東の党内での権力はさらに減退に向かうのです。

毛沢東、奪権に動く

中国共産党も政党である以上、たとえ毛沢東といえども、党の中央委員会の多数の支持がなければ権力を維持できません。中国共産党の党規約によると、中央委員会主席つまり毛沢東のポストは、中央委員会の全体会議で選挙して選ばれることになっています。

大躍進の失敗で毛沢東の力が失われる一方で、劉少奇は、農村で餓死者が出るような状態を改善し、権威と権限が強まりました。毛沢東は、劉少奇が共産党の「司令部」を形成してしまったと受け止めたのです。このままでは、中央委員会での投票で劉少奇に勝てなくなる。毛沢東

point! 社会主義と共産主義

社会主義社会とは、人々は労働に応じて欲しいものを得られる状態であるとされる。これに対して、生産性がさらに向上し、欲しいものはいつでもいくらでも得られるようになるのが共産主義社会であるとされている。社会主義社会では、資本主義を復活させないように「暴力装置」としての国家が存在するが、共産主義になると国家は消滅すると考えられている。いわば「理想の社会」をイメージしている。

劉少奇

は、こう判断しました。

毛沢東の共産党主席の地位を守るためには、劉少奇を中心とする「司令部」を失脚させなければならないと考えたのです。しかし、党内の上層部は劉少奇が掌握している。そこで毛沢東は、自分に対する国民の「個人崇拝」を利用することにしました。

『毛沢東語録』が出版された

いまや中国の土産物でしかない『毛沢東語録』の初版は、一九六四年五月に出版されました。国防部長（国防大臣に相当）の林彪《りんぴょう》が出版させた本です。

大躍進時代、国防部長だった彭徳懐《ほうとくかい》は毛沢東の方針を批判したために失脚させられ、後任に就任したのが林彪でした。

林彪は、彭徳懐の二の舞いは避けようと、毛沢東に取り入ることばかりを考えます。その中心が、毛沢東に対する個人崇拝の強化でした。そのテコとして、『毛沢東語録』を出版させたのです。

この小さな本には、過去に毛沢東が発言した内容や著作の内容を三十三項目に分類して集めてあります。

たとえば一章は「共産党」で、こういう書き出しです。

「われわれの事業を指導する核心的な力は中国共産党である。われわれの思想を指導する理論的基礎はマルクス・レーニン主義である」（外文出版社発行の日本語版による）

こうした片言隻語《へんげんせきご》を集めただけで、その内容はどうにでも解釈できるものばかりでした。たとえば二十六章の「規律」には、次のような文章があります。

「われわれは、ある一つの側面だけを一面的に強調して、他の側面を否定してはならない。人民の内部には自由がなければならないし、規律もなければならない。また、民主がなければならないし、集中もなければならない」（同書）

【中国こぼれ話】

劉少奇

一八九八年生、湖南省の寧郷《ねいごう》県出身。二十三歳でモスクワに留学し、中国共産党にも入党。上海などで共産党の活動に従事した後、一九三四年に長征に参加し、以来、毛沢東と行動を共にしてきました。

こんな内容ですから、自分に都合のいい部分を引用することで、何とでも主張できるものでした。その後の権力闘争では、各陣営が、自己の主張の正当性の根拠として引用するようになります。

この本の印税は、毛沢東個人の口座に入りました。莫大な個人資金を自由に使えるようになるのです。

林彪は、『毛沢東語録』を出版して毛沢東の機嫌をとる一方で、毛沢東を形容する語句も生み出します。

毛沢東を、「偉大な指導者」「偉大な教師」「偉大な統帥者」「偉大な舵取り」と呼ぶようにしたのです。公の場で毛沢東に言及するときは、必ずこの「四つの偉大」の肩書きをつけるようになりました。

自分が、このような大げさな形容詞をつけて呼ばれるというのは、どんな気分なのでしょうか。本当に偉大な指導者であれば、自分を決してこうは呼ばせないのではないかと思うのですが、毛沢東は、

自身に対する個人崇拝を楽しみつつ、それを奪権闘争の武器として使いました。

自身に対する個人崇拝を楽しみつつ、それを奪権闘争の武器として使いました。

奪権闘争の手駒として使ったのが紅衛兵と呼ばれた若者たちでしたが、毛沢東の仕掛けた闘争は、まずは「文化」の分野で始まったのです。

上海の新聞に載った奇妙な批判

一九六五年十一月十日、上海の新聞『文《ぶん》匯報《わいほう》』に、「新編歴史劇『海瑞罷官《かいずいひかん》』を評す」という姚文元《ようぶんげん》の論文が掲載されました。これが「文化大革命」の発端でした。

この論文は、劇作家で清華大学教授でもあり、北京市の副市長だった呉晗《ごがん》が書いた歴史劇『海瑞罷官』を批判するものでした。

海瑞は、中国の明の時代に、皇帝の誤りを直言して罷免された役人です。毛沢東は、海瑞を高く評価していました。かつて自らが展開した「反右派闘争」の結果、誰もが上の顔色をうかがい、自分からは何も発言しなくなっている風潮に対して、「海瑞の勇気に学び、上が間違っていると思ったら直言せよ」と語り、「海瑞に学ぶ」運動を呼びかけたほどです。

毛沢東に心酔する呉晗にしてみれば、毛沢東の指示に忠実に従い、海瑞を高く評価するために書いたのが『海瑞罷官』でした。

しかし、毛沢東の大躍進政策が失敗すると、大躍進政策の見直しを毛沢東に進言したために失脚させられた彭徳懐を、皇帝に進言して罷免された海瑞になぞらえて考える人たちが出始めていました。この時点で海瑞を評価すると、毛沢東を批判した彭徳懐を評価しているようにも読めたのです。

毛沢東は、『海瑞罷官』をそうした「当てこすり」だと考えました。姚文元が書いた呉晗批判の論文を、毛沢東はほかの新聞も掲載するように要求しました。

毛沢東の最終目標は劉少奇の追い落としでした。劉少奇の系列には北京市長の彭真《ほうしん》がいました。「将を射んと欲すれば、まず馬を射よ」。劉少奇に狙いを定め、まずは劉少奇を支える彭真を失脚させるため、副市長の呉晗に対する攻撃を始めたのです。

毛沢東は翌年三月、政治局常務委員会の拡大会議で、「知識人」批判を始めます。「知識分子」は社会主義革命が進むと共に抵抗し、反党反社会主義の本性を暴露している。呉晗は共産党員だが、反共でもあり、実際は国民党だ。

このように言い切り、文化の面でも革命を推進しなければならないと主張しま

point! 大字報＝壁新聞

日中戦争期に、ニュースやスローガンを、壁に張ったり、直に書きつけたのがはじまり。1966年、人民日報は「革命的大字報は、すべての牛鬼蛇神を暴きだす鏡である」と称え、毛沢東は「きわめて有効な新しい武器」と呼んだ。

した。

ここから、「文化大革命」という言葉が生まれたのです。

毛沢東、「継続革命論」を提起

毛沢東は、社会主義が実現しても革命が必要だという、独自の理論を編み出します。

それまでの正統派マルクス主義では、階級闘争は社会主義革命によって消滅すると考えられてきました。次のような理論です。

資本主義社会では、ブルジョワジー（資本家階級）が生産手段（土地や工場など）を独占し、プロレタリアート（労働者）を搾取《さくしゅ》して働かせている。この境遇に我慢できない労働者階級は、労働者が主人公の社会を作ろうとし、資本家階級は、何とかそれを阻止しようとする。そこに階級闘争が起こる。

やがて労働者階級が革命を起こして権力を握り、生産手段を国有化すれば、資本家階級は打倒されるので、資本家階級と労働者階級の階級闘争は消滅する。

しかし毛沢東は、社会主義になっても、資本家階級と労働者階級の階級対立は続くと考えました。

社会主義は、共産主義へと進む過程にすぎず、共産主義の理想社会が実現するまでには長い時間がかかる。その間、資本家階級と労働者階級による階級闘争は残る。

その対立は共産党内部にも反映され、党内には、共産主義をめざす勢力ばかりでなく、資本主義に戻ろうとする勢力が生まれる。

これを解決するためには、やがて共産主義社会が実現するまでの長い間、党内でも党外でも、資本主義に戻ろうとする勢力との戦いが必要となる。

つまり、社会主義になっても「資本主義へ進もうとする派」（走資派）が生まれてくるので、常に革命を継続していかなければならない、というわけです。これが毛沢東の「継続革命論」です。

文化大革命の理念について、毛沢東の忠実な弟子として文化大革命を推進した林彪は、次のようにまとめています。

「党、政府、軍隊と文化領域の各分野には、ブルジョア階級の代表的人物と修正主義分子がすでに数多くもぐりこんでおり、かなり多くの部門の指導権はもはやマルクス主義者と人民の手には握られていない。党内の資本主義の道を歩む実権派は、中央でブルジョア司令部を」作って権力を掌握している。この権力を奪還するためには、「文化大革命を実行して、公然と、全面的に、下から上へ、広範な大衆を立ち上がらせ、上述の暗黒面をあばきだすよりほかはない。これは実質的には、一つの階級がもう一つの階級をくつがえす政治大革命であり、今後とも何回もおこなわなければならない」（矢吹晋『文化大革命』）

北京大学に「壁新聞」が張り出された

一九六六年五月、北京大学のキャンパスに、大学の共産党委員会を批判する壁新聞が張り出されました。中国は、全国の職場に共産党の下部組織である委員会があり、この委員会がさまざまな指示を出しています。北京大学にも共産党の委員会があって、大学教授や職員、学生に対して指示（要するに命令）を出す仕組みになっています。この委員会は彭真派のメンバーからなっており、このメンバーを批判する内容でした。

この壁新聞の内容は、毛沢東の指示により、六月一日、ラジオで全国放送されました。さらに翌二日、中国最大の新聞『人民日報』に、壁新聞の全文が掲載されたのです。

毛沢東の攻撃目標が、次第に広がって

党や政府の幹部が住む中南海に張り出した大字報で、「司令部を砲撃せよ」と書いたのです。

いきます。

新聞では、彭真派の委員会を批判する「革命派」は、「毛主席に反対し、毛沢東思想に反対し、毛主席と党中央の指示に反対する者たちが、いかなる旗印を掲げていようとも、いかに高い地位にあろうとも、いかに古参の者であろうとも」、「徹底的に壊滅」させなくてはならない、と主張したのです(厳家祺、高皋著　辻康吾監訳『文化大革命十年史』)。攻撃の最終的な標的が劉少奇であることが、はっきりした瞬間でした。

「紅衛兵」が誕生した

六月二十四日には、清華大学付属中学校(日本の中学校と高校に当たる)の生徒たちが、「プロレタリア革命の造反精神万歳!」と題する壁新聞を張り出しました。「革命者は孫悟空である」から、「棒を振り回して神通力を発揮し、法力を放ち、旧世界の天地をひっくりかえし、上を下への大騒ぎをやり、さんざんに打ちのめし、めちゃめちゃに殴りつけなければならず、混乱すればするほどよいのだ」と主張しました(『文化大革命十年史』)。生徒たちは、自分たちのことを、「紅」(共産主義のシンボル)を「衛《まも》」る「兵」という意味の「紅衛兵」と署名しました。

文化大革命に参加する全国の若者たちは、自らを「紅衛兵」と名乗るようになります。

清華大学付属中学校は、共産党の高級幹部の子弟が多く通うエリート学校です。この生徒たちの行動が、毛沢東の意思を知った党の幹部から助言を受けたものか、自主的な発想だったのかは、当時の生徒たちの証言でもはっきりしませんが、毛沢東は、これを利用しました。

毛沢東は、八月一日、紅衛兵と名乗った生徒たちに手紙を送り、「反動派に対する造反は道理がある(造反有理)」と述べ、生徒たちを「熱烈に支持する」と宣言しました。

喜んだ生徒たちは、毛沢東の手紙を公開。紅衛兵という名称の組織が次々と成立し、「造反有理」という主張、そして、「めちゃめちゃに殴りつけ」る方法を、全国の大学・中学の学生たちが実践することになるのです。

「司令部を砲撃せよ」

日本では「壁新聞」と報道されましたが、中国では「大字報」と表現されます。八月五日には、なんと毛沢東本人が大字報を張り出します。党や政府の幹部が住む中南海に張り出した大字報で、「司令部を砲撃せよ」と書いたのです。

毛沢東こそ「司令部」の一員のはずなのであり、これではまるで「自分を攻撃せよ」と言っているようなものですが、毛沢東にしてみれば、自分の権力は奪われ、劉少奇や鄧小平《とうしょうへい》らが「司令部」を形成していると考えていました。そうした「司令部」の人間たちは、「革命の司令部にいながら革命に反対する勢力」だとして、この勢力を攻撃するように呼びかけたのです。

毛沢東、紅衛兵と謁見

毛沢東は、奪権闘争のために、紅衛兵運動を全国に展開させることにしました。この年の八月十八日、全国から一〇〇万

point! 修正主義

共産主義者にとって、「修正主義者」とは罵倒の言葉。マルクス・レーニン主義を正しく守らず、自分に都合よく「修正」した思想だという批判である。現実には、異なる派閥が、互いに相手を批判するときに使われる用語である。

紅衛兵を謁見する毛沢東（1966年8月）

人もの紅衛兵を天安門広場に集め、謁見したのです。

紅衛兵の代表として北京師範大学付属女子中学の生徒が壇上に上がり、紅衛兵と染め抜いた赤い腕章を毛沢東の左腕につけました。

紅衛兵たちは、手製の毛沢東バッジを胸につけていました。これをきっかけに、全国民が、毛沢東バッジを胸につけるようになるのです。まるでいまの北朝鮮の国民が全員、金日成バッジをつけているように。

九月になると、共産党と政府は、地方の教師や生徒が北京に来て、文化大革命を参観することを奨励する方針を打ち出します。全国の学校で、「授業をやめて革命をする」という動きが広がります。全国の学校が機能を停止しました。授業をしようとする教師は「革命に反対する者」としてつるし上げられるようになるのです。

熱狂が全土を覆いました。まるで数年前の「大躍進政策」の再現のような熱狂が。

「造反有理」で国土は大混乱に

「革命的熱狂」に駆り立てられた若者た

毛沢東、「文化大革命」で奪権を図った

熱狂が全土を覆いました。まるで数年前の「大躍進政策」の再現のような熱狂が。

現在の「陳麻婆豆腐店」

ちは、紅衛兵の腕章をつけて街に繰り出しました。すべてを「革命」一色に塗り替えようと。「造反有理」がスローガンでした。

　街に繰り出した紅衛兵たちは、店の看板を革命のスローガンに付け替えさせました。文字通りの塗り替えです。北京の銀座と呼ばれる「王府井大街」は「革命路」と名づけられます。その後さらに、「人民路」と改称されました。

　「長安街」は「東方紅大路」（東方紅とは「東方に現れた共産主義」の意で毛沢東のこと。毛沢東を讃える同名の歌もできた）、「東交民巷」は「反帝路」に、「揚威路」は「反修路」（反・修正主義の道路の意）に名前を変えられました。

　北京ダックで有名なレストラン「全聚徳」にも紅衛兵たちは乱入します。入口の看板は、紅衛兵に叱咤《しった》された従業員によって打ち壊され、「北京烤鴨店」という平凡な名前の看板をつけることになりました。高価なメニューはブルジョワ的だとして、値段の安い大衆メニューが付け加えられました。

　麻婆豆腐で有名な成都市の「陳麻婆豆腐店」も襲撃を受けました。名物の看板は破壊され、店の名前は、文化大革命の勝利という意味の「文勝飯店」に改めさせられました。

　紅衛兵の攻撃目標は人々の格好にも向けられます。長髪の女性、パーマをかけている女性は「ブルジョア的だ」と批判され、街頭で髪を切られました。スカート姿も批判され、ズボンをはくように命令されました。

　人々は、自己を防衛するため、全員が「人民服」と呼ばれる服装をするようになりました。女性たちは化粧もやめたのです。街から色彩が消えました。

　さらに人々は「継紅」や「永革」など、〝革命的な〟名前に改名します。生まれてきた子どもたちにも、こうした名前をつけました。

　さらに紅衛兵たちは、「四旧打破」運動を繰り広げます。四旧とは、「旧思想」「旧文化」「旧風俗」「旧習慣」のこと。これらを打破するとは、具体的には文化財を破壊することでした。

　キリスト教会や仏教寺は襲撃され、貴重な文化財が次々に破壊されました。文化大革命の発端になった海瑞の広東省の墓も暴かれ、墓守りの老人までがつるし上げられて死亡しました。

　嘘のような本当の話もありました。紅衛兵たちは、交通信号にも文句をつけたのです。紅（赤）は革命のシンボルであり、「進め」を表すはずなのに、交通信号で赤が「止まれ」なのはおかしいと主張しました。都市の交通整理の警察官の横に立って、「赤信号は進めの合図だ」と主張したものですから、交通は大混乱。多数の交通事故を引き起こす結果になりました。最後には周恩来総理が出て、「信号表示は世界共通だ」と説得して、ようやく収まりました。

本人たちは大まじめだったのですから、始末に困ります。大躍進運動のときもそうでしたが、どうして、このように極端に走るのでしょうか。客観的に批判するメディアが存在せず、個人崇拝が横溢《おういつ》する社会だと、極端に走るということなのでしょう。

国民が敵味方に分類された

毛沢東の理論によれば、たとえ社会主義社会になっても階級闘争が続くということになります。ということは、社会主義・中国にも「労働者階級の敵」がいるはずです。「敵」を探して摘発し、壊滅させる「戦い」が始まります。文化大革命は、劉少奇、鄧小平を批判して権力の座から引きずり下ろす戦いにとどまらず、全国で全国民を対象にした「闘争」へと発展してしまったのです。

中国の全国民が、「黒五類」や「紅五類」に分類されました。「黒五類」とは、「地主階級」「富農」「反革命分子」「不良分子」「右派分子」の五種類のことです。彼らが、「労働者階級の敵」に選ばれました。

「紅五類」とは、「革命幹部」「革命烈士」(革命の過程で死亡した活動家の遺族)「革命軍人」「労働者」「貧農及び下層中農」の五種類です。

「紅」でなければ文化大革命の運動に参加できず、「黒」は打倒の対象になりました。

各職場では、それまでの幹部の地位にいた人たちが、次々に「黒五類」に分類され、糾弾されます。「黒五類」に加え、「特務」(スパイ)「裏切り者」「労働貴族」、それに「知識人」を合わせた九種類の「臭老九」(鼻つまみ者の九種類)と呼ばれる人たちが批判されるようになっていくのです。

職場では「批判大会」が開かれました。それまでの幹部たちが、「地主」や「右派」などと書かれた厚紙を首から下げさせられ、講堂や演台の壇上に並ばされるのです。職場の同僚たちが集められ、その場で紅衛兵たちが頭を押さえつけ、両腕を後ろにねじ上げます。これは「ジェット式」と呼ばれました。まるで子どもたちの「ジェット機ごっこ」のような形になるからです。この形で、二時間でも三時間でも「罪状」を並び立て、職場の同僚たちは、幹部に向かって、「打倒せよ!」「ぶち殺せ!」などと全員で罵声を浴びせることを要求されます。

その後、幹部たちは屋外に連れ出され、一列に並べられ、いわば「市中引き回し」をされます。

さらに石を投げつけたり、棒で叩いたりして痛めつけるのです。この過程で死亡したり自殺したりする人たちが続出しました。

もし党員が自殺すると、それは党に対する最大の裏切りとなり、遺族が迫害を受けました。こうした闘争の中心になった紅衛兵は、革命幹部の子息たちでした。自分たちは革命幹部の子どもであり、「生まれながらの革命家」である、というわけです。「門地」で優劣が決まるという、本来の社会主義の理念からはかけ離れた運動が展開されたのです。

毛沢東の標的にされた彭真・北京市長

職場の同僚たちが集められ、
その場で紅衛兵たちが
頭を押さえつけ、
両腕を後ろにねじ上げます。

紅衛兵によって、「市中引き回し」される幹部

も街頭に引きずり出され、紅衛兵の罵声を浴びました。

　当時、中国人の夫と結婚して北京に渡っていた日本人女性も紅衛兵の被害を受けました。日本人だというだけでスパイと疑われ、家捜しをされたのです。日本と中国では電圧が違うため、日本の電化製品を中国でも使えるように変圧器を持っていたところ、これが問題にされました。家に押しかけた紅衛兵たちは変圧器の意味がわからず、「日本に情報を送る無線機だろう」と言って追及したというのです。日本にいる母親が送ってくれた手紙は、「スパイの連絡用の通信だ」と言われて持ち去られました（斎藤淑『紅い桜』）。

　やがて、この行動は、「黒五類」なら殺しても構わない、というところまでエスカレートします。

警察が殺人にお墨付き

　一九六六年八月、北京市公安局（首都・北京の警察本部）の拡大会議で、以下のような方針が伝達されました。

1　公安機関（警察）は紅衛兵の暴力や殺戮《さつりく》を表立って制止してはならない。

2　大衆が悪人に対する恨みを晴らすのを無理に止める必要はない。

point! 竹のカーテン

第二次世界大戦後に東西冷戦が始まると、ソ連とソ連の権力圏に入った東欧諸国の国内の情報は、西欧諸国にほとんど伝わらなくなった。これをイギリスのチャーチルは、「鉄のカーテン」と呼んだ。そこから、社会主義中国の国内の情報が外に漏れない状態を、「竹のカーテン」と呼ぶようになったのである。

3　紅衛兵が家宅捜索をする手助けをするように。

警察が紅衛兵の振う暴力に協力したのです。この方針が、早速悲劇を生みました。北京市の南に位置する大興《だいこう》県で大虐殺事件が発生したのです。警察が公安局の方針に従って「黒五類」に分類される人々の家を紅衛兵に教え、紅衛兵たちは集団で家に押しかけては暴力を繰り返し、三二五人が虐殺されました。生後まもない乳児から八十歳の老人までが犠牲になったのです。警察は、もちろん放置しました。

「武闘」による死者が続出した

紅衛兵による糾弾は、一方的なものでしたが、ときには、攻撃された側が反撃に出ることもありました。

これまで糾弾していたグループに対して、逆に「反革命」や「右派」のレッテルを貼って批判大会を開くこともあったのです。両派の対立が銃撃戦などの「武闘」に発展することもしばしばで、そのたびに大勢の死者が出ました。

武闘の結果、思わず相手を殺してしまった若者たちの中には、当初、周章狼《しゅうしょうろう》狽《ばい》する者もいましたが、毛沢東理論の「プロレタリア階級によるブルジョア階級との闘争の一環である」と自分たちに言い聞かせました。そう言い聞かせると、自分で自分を正当化し、その後の殺人に躊《ちゅう》躇《ちょ》しなくなります。毛沢東は、文化大革命中の大量殺人に対して思想上の合法性を与えたのです。当時、毛沢東は、こう語っています。

「党の政策は人を殴れとは言っていない。しかし人を殴ることに対しても階級的な分析をおこなわなければならない。善人が悪人を殴るのは当たり前のこと」（宋永毅編著　松田州二訳『毛沢東の文革大虐殺』）

「階級の敵」に対しては、何をしてもいいということになったのです。

また、毛沢東は、心を許した主治医に、こうもらしたといいます。

「こんどは千人の人民が死ぬだろうな」

「何もかもひっくり返りつつある。私は天下の大乱が好きだ」（李志綏著　新庄哲夫訳『毛沢東の私生活』）と。

北京では、「黒五類」に分類された住民が次々と地方の農村に追放されました。

その農村部でも、「階級の敵」を殺すことが奨励されました。

当時の香港は、まだ中国に復帰しておらず、イギリスの植民地でしたが、後ろ手に縛られて処刑された死体が多数流れつきました。

大陸でとてつもない殺し合いが行われているらしいと推測されましたが、中国全体が「竹のカーテン」で覆われ、情報は外部にもれて来ませんでした。

「魂に触れる革命」と言われたが

「文化大革命」は当時、「魂に触れる革命」と称されました。毛沢東の奪権闘争ばかりではない側面もあったのです。毛沢東は、「理想の人間像」を模索し、共産主義の理想を実現しようともしていたからです。

それは、「分業の廃止」「商品経済の廃止」「社会的平等の実現」でした。文化大革命の中では、とりわけ近代社会の分業体制が批判されました。分業体制は、それぞれの人間が片寄った専門家になってしまうので、分業を廃止することで、知識人と労働者・農民の差別・壁を取り除き、全人的な発達をめざすという目標が宣伝されたのです。

これは、理想にあこがれる日本の学生にとっても魅力的なものに見えました。日本でも毛沢東思想に傾倒する組織が生まれ、一九六八年には、全学ストライキに入っていた東京大学の門に「造反有理」

東京大学に掲げられた「造反有理」の文字

中国全体が「竹のカーテン」で覆われ、情報は外部にもれて来ませんでした

のスローガンが掲げられたほどです。

　マルクスは、個々の人間たちが資本主義のもとで分業体制に組み込まれ、いわば「社会の歯車」と化していることを批判し、共産主義になると、人間が分業から解放され、全人的に発展すると主張しました。毛沢東は、これを中国で実現しようとしたのです。

　その一環として、都市部の知識人が農村に行って肉体労働に従事させられるという試みも行われました。しかし、知識人にとっては、単なる苦行でしかなかったようです。

　また、農民や工場労働者が大学に送られることもありましたが、授業についていけず、こちらも苦行でしかありませんでした。

　マルクスは、資本主義が高度に発達し、高い生産力を誇るようになって初めて共産主義が実現すると考えていました。高度な生産力があってこその分業の廃止だったのですが、毛沢東は、中国に極めて低い生産力しかないことを無視して共産主義を実現させようとしたため、結果は荒唐《こうとう》無稽《むけい》なものにしかなりませんでした。

　さらに、「商品経済の廃止」となりますと、品物に値段をつけて商品として販売すること自体を否定することになります。これでは、経済は成り立ちません。

　「社会的平等の実現」については、社会主義である以上、めざすことは当然といえば当然ですが、「結果としての平等」に陥ってしまいます。働いても働かなくても待遇は同じということになり、労働者が「しっかり働こう」という意欲を失っていくことになります。意欲を喪失する恐れに関しては、「文化の革命」によって労働者の意識改革を進めることで食い止めようとしたのですが、画餅に過ぎませんでした。

紅衛兵、「下放」へ

　一九六八年十二月、毛沢東は、「知識青年が農村へ行き、貧農下層中農の再教育を受けるのは、大いに必要なこと」（『人民日報』十二月二十二日）と述べました。

　ここでいう知識青年とは、要するに紅衛兵のことでした。毛沢東は、自らの奪権闘争である文化大革命を成功させるために紅衛兵を動員しましたが、奪権に成功してしまうと、今度は紅衛兵が邪魔になります。紅衛兵たちが繰り広げる武闘によって、中国は混乱の渦に巻き込まれていました。こうなると、紅衛兵の役割は終わり。毛沢東は、紅衛兵に対して、「農民に学べ」と呼びかけ、紅衛兵を地方

point! 江青

1914年—1991年　毛沢東の死後、文革の首謀者として逮捕され、いわゆる四人組裁判では、1981年に、罪状執行延期２年の死刑判決を受ける。1983年、無期懲役に減刑されるが、1991年に自殺した。

の農村に追放したのです。これは「下放《かほう》」と呼ばれました。

実に二〇〇〇万人もの若者たちが、電気もないような辺鄙《へんぴ》な農村に追いやられ、重労働に従事させられることになりました。

学生たちが「学ぶ」対象のはずの農民たちは、文字の読み書きもできず、学生たちに「教える」べきものを持っていませんでした。学生たちを労働力としてしか見なかったのです。重労働を経験したことのない多くの若者が、過労から病死しました。

下放された女子学生は、農村の若者たちによって、しばしば「性の対象」として扱われました。農村の若者たちによって暴行を受ける女子学生も多かったのです。その結果、精神に異常をきたしたり、自殺したりした者たちも多数に上りました。

人民解放軍が出動した

文化大革命が始まると、それまでの共産党の幹部の多くは「資本主義の道を歩む実権派」と批判されたため、共産党の組織がマヒ状態に陥りました。毛沢東は、党組織をマヒさせておいて、政府から末端の人民公社まで、「革命委員会」を設立させました。この革命委員会が党組織を乗っ取り、文化大革命を推進したのです。

この革命委員会は、確固とした組織があったわけではありません。既存の共産党組織と幹部に反対することだけが唯一の目的のようなものでした。それぞれの組織が「毛沢東思想」を主義として掲げましたが、内実はバラバラでした。

当然のことながら、同じ「革命委員会」を名乗る同士の対立も発生します。各地で「革命派」を名乗る組織同士の武闘が発生しました。武闘とは、要するに殺し合いです。手近な武器を持って乱闘し、リンチも起きることで、多数の犠牲者が出ました。

これが通常の国家ですと、警察が介入して双方を引き離し、法律にもとづいて処罰するはずなのですが、「革命委員会」を名乗っている組織を取り締まると、警察自身が「反革命」のレッテルを貼られる恐れがあります。うっかり手が出せなくなり、武闘は収拾がつかなくなるケースが激増しました。

あまりの混乱のひどさに、とうとう毛沢東は事態収拾のため、人民解放軍に出動を命じました。林彪指揮下の人民解放軍が各地で主導権を握り、治安の維持に当たることになったのです。毛沢東を賛美する林彪が率いる人民解放軍だけは、「反革命」という批判から免れていたからです。

毛沢東が火をつけた文化大革命は、混乱の結果、人民解放軍主導の文化大革命となったのです。その結果、林彪の権力も強固なものになりました。

「四人組」が支配した

混乱する国家を武力で支配したのが林彪だとすれば、思想で支配したのは、後に「四人組」と呼ばれる四人の人物たちでした。

「四人組」とは、毛沢東の妻だった江青《こうせい》と、江青によって引き立てられた張春橋《ちょうしゅんきょう》、姚文元、王洪文《おうこうぶん》の計四人を指します。

江青は、一九三〇年代、上海で「藍蘋《らんぴん》」という芸名の映画スターでした。「恋多き女」として知られ、結婚や同棲などでスキャンダルを巻き起こしたことでも有名でした。一九三三年に共産党に入党しますが、翌年には逮捕され、共産党を批判する文書を発表することで釈放されます。その後、一九三七年に毛沢東のいた延安の革命根拠地に入り、毛沢東と知り合って結婚したのです。

過去に共産党を批判したことがあるに

毛沢東が火をつけた文化大革命は、混乱の結果、人民解放軍主導の文化大革命となったのです。

もかかわらず、毛沢東はこれを不問に付しました。文化大革命が始まると、すべての国民の過去が詮索され、「反革命分子」だったことがないか調べられたのですが、江青だけは、その対象からはずされました。江青は、自分の過去が暴かれることを恐れ、上海時代の自分を知る人物を迫害することで口封じを図りました。

　文化大革命が始まった頃、毛沢東には別の愛人ができていて、江青とは別居していたのですが、江青は「毛沢東の妻」という立場を利用して、権力を振います。

　いつも毛沢東と一緒にいるかのごとく装い、「毛沢東同志の意向」を振りかざすことで、自身の威信を高めたのです。

　その江青に引き立てられた張春橋、姚文元、王洪文の三人は、江青の威信を背景に共産党内で力を持つようになります。

　四人の権力の源泉は毛沢東。自らの力を維持し、出世の道を進むには、毛沢東の覚えがめでたくなくてはなりません。そこで、「毛沢東の意向」を忖度《そんたく》し、毛沢東が次に何をめざしているかをいち早く察知して行動に移りました。

　こうして、「実権派」への迫害をエスカレートさせていったのです。

　中国共産党に忠実だった多くの幹部、文化人が迫害を受けました。共産党に忠誠を誓い、献身的な活動をしてきたからこそ党内で高い地位を得た人々が、今度は「高い地位」にいることを理由に「実権派」と指弾されたのです。多くの優秀な幹部が殺されたり、自殺に追い込まれたりしました。

　文化大革命発動の最初の標的に選ばれた呉晗は投獄され、自殺。呉晗の妻は病弱でしたが、反革命家族として「労働改造」の名のもとに強制労働させられ、死亡しました。長女は自殺し、長男だけが生き残ったのです。

　劉少奇や鄧小平も糾弾されました。毛沢東と共に中国共産党の建設に尽くし、新生中国の発展に努力していた劉少奇は、毛沢東より「上」になったことで、追い落としの対象とされたのです。

　劉少奇の下にいて、現実的な判断をしていた鄧小平は、「毛沢東思想」に忠実でないとして地方に追いやられ、工場労働者として働かされました。

　劉少奇は一九六七年八月には監禁され、体調を崩してもほとんど治療を受けられないまま、一九六九年十一月に死亡しました。家族に知らされることなく、孤独な死でした。劉少奇の死は秘密にされ、家族が知ったのは、死後三年たってからのことでした。

林彪、国家主席をめざす

　毛沢東への「忠誠」を誓う江青と林彪。双方の利害が一致し、互いに相手を利用しながら、権力の階段を上って行きます。

　劉少奇が失脚したことで、林彪は実質的なナンバー2に出世しました。中国共産党第一副主席になったのです。毛沢東への個人崇拝を強化することで、自身の地位を上昇させ、遂には「毛沢東の後継者」と指名されるまでになりました。一九六九年四月に開催された中国共産党第九回大会で、党の規約が改正され、林彪は「毛主席の親密な戦友であり後継者」であると記されたのです。後継者の名前が規約に書き込まれるという異様な事態でした。

　こうして、林彪が中国のトップである国家主席に上り詰めるには、後は毛沢東の死を待つばかりになったのですが、病弱だった林彪は、それを待ち切れませんでした。毛沢東存命中に、中国政府のトップである国家主席に就任しようと考えました。

ところが、ここで誤算が起きます。一九七〇年三月、毛沢東は、国家主席の職を廃止するように提案したのです。毛沢東は、国家主席に就任して自由な行動が束縛されるのを嫌う一方、「主席」と呼ばれる人物は、中国共産党主席である自分だけでよかったからです。「二人の主席」が再び存在することは許せなかったからです。

しかし、これは林彪にとって不満でした。国家主席の職が無くなれば、自分はいつまでたってもトップになれません。そこで林彪は一計を案じました。毛沢東に再び国家主席に就任するように求めたのです。

林彪は、毛沢東が主席就任を固辞することを見越していました。毛沢東が固辞すれば、自分が国家主席になれると考えたのです。

毛沢東は、このやり方を見て、林彪が自分に代わって最高権力者になろうとしていることに気づきます。それまで奪権闘争に利用してきた林彪が、自分の地位を脅《おびや》かすまでになり、野心を燃やしていることを知った毛沢東は、一転して林彪を警戒し、冷ややかな態度をとるようになります。林彪を名指しする批判は控えたものの、林彪派の人物に対する批判を始めたのです。

林彪、クーデターを計画

かくて、文化大革命中の「最大の謎」とされた事件が幕を開けます。林彪によるクーデターの企てと失敗です。共産党の規約で「毛主席の親密な戦友で後継者」と指名された人物が、よりによって毛沢東の暗殺を企んだというのですから、あまりに不可解な事件でした。

林彪と妻の葉群《ようぐん》、息子の林立果《りんりつか》は、毛沢東が林彪に対して不快感を抱いたことに危機感を持ちます。毛沢東の権威は絶大で、本人の意向次第で、自分たちの運命はどうにでもなることを知っていたからです。このままではトップの座の禅譲はおろか、自分たちの地位すら危うい。そう考えた彼らは、毛沢東に対するクーデターを計画しました。クーデター計画を彼らは暗号で「五七一工程」と呼びました。「五七一」の中国語の発音が「ウーチーイー」で、武起義（武装蜂起のこと）と発音が同じだったからです。

林立果は、林彪の息子だったことで空軍で異例の出世を果たし、二十代半ばながら、空軍司令部の作戦副部長に就任していました。林立果は、この地位を利用し、空軍内部に「林彪」グループを密かに結成していました。このグループを使って、クーデターを計画したのです。

一九七一年の八月から九月にかけ、毛沢東は武漢《ぶかん》など南方各地を回って、林彪批判を口にします。この情報を得た林彪は、このままでは自分も劉少奇の二の舞になると判断。クーデターの実行を命じました。

クーデターは失敗した

毛沢東の暗殺は上海で実行されることになりました。毛沢東は専用列車で南方を回っていて、上海経由で北京に戻ってくるはずでした。そこで、上海駅に停車中に列車を襲うことにしました。

ところが、林立果の所属する空軍には、陸軍と違って地上での戦闘部隊がおらず、使える武器もほとんどないため、具体的な実行計画がなかなかまとまりません。そうこうしているうちに、毛沢東を乗せた専用列車は、上海を出発してしまうのです。

毛沢東は、林彪一派を批判しながら、林彪グループの行動を監視させていまし

かくて、文化大革命中の「最大の謎」とされた事件が幕を開けます。

モンゴルで墜落した、林彪が乗っていた飛行機の残骸

た。不審な動きを見せ始めたことに気づいた毛沢東は、上海を極秘のうちに出発し、北京に戻ったのです。

焦ったのは林彪とそのグループでした。毛沢東の動きを見て、暗殺計画が発覚したと早合点した一家は、北京を離れて広州に逃げ、そこで再起を期することにしました。

ところが、計画からはずされていた林彪の長女の林立衡《りんりつこう》が、家族の広州行きを知って不審に思い、これを警備員に知らせたことから、林彪の逃亡計画が発覚しました。

一九七一年九月十三日午前〇時三十二分。林彪一家が乗った空軍のジェット機は河北省北戴河《ほくたいが》の空港を離陸。事態を知った周恩来は陣頭指揮をとり、ジェット機を追跡させますが、ジェット機は南方への飛行を断念して北に向かい、モンゴル領内へと入ったのです。林彪の国外逃亡でした。

しかし、慌てて飛び立ったため、ジェット機は燃料が不足していました。モンゴル領内に入ったところで燃料が切れ、深夜に草原に不時着を試みましたが、失敗。ジェット機は草原に激突して炎上。乗っていた一家や乗員など計九人は全員死亡しました。

「毛主席の親密な戦友で後継者」は、死

【中国こぼれ話】

クーデター組織は「連合艦隊」だった

林立果が組織した空軍内の秘密組織は「連合艦隊」と自称しました。日本映画の『連合艦隊司令長官山本五十六』と『あゝ海軍』を見て感激した林立果が、「我々にもこの精神が必要だ」と言い出して、「連合艦隊」と呼ぶようになったのです。

「林彪失脚」を否定した朝日新聞

林彪が死亡してまもなく、香港の新聞が「林彪が国外逃亡を図って失敗し、死亡した」という情報を掲載します。この情報の真偽をめぐって中国国外では大騒ぎとなりますが、当時の朝日新聞は、北京支局の記者が、「林彪が失脚したというのは偽情報だ」という記事を書きました。林彪の著作などが以前と同じく販売されていることなどが根拠でした。

しかし、まもなく朝日新聞の記事のほうが間違いであることが判明。「世紀の誤報」となりました。と同時に、当時の中国政府に配慮して文化大革命を礼賛していたため、林彪が失脚するはずがないという思い込みが取材側にあり、誤報につながったのではないかという批判を受けることになります。

point! 批林批孔

文化大革命後期の、林彪と孔子をあわせて批判する政治運動。孔子はひきあいに出されただけで、大衆向けの世論操作だった。

亡したのです。

毛沢東の威信が失墜した

この事態は極秘とされました。モンゴルも、モンゴルの後見人だった当時のソ連も、中国との関係を考え、発表しませんでした。

しかし、中国の人民には隠していても、この情報は政府や党の幹部には直ちに伝わります。「毛主席の後継者」の反乱に、多くの人々が衝撃を受けました。とりわけ毛沢東の受けた打撃は大きなものがありました。自らがナンバー2に指名した人物に裏切られたのですから。毛沢東は、すっかり老け込んでしまいました。毛沢東の主治医は、当時の様子をこう書いています。

「林彪事件以後は肉体的なおとろえが劇的にめだった。さし迫った危機がさり、一味が逮捕され、わが身の安全をさとるや、毛はふさぎこんでしまった。ベッドにひきもったまま、ほとんど何も言わず、何もしないで一日じゅう横たわっていた」（『毛沢東の私生活』）

一九七一年十月、「林彪が国外逃亡を図り墜落死した」ことが公表されました。直ちに、「批林整風」運動が始まります。林彪につながる人物が次々に摘発されます。林彪が一転して敵となったわけですから、中国人民もショックを受けました。それまでの文化大革命の極端な行き過ぎの多くは林彪の責任にされ、総理の周恩来が国家の建て直しに当たることになりました。

周恩来は、文化大革命によって迫害を受けてきた穏健実務派の復活に努力します。一九七二年になると、「長期にわたる革命闘争によって鍛えられた古参幹部は党の貴重な財産である」と、評価が逆転しました。

鄧小平も復活を果たし、副総理として周恩来を支えます。それまで壊滅状態だった工業生産も回復し始めて、休校が続いていた全国の学校も再開されます。文化大革命の狂騒は、一段落したのです。

今度は周恩来が標的に

林彪が失脚したことに人々は驚きましたが、穏健派の周恩来が主導権をとり、文化大革命の行き過ぎが正されたことには安堵《あんど》を覚えた人が多かったのです。社会に明るさが戻りました。

しかし、周恩来が実権を掌握したことに不満を持つ陣営がありました。四人組です。

四人組にしてみれば、自分たちが推進してきた文化大革命が中途半端な形で終息しそうになる一方、四人組には決して与《くみ》しようとしない周恩来や鄧小平が権力を持つことを面白く思わなかったのです。

そこで江青ら四人組は、「右からの巻き返し」に反対するという主張を前面に出します。名指しこそしていないものの、周恩来による行き過ぎ是正の方針に反旗を翻したのです。毛沢東も、江青の主張に同調しました。毛沢東も、周恩来の行き過ぎ是正には頼りつつも、自らが発動した文化大革命の終息には不満を持ち、江青の方針を黙認したのです。

文化大革命の発動が『海瑞罷官』の批判で始まったように、ここでも真の敵を明らかにしないまま、「あてこすり」の手法が用いられました。周恩来を直接批判せず、孔子を批判するという手法がとられたのです。

毛沢東や江青には、周恩来の手堅い手腕が、儒教の教えに忠実な儒家のように映りました。封建社会の教えであった儒教を創始した孔子を批判することで、婉曲に周恩来を批判したのです。

林彪と孔子を批判するという「批林批孔」運動が始まりました。この運動は次第にエスカレート。遂には「第二次文化

棍棒を手にした警察官が群衆を蹴散らし、あるいは殴打し、広場から排除しました。

大革命」の様相を呈するようになります。

一九七二年五月、周恩来はガンに冒されていることが判明しましたが、江青は周恩来の治療を妨害します。周恩来は、江青ら四人組の攻撃を受けながら執務を続けましたが、やがてガンは悪化。一九七六年一月、周恩来は十分な医療を受けられないまま死去したのです。

周恩来を悼んで民衆が集まった

それは自然発生的に始まりました。一九七六年三月、北京の中心部にある天安門広場の人民英雄記念碑に、「敬愛する周総理に捧げる」と書かれた花輪や花束が掲げられ始めたのです。花輪は夜になると公安部門によって持ち去られましたが、翌日になると、再び花輪が掲げられます。

そのうちに、大勢の人々が天安門広場に集まり始め、花輪が持ち去られないように監視を始めます。花輪も人々の数も増え続けました。

最初は純粋に周恩来を悼んでいたのですが、四人組に牛耳《ぎゅうじ》られた報道機関が周恩来を悼む報道をしないことに対する批判が出るにつれ、群衆は反「四人組」集会の様相を呈してきます。文化大革命による混乱に倦《う》み疲れた人々は、周恩来を悼むことで、文化大革命に反対の声を上げたのです。

四月に入ると、花輪の数は一〇〇〇を超え、清明節（二十四節気の一つで中国では故人を偲ぶ日）の四月四日は、日曜日だったこともあり、天安門広場には二〇〇万人もの人が集まりました。

そして四月五日。四人組の反撃が始まります。群衆の数が減った夜九時半、軍と警察の部隊が天安門広場に突入。棍棒を手にした警察官が群衆を蹴散らし、あるいは殴打し、広場から排除しました。抵抗した多数の人々が逮捕連行されました。広場から花輪も撤去されたのです。

天安門広場を埋め尽くした花輪（1976年3月）

これは「天安門事件」と呼ばれました。

その後、再び「天安門事件」が起きることになるため、それと区別する意味で、現在では「第一次天安門事件」と呼ばれます。

天安門事件は、周恩来を悼み、四人組を憎む人々の自然発生的な行動でしたが、四人組はそうは見ませんでした。自分たちが人民から憎まれているとは思っていない彼らは、鄧小平による策動だと邪推し、鄧小平排除に動きます。

鄧小平は再び失脚したのです。

毛沢東の死去で文化大革命終わる

周恩来が死去し、鄧小平が追放されたことで、中国国内には再び閉塞感が漂います。その閉塞感は、「中国の巨星」が墜ちることで終わりを迎えました。一九七六年九月九日午前〇時十分、毛沢東は死去しました。八十二歳でした。

周恩来の死後、毛沢東は華国鋒《かこくほう》を総理代行に任命していました。あえて「四人組」の人物は総理代行にせず、毛沢東に忠誠を誓う地味な人物を任命していたのです。

華国鋒は、毛沢東が生前、「あなたがやれば私は安心だ」という文書を書いていたと発表し、自分が毛沢東の後継者であることを宣言しました。

しかし、江青ら四人組は、華国鋒がトップに立つことを快く思わず、自分たちが権力を掌握しようと動きます。これを見た華国鋒は、四人組によるクーデターを警戒し、先手を打ちました。四人組逮捕です。

一九七六年十月六日、「党政治局常務委員会を開催する」という名目で張春橋、王洪文、姚文元を呼び出し、逮捕したのです。同時に、自宅にいた江青も逮捕しました。

四人組逮捕は、四人組によるクーデターを事前に防ぐものではありましたが、逮捕時点での容疑ははっきりせず、むしろ華国鋒らによる予防クーデターとでも呼ぶべきものだったのです。

ともあれ、四人組の逮捕によって、中国全土に吹き荒れた文化大革命の嵐は去ったのです。しかし、その後遺症は深刻なものがありました。

「失われた世代」が生まれた

全国の学校は機能が停止していました。この当時の十代の若者たちは、まったく授業を受けることなく、基本的な知識すら獲得することはできませんでした。読み書きすら不十分だったのです。

この人たちは、現在の中国で五十代から六十代に達しています。基礎的な教育を受けることなく成人した彼らは、「失われた世代」と呼ばれます。

文化大革命では、ごく普通の人々が、まるで熱病にうなされたように、職場や地域の人々を死に追いやりました。

しかし、こうした人々は、自己の行為を黙して語りません。また、犠牲になって投獄されたり暴力を振われたりした人たちも沈黙を守りました。党の方針がいつまた急変するかも知れない以上、沈黙を守ることが、自分を守ることであると判断したためです。

文化大革命で、いったいどれだけの犠牲者が出たのでしょうか。正確な数字はわかりませんが、十年間で三〇〇万人が投獄され、五十万人が処刑されたというデータがあります。これ以外にも、武闘によって多くの死者が出たはずなのですが。

当時、紅衛兵に参加した人物は、当時の紅衛兵について、こう振り返っています。

「彼らの多くは、傲慢で、偏執なところがあり、相手をとことん追い詰める率直さは、ときには子供のようだった。社会

毛沢東の誤りが初めて党の公式文書で認められたのです。

のことはろくに知らずに、現実をあまりに理想化し、朝から晩まで革命の夢に浸っていた。しかし、革命が何であるかは知らなかった。そして、真理を追い求める熱狂を持ちながら、実際には無知をあおり立てていた」（陳凱歌著　刈間文俊訳『私の紅衛兵時代』）。

文化大革命を経験し、その後、アメリカに亡命した中国の二人の学者は、文化大革命を振り返った書物の中で、こう書き記しています。

「文革は、共産主義の世界においてのみ発生が可能だった。人民が私有財産を持たず、生活物資が完全に党と政府に管理されていたために、人民は一切の権利を喪失したのである。熱狂的な個人崇拝の背後には、人民の絶対的な無権利状態が存在していた。共産主義革命が二十世紀特有の現象であるように、中国の文革もまた共産主義世界特有の現象であった」（『文化大革命十年史』）

七分の功績と三分の過失

毛沢東が死去し、四人組が逮捕された後、鄧小平はまたも不死鳥のごとく復活し、主導権を握ります。この鄧小平の主導で、一九八一年六月、中国共産党第十一期中央委員会第六回総会が開かれ、「建国以来の党の若干の歴史問題に関する決議」が採択されました。文化大革命を、中国共産党として総括したのです。

「文革は指導者が誤って引き起こし、反革命集団に利用されて、党と国家と各民族人民に大きな厄災をもたらした内乱である」（産経新聞取材班『毛沢東秘録』）と規定して、文化大革命を全面的に否定しました。毛沢東の誤りが初めて党の公式文書で認められたのです。

しかし、同時に次のようにも指摘しています。

「毛沢東同志は偉大なマルクス主義者であり、偉大なプロレタリア革命家、戦略家、理論家である。彼は十年にわたる『文化大革命』で重大な誤りをなしたとはいえ、その全生涯からみると、中国革命に対する功績は誤りをはるかにしのいでいる。彼にあっては、功績が第一義的で、誤りは第二義的である」（同書）

毛沢東の誤りは認めつつも、それよりも功績のほうが大きかったという総括なのです。毛沢東には「七分の功績と三分の過失」があったと総括しています。

しかし、大躍進政策にしろ、文化大革命にしろ、決して「建国以来の党の若干の問題」ではありませんでした。数千万人を死に追いやったことが、果たして「三分の過失」で済むものなのでしょうか。中国共産党は、いまだに自己の歴史を正しく直視することなく、党としての反省もしていないのです。

〔中国こぼれ話〕

四人組のその後

逮捕された四人組は、「反革命罪」で裁判にかけられ、一九八一年一月、最高人民法院特別法廷は、わずか一か月の裁判で判決を下しました。

判決は、江青と張春橋に死刑、執行二年延期。姚文元に懲役二十年。王洪文に無期懲役でした。死刑判決に執行猶予がつくのは中国独特の法制度で、執行猶予が満期になった段階で減刑される可能性があることを示します。

江青と張春橋は二年後に無期懲役に減刑されましたが、江青は一九九一年、獄中で自殺しました。

第6章 チベットを侵略した

テレビで報道されることがほとんどなく、新聞報道も極めてわずかだったからです。

ダライ・ラマ14世にインタビューする筆者

テレビに登場しない不思議

チベット仏教の最高指導者にして、一九八九年のノーベル平和賞受賞者ダライ・ラマ十四世。二〇〇六年十一月に日本を訪れた際、東京都内でインタビューすることができました。フジテレビの番組での取材でした。

ダライ・ラマは広島で開かれた国際平和会議出席のために訪日。十二日間日本に滞在し、東京で大規模な講演会も開いたのですが、多くの日本人が、この事実を知らないままでした。テレビで報道されることがほとんどなく、新聞報道も極めてわずかだったからです。

まして、テレビの長時間インタビューは、最近では、今回のものしかありません。どうしてなのでしょうか。

それは、日本の報道各社が、北京支局を〝人質〟にとられているからなのです。

ダライ・ラマは、中国がチベットを支配するようになった後、インドに亡命し、亡命政権を樹立しています。これが現在の中国政府にとっては「分裂主義者」ということになります。

その人物を日本のメディアが大きく取り上げることは、中国政府にとって不快なこと。そういう行動をとった日本のメディアが北京に支局を置いていたら、厳重な抗議をしたり、北京支局の取材活動を制限したりする、というのが従来の中国政府のやり方でした。中国での取材活動に不利益になることを考えると、日本のメディアは、なかなかインタビューしにくいというのが本音なのです。

中国政府が、そこまで神経を尖らせるダライ・ラマ。その理由は、中国共産党率いる人民解放軍によるチベット侵略の歴史があるからなのです。その歴史を振り返ってみましょう。

秘境チベット

チベットの空は青い。これこそが本当の青空なのだ、と思い知らされるのです。天に近い国。これがチベットです。二〇〇六年七月、私がチベットを訪ねたときの第一印象でした。

チベットは、天然の要塞に守られ、どの方面からも、陸路で近づくのは困難を極めます。

人々が暮らす地域は、三〇〇〇メートルから五〇〇〇メートルの高地で、平均標高は四〇〇〇メートル。まさに天に近いのです。

チベットは、天然の要塞《ようさい》に守られ、どの方面からも、陸路で近づくのは困難を極めます。南にはヒマラヤ山脈、西にはパミール高原、北には大崑崙《だいこんろん》山脈とタクラマカン砂漠、そして東はアムネマチン山脈。これを越えてチベットに入ること

チベット自治区と青蔵鉄道の路線

ラサのポタラ宮殿

は、過去も現在も容易なことではありません。

インドのインダス川、ガンジス川、中国の長江、黄河などアジアの大河は、いずれもチベット高原を源とします。チベットが「世界の屋根」と呼ばれる所以《ゆえん》です。

自然環境が厳しいため、生きていくのは大変です。農作物としては大麦が主食として栽培されています。家畜としてヤクや羊が飼育され、ヤクの乳からはバターも作られます。ヤクの糞は炊事用の燃料にも使われ、エネルギーの自給に役立ってきました。

中国はチベットを「西蔵」と呼んで憧《あこが》れてきました。「西の宝蔵」というわけです。

チベットは過去に巨大な版図を確立したこともあります。八世紀にはトルキスタンやネパールを支配下に置き、唐の王朝の首都・長安を占領したことすらあったのです。

しかし、インドから仏教が伝わり、チベット仏教が確立すると、周辺を侵略することのない、平和な国家となりました。

私たちが通常「チベット」と呼ぶのは、中国の「チベット（西蔵）自治区」のことですが、これは、もともとのチベットより面積がずっと小さいのです。

本来のチベットは、中国全体の四分の一の面積を占め、日本の約十倍です。一九六五年、現在の中国が、中央チベットと西チベットの地域に「チベット自治区」を創設し、チベットを分割しました。現在は中国の青海省になっている地域も、もとはチベットの一部でしたが、清の時代にチベットから引き離されました。また、四川《しせん》省や雲南《うんなん》省、甘粛《かんしゅく》省にもチベット人居住地域が存在しています。ここも、本来はチベットなのです。

チベットの象徴といえば、ラサにあるポタラ宮殿でしょう。ポタラ宮殿は、一七世紀にダライ・ラマ五世が建てました。「ポタラ」とは、「観音の聖地」という意味です。この宮殿が、歴代のダライ・ラマ法王の執政府になってきました。

輪廻・転生のチベット仏教とは

ここで、チベット社会を理解するために、「チベット仏教」について簡単にまとめておきましょう。

仏教は紀元四世紀にチベットに入ってきました。チベット土着の宗教であるポン教と混交して、独自のチベット仏教が形成されました。

仏教では、人間の人生は輪廻《りんね》の中にあり、死んでも再びこの世に誕生します。ただし、生前の行いによって、次にどんな生を受けるかが決まることになっています。行いが悪ければ、人間ではなく畜生（動物）に生まれ変わるかも知れないのです。

仏教では、この世の人生には苦しみが満ちあふれていると考えます。人生を終えても、また再生するので、苦しみから逃れることができないのです。これが「輪廻」です。

しかし、仏教徒が悟りを開けば、解脱《げだつ》を達成することができます。解脱とは、輪廻の輪から脱出すること。もはや誕生・

苦しみ・死・再生という輪から逃れ、誕生も死も関係なくなると考えられています。

しかし、チベット仏教によれば、悟りを開いて輪廻から解放された人物であっても、すべての人々が悟りを開けるように働きかけるため、繰り返しこの世に戻ってくることがあると考えられています。この人物を、チベット仏教では「化身《けしん》」（トゥルク）と呼びます。「菩薩《ぼさつ》」のことです。

「活仏」（生き仏）という呼び方もありますが、これは中国式。ダライ・ラマ本人は、そういう呼び方は間違いだと言っています。

そもそも仏は輪廻《りんね》から解脱しているので、この世に形を持って現れることはないはずだからです。あえて解脱しないで、人々を助けるために人間として転生を繰り返すのが菩薩です。菩薩は、次の転生で仏になれるのに、それをしないで人間の形で再びこの世に生まれてくると信じられているのです。

ダライ・ラマは、観音菩薩の生まれ変わり（化身）であるとされています。現在のダライ・ラマは十四代目。ダライ・ラマとは、「智恵の大海のごとき上人」という意味です。

チベットには、ダライ・ラマ以外にも、転生《てんしょう》を繰り返す「化身」がいるとされています。

もしダライ・ラマが亡くなると、どこかに転生し、あらためてこの世に生まれてくると考えられていますから、転生者を探し出すことが大事な作業になります。

ダライ・ラマとパンチェン・ラマ

チベット仏教には主に四つの派があります。宗教と政治の両面でのチベットの最高指導者ダライ・ラマはゲルク（徳行）派です。

同じゲルク派でダライ・ラマに次ぐ高位はパンチェン・ラマで、阿弥陀仏の化身とされています。パンチェン・ラマとは、「偉大なる学者」という意味です。

どちらかが亡くなると、もう一方が、相手の転生者を探す責務を負います。転生者はまだ幼児なので、将来のダライ・ラマやパンチェン・ラマになるように教育する責任も負っているのです。

チベット政府のトップはダライ・ラマで、現在は世俗の大臣三人と僧侶の大臣一人により内閣が構成されています。ダライ・ラマが転生してまだ幼いときは、摂政がつきます。

中国の侵略を受ける前のチベットは、

［中国こぼれ話］

ダライ・ラマ十四世の発見

一九三三年、先代のダライ・ラマ十三世が死去すると、転生者探しが始まりました。

ダライ・ラマの遺体はラサにある夏の離宮ノルブリンカの玉座に安置され、顔が南に向いていたのですが、数日後に、顔が東を向いているのが見つかりました。そこで、「転生者はラサの東の方向にいる」ということになりました。

転生者を探す場合、チベットの聖なる湖ラモイラツォの水面の変化で兆候を探る習わしになっています。ダライ・ラマの摂政が湖畔に滞在中、湖面にチベット文字の「A」「K」「M」という三文字の幻影を見ます。さらに緑色と金色の屋根のある寺と青緑色の瓦葺の家の風景が湖面に現れたというのです。

一九三六年、転生者の捜索隊は、「A」がアムド地方であり、「K」がクムブム寺院であると考え、この寺院を訪問します。そこで、この寺院が緑色と金色の屋根を持つことを確認します。さらに近くを捜索した結果、青緑色の屋根瓦のある民家に、二歳になる男児を発見したのです。

この子は、ダライ・ラマ十三世の持ち物と、そっくりの偽物の双方を示してどちらを手に取るかのテストを受け、合格しました。ダライ・ラマの持ち物

チベットのナンバー2からの要請は、「チベット解放」の大義名分になったからです。

成人男性の四人に一人が僧という宗教国家でした。何千人もの僧侶を擁する僧院がいくつもあり、僧院が所有する荘園からの上納金によって僧院が運営されていました。

中国共産党、「チベット解放」へ

一九四九年、チベットから遠く離れた北京で毛沢東が中華人民共和国の成立を宣言しました。国内ではまだ国民党軍との内戦が続く中での建国宣言でした。

毛沢東は、国民党軍との戦闘を継続しながらも、「中国全土」の「解放」をめざします。この「中国全土」に、チベットも含まれていました。多くの寺院があり、僧侶が政治をするチベットは、中国共産党にすれば、遅れた封建社会そのものであり、「人民は抑圧に苦しんでいる」ということになります。

毛沢東の新生中国は一九五〇年一月一日、「人民解放軍はチベットを解放する」と宣言したのです。

これを知ったチベット政府は、なんとか独立を維持しようと考え、各国に対してチベットを独立国として認定するように働きかけましたが、他国は、これを受け入れませんでした。新生中国がチベットへの主権を持っているという態度をとったのです。チベットは国際的に孤立しました。

一九五〇年十月、人民解放軍の四万人の部隊が、長江を渡り、チベットの東部に進撃します。

この年の六月、朝鮮半島では朝鮮戦争が始まり、十月には、人民解放軍が「義勇軍」という名のもとに北朝鮮軍の支援にも向かっていたのですから、中国軍は、東と西で、同時期に二正面作戦をとっていたことになります。驚くべき軍事力です。

当初チベット軍は抵抗しますが、武器も貧弱な部隊は、解放軍の大勢力になすすべなく、三週間後に降伏。この戦闘で八〇〇〇人のチベット兵が死亡したといわれています。

しかも、チベットは一枚岩ではありませんでした。当時、パンチェン・ラマ十世はまだ十三歳。青海《せいかい》省に滞在していました。パンチェン・ラマの側近たちはラサのチベット政府と対立していたことから、中国共産党の側につきます。毛沢東に対して、「チベット解放」を要請したのです。

を選んだのです。この子が、いまのダライ・ラマ十四世です。その後、「K」と「M」は、村の山の上にあるカルマ・ロルパイ・ドルジェ寺院を指していたという結論になりました。

中国共産党にとっては、絶好の〝誘い水〟になりました。チベットのナンバー2からの要請は、「チベット解放」の大義名分になったからです。

ラサのチベット政府は、このパンチェン・ラマの行動に驚きます。チベット政府は十一月、国連に対して「中国の侵略」を訴えましたが、この年の六月に朝鮮戦争が始まっていたことから、世界の関心はそちらに集まり、チベット問題は国連で取り上げられませんでした。「チベットは中国の国内問題」として扱われたのです。

当時のダライ・ラマはまだ十五歳。十五歳の若者が、中国の大軍と対峙《たいじ》することになったのです。

point! 新華社

正式には新華通信社。1931年11月、中華ソビエト共和国臨時政府の機関通信社として、革命の根拠地、瑞金で創立、1949年の建国とともに国営通信社となる。

中国軍の圧力下で「十七条協定」が結ばれた

人民解放軍は、「三大規律八項注意」（第2章参照）を守り、チベット人の感情を害することがないように厳重な命令を受けていました。実際に人民解放軍を目の当りにした人たちは、規律が乱れていた国民党軍に比べて好印象を持ちます。一部では、人民解放軍を歓迎する空気もありました。

人民解放軍の圧倒的な勢力の前に、ダライ・ラマの政府は妥協を余儀なくされます。政府の特使を北京に派遣して交渉に臨んだのです。この席には、パンチェン・ラマも出席していました。

しかし、交渉にはなりませんでした。中国共産党は、あらかじめ「チベット平和解放に関する協定」（十七条協定）を用意していて、代表団に署名を強要したのです。一九五一年五月、この協定が結ばれました。

この協定で、チベットを中国に併合するが、チベット人の望まない改革は行わないことなどが約束され、チベット政府は、「チベット地方政府」として存続が認められたのです。

十月、人民解放軍の二万人の兵士がラサに入りました。国営の新華社通信は、「チベット人民は帝国主義の攻撃から解放され、祖国である中華人民共和国に戻った」と報じました。チベットのどこにも「帝国主義勢力」などはいなかったのですが。二万人の兵士は、当時のラサの人口の半数に匹敵する大軍でした。

ダライ・ラマ、毛沢東と会見

中国の人民解放軍がチベット各地に駐屯すると、共産党は、チベットの周辺部から「共産主義化」を始めます。僧院から権力を奪い、共産党が政治の主導権を握り、「封建主義者」たちを糾弾し、自己批判を迫るのです。自己批判を迫られて罪を認めると、労働改造所に送り込まれました。

ダライ・ラマのお膝もとのラサでは礼儀正しく振る舞いながらも、周辺部では確実に権力を掌握していったのです。また、ラサに解放軍が入って人口が急増したことから食料不足が発生し、物価が高騰。チベットで初めてインフレが発生しました。チベットの人々の解放軍に対する反感が募るようになります。

一九五三年七月に朝鮮戦争が休戦となり、義勇軍という名の人民解放軍が中国に引き上げると、毛沢東は、チベットの「共産主義化」を一層推し進めます。

一九五四年、ダライ・ラマ十四世とパンチェン・ラマ十世は、北京に招待され、毛沢東と会見しました。毛沢東の第一印象について、ダライ・ラマは、こう書いています。

「握手をした瞬間、強烈な吸引力を感じた。形式ばった場であったにもかかわらず、彼はとても友好的で自然な印象を与え、わたしの抱いていた懸念などどこかに消えてしまいそうだった」（十四世ダライ・ラマ著　山際素男訳『ダライ・ラマ自伝』）

当初、ダライ・ラマは毛沢東の魅力にひかれるのです。ダライ・ラマは、中華人民共和国との提携の可能性を本気で考え始めたと述懐しています（同書）。マルキシズム（マルクス主義）が気に入り、共産党員になりたいという気持ちさえ抱いたというのです。

北京滞在中、共産党大会が開かれ、ダライ・ラマは全国人民代表大会の常務委員会副委員長に選出されています。名前だけの存在であることをダライ・ラマは認識していましたが。

北京に一年近く滞在している間に、ダライ・ラマはすっかり毛沢東の虜《とりこ》になったのですが、一九五五年、チベットに帰る前日、毛沢東に突然呼び出されます。

毛沢東と中国共産党が、決してチベット仏教を認めないことを、これで悟るのです。

その席で、毛沢東は、こう言ったというのです。

「あなたの態度はとてもいい。だが、宗教は毒だ。第一に、人口を減少させる。なぜなら僧侶と尼僧は独身でいなくてはならないし、第二に、宗教は物質的進歩を無視するからだ」（同書）

これを聞いたダライ・ラマは、こう書いています。「わたしは激しい嵐のような感情が顔に出るのを感じ、突然非常なおそれを抱いた」（同書）と。毛沢東と中国共産党が、決してチベット仏教を認めないことを、これで悟るのです。

さらにダライ・ラマは、北京からラサに帰る途中、チベット各地に立ち寄りました。そこで、共産党支配下に入ったチベットの現状を知ることになります。

「人びとに生活状態を尋ねると、こう答えた。『毛主席と、共産主義、中華人民共和国のおかげでわたしたちはとても幸せです』と。しかしその人びとの目は涙で

毛沢東と会見するダライ・ラマ14世（1954年）

point! 五族共和

清朝末期に生まれ、孫文によって広められた標語。のちに孫文は、五族共和を否定し、中華民族への一元的同化を主張するようになる。

いっぱいだった!」(同書)

ダライ・ラマは、こうして中国に対する警戒感を抱くようになるのです。

チベットは「独立国」だったが

では、チベットは、独立国だったのでしょうか。それとも、「中国の一部」だったのでしょうか。

中国の清朝の時代の一七二〇年、清はチベットに派兵しています。現代の中国政府は、このことをもって、チベットは中国の一部になったという見解を持っています。

これ以降、清朝は、チベットに定期的に官僚(駐蔵大臣)を送り込むようになります。現代の中国政府にすれば、清朝がチベットを支配していた証拠ということになりますが、チベットに言わせると、清朝はチベットを国として認め、大使を派遣していたのだということになります。

一九〇三年、イギリス軍がチベットに侵攻し、チベット軍と戦闘になったことがありますが、このとき、清朝からの駐蔵大臣オタイは、これを傍観しました。清がチベットの支配者であれば、清としてはチベットを守ろうとしたはずです。傍観していたということは、駐チベットの清朝大使というのが実態だったということです。また、チベットが、独自の軍隊を持っていたことも、独立国である証拠になります。

歴代の清の皇帝は、チベット仏教を理解し、支援しましたが、チベットの内政には干渉しませんでした。

歴代の清の皇帝は、チベット仏教を理解し、支援しましたが、チベットの内政には干渉しませんでした。

一方、チベット人は、長らく「国家」という概念を持たなかったため、自ら独立を宣言することはなかったのですが、結果として実質的な独立を保ってきました。

しかし一九〇七年、チベットが与《あずか》り知らぬところで、イギリスとロシアは、清のチベットへの宗主権を認める「英露協商」をロシアのサンクトペテルブルグで結んでいました。

ダライ・ラマ十三世は、清の干渉によって、一時イギリス領インドで亡命生活を送ったこともありましたが、一九一二年に清朝が崩壊すると、チベットにいた清の兵士は追放され、一九一三年二月、ダライ・ラマ十三世は、ラサに戻って、チベットの独立宣言を発表しました。自国を「いかなる支配からも解放された小国」と呼んだのです(ロラン・デエ著 今枝由郎訳『チベット史』)。

ダライ・ラマ十三世は国民軍を組織し、雪獅子の国旗を制定(現在亡命政府が使用しているものとは異なる)。初めて独自の通貨も導入しました。

しかし、チベットの独立をモンゴルは承認しましたが、中国やロシア、イギリス、フランスなどの承認は得られませんでした。いずれも、自国の影響下に置きたかったからです。

またアメリカも、チベットが清の保護下にあることを認めていました。

清の後の中華民国の蒋介石は、チベットを保護下に置こうとし、中華民国の憲法は、チベットをモンゴルと並んで領土の一部としました。中華民国のスローガンである「五族共和」の五つの民族とは、漢族、蒙族、満族、蔵族、回族を意味します。「蔵族」すなわちチベット民族が含まれていたのです。

一九一四年七月、イギリスが仲介に入り、インドのシムラで中華民国、チベット、イギリスが交渉し、シムラ条約を結びました。この条約で、チベットは内政に関しては主権を確保しましたが、中華民国のチベットに対する宗主権を認めたのです。

ところが、当時の中華民国の袁世凱は、イギリスに騙《だま》されて中華民国の領土の多くがチベットに取られたと考え、この条約を批准《ひじゅん》しませんでした。

これに対して、チベット政府は中華民国の宗主権を認めないと宣言しました。これにより、国際法的には、これ以降、チベットは主権国家ということになります。

しかし、国際社会の承認がなければ、独立国家であるといくら主張しても、現実には幻の存在でしかないのも、また事実なのです。

チベットで反中国暴動発生

チベット東部の青海省は、早くから解放軍の支配下に入ったこともあり、「共産主義化」が急激に進められていました。僧院が所有していた広大な土地が「人民に解放」されました。要するに中国人の所有になったのです。反宗教宣伝が繰り広げられ、僧侶たちは人前で公開自己批判を迫られます。

共産党の手法に怒って反乱を起こす人たちが相次ぎましたが、容赦なく弾圧を受け、処刑されました。

こうした弾圧を逃れるため、多数の難民がラサに到着し、なかには解放軍に対してゲリラ闘争を繰り広げるチベット人たちも出現したのです。

解放軍は、これに弾圧で答えました。ゲリラの基地になった僧院は爆撃され、ゲリラの家族たちまでが拷問を受け、処刑されました。処刑の際、「ダライ・ラマ万歳」と叫ぶ人たちが相次いだため、舌を抜いてから処刑するという手口までとられました。

ラサは平穏でしたが、カムやアムドなど、東チベットでは、容赦ない弾圧によって、多数のチベット人が虐殺されたのです。

ダライ・ラマ、インドへ亡命

平穏だったラサにも、こうした虐殺の報が伝えられたことで、不穏な空気が漂います。それを決定的にしたのが、一九五九年のことでした。この年の三月十日、チベットに駐留する中国軍が、ダライ・ラマを駐屯地に観劇に招いたのです。

それも、チベットの護衛をつけず、単独か小人数で極秘で来るように要求したのです。

中国の軍隊が、ダライ・ラマを拉致しようとしている。ラサの人々は、こう受け止めました。ダライ・ラマが滞在していたノルブリンカ離宮の前には、三万人もの群衆が集まり、ダライ・ラマを守ろうとしたのです。

これに中国軍が激怒。群衆が解散しなければ、ノルブリンカ離宮を砲撃し、民衆を掃討するという最後通告を発しました。

ことここに至って、ダライ・ラマは亡命を決意します。本人が離宮を離れれば、群衆は解散し、中国軍との衝突が避けられるだろうと判断したのです。

三月十七日の午後、まず四人の閣僚が、夕方にはダライ・ラマの母と弟が離宮を離れます。その夜十時前、ダライ・ラマは少数の警護と共に離宮を出てインドに向かいました。

その後、バラバラに出た人たちが合流。亡命者一〇〇人がインドをめざし、それをチベット軍兵士三五〇人が警護しました。極寒の峠をいくつも越え、吹雪や土砂降りの雨に悩まされながら、陸路二週間。中国軍の追っ手に脅《おび》えながらの逃避行でした。

ダライ・ラマは途中で高熱を発し、赤《せき》痢《り》で動けなくなるという事態にも遭遇し

ダラムサラのチベット亡命政府

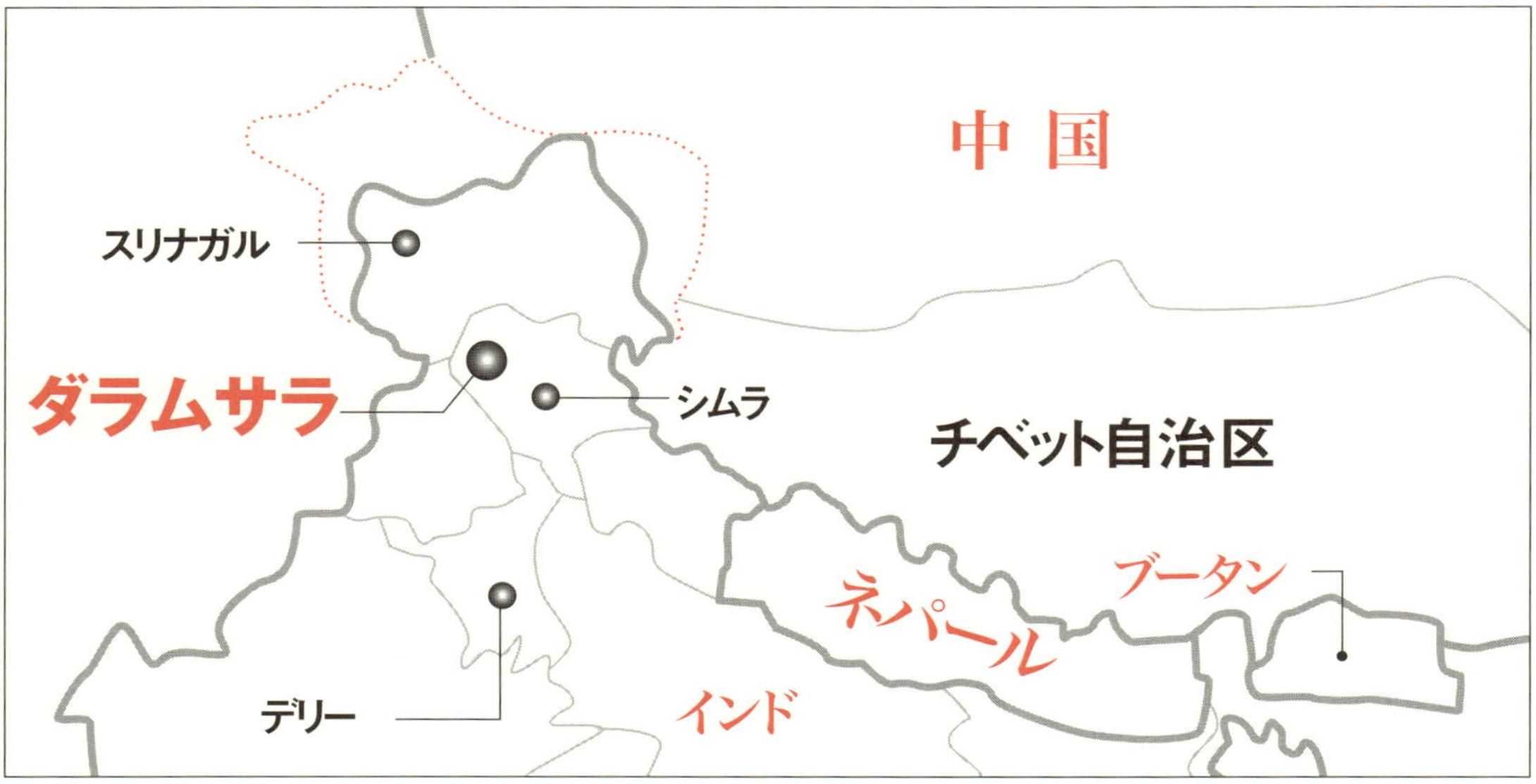

中国軍は、ダライ・ラマがいなくなるや、チベットに対する「穏健政策」を放棄。

ながら、ようやくインドとの国境を越えることができました。

インド政府はダライ・ラマ一行の亡命を受け入れ、最終的にダライ・ラマはインドの高地ダラムサラに亡命政府を樹立しました。標高一八〇〇メートルの丘陵地には、現在、政府の建物やチベット寺院が建設され、多くの亡命チベット人が暮らしています。

チベット亡命政府は、ダライ・ラマを国家元首とし、行政、立法、司法の三権分立のミニ国家となっています。

中国、チベットの支配権確立へ

ダライ・ラマが離宮を離れたことを知った中国軍は激高。ノルブリンカ離宮を砲撃し、群衆に無差別射撃を浴びせました。大勢の死者を出したのです。ノルブリンカ離宮に続いてポタラ宮殿や聖地ジョカン寺院を攻撃。ここでも数千人の死者を出しました。

中国軍は、ダライ・ラマがいなくなるや、チベットに対する「穏健政策」を放棄。厳しい弾圧によって支配権を確立しようとしました。チベットの政府関係者や僧侶たちを刑務所や労働改造所に送り込み、急速な社会主義化を進めたのです。

早くから中国軍に占領されていた東チベットでは、一九五三年からチベット人の武装蜂起が起き、戦闘が繰り広げられていましたが、ダライ・ラマが亡命した一九五九年以降は、チベット人の抵抗運動がチベット全土に及びました。

これに対して中国軍は、ゲリラの大量処刑、ゲリラの拠点になった僧院の攻撃・破壊、僧侶の処刑をもって臨みました。

チベット亡命政府が入手した人民解放軍の文書によると、一九五九年三月から六〇年九月にかけての軍事作戦で、八万七〇〇〇人のチベット人が殺されたというのです。大虐殺でした。

それ以来、多数のチベット人が国境を越え、インドやブータンに難民となって流れ込みました。

大躍進政策の被害はここでも

中国の「社会主義化」といえば、大躍進政策がありました。チベットでも、同じ政策が行われたのです。中国各地で大躍進政策が実施されたのは一九五八年からでしたが、チベットでは、それより遅れて一九六五年からでした。チベットでも人民公社が結成されました。

中国各地で荒唐《こうとう》無稽《むけい》な農業改革が行われたように、チベットでも、自然環境を無視した画一的な「改革」が実行に移されました。チベットでは寒さに強い大麦が主食として栽培されていましたが、中

［中国こぼれ話］

CIAも介入したが

チベットで中国軍に対する反乱が起きると、アメリカのCIA（中央情報局）は、東西冷戦の中でチベットのゲリラの支援を決定。ゲリラのメンバーをグアム島のアメリカ軍基地で訓練し、一九五八年頃からは、武器・弾薬を空中から投下しました。

しかし、アメリカの介入を悟られないように旧式の武器ばかりを投下したため、戦闘にはあまり威力を発揮しなかったといわれています。

一九六〇年になって、中国政府を刺激することを嫌ったアメリカ政府の方針転換によって、チベットのゲリラへの秘密の援助は打ち切られました。

point! マクマホン・ライン

シムラ会議のイギリス側代表、ヘンリー・マクマホン卿の名前がつけられた国境線。1959年 9 月から1962年11月まで続いた中印国境紛争の原因になった。

これ以降、胡耀邦は、チベット人への弾圧ではなく、自由化を進めました。

国共産党は、本土と同じ「偉大なる穀物」を栽培しなければならないとして、小麦の栽培に切り替えました。わざわざ寒さに弱い小麦を栽培しようとしたのですから、収穫量は激減します。

チベットの大地は肥沃でないため、定期的に休耕地にして土地を休ませなければならないのですが、「収穫量の増大」のために休耕地を廃止しました。結果は、これも収穫量の低下につながります。

遊牧民は定住を強制され、ヤクが取り上げられました。また、小麦の栽培のためにヤクの放牧が制限され、エサを失った多数のヤクが死亡しました。人々は、食生活に欠かすことのできない乳製品を失ったのです。栄養不足が広がります。

ヤクが激減したため、冬場にテントを覆うためのヤクの皮が入手できなくなりました。寒さのために凍死者が出ました。

中国本土で餓死者が出たのと同じ事態が、チベットでも数年遅れて再現されたのです。

チベット自治区の人口は、公式発表で、一九五三年には二八〇万人でしたが、一九六四年には二五〇万人に減少しています。その間に新たに生まれた人もいる一方で、インドに亡命した人もいるので、差し引きすると、約八十万人もの「過剰な死者」が出たことになります（ステファヌ・クルトワほか著　高橋武智訳『共産主義黒書〈コミンテルン・アジア篇〉』）。

中国軍、インドを攻撃

チベット人は、中国とインドとの戦争でも被害を受けます。

一九五九年、ダライ・ラマがインドに亡命し、インド政府がこれを受け入れると、中国とインドの関係は悪化します。一九六二年八月、毛沢東の指示を受けた中国軍は、インドに侵攻しました。

一九一四年のシムラ条約で、イギリス領だったインドと中華民国の国境線に関して、イギリスは「マクマホン・ライン」を提案しましたが、中華民国がシムラ条約を批准《ひじゅん》しなかったため、国境線は確定していませんでした。中国は、マクマホン・ラインを認めず、「インドが中国の領土を不法に占拠している」として、インドを攻撃したのです。

インド軍は不意を突かれ、中国軍が圧勝。中国が「自国の領土」と主張する広大な土地を占領しました。

これは、毛沢東が大躍進政策の失敗から国民の目をそらす目的もあったとされています。

この戦争で、チベット人は軍事施設の建設に駆り出され、兵士としても徴用されました。いまもチベットには、中国軍の大軍が対インド警戒のために駐留し、インドを標的にした核ミサイルがチベット高原に多数配備されています。

文化大革命でも大きな被害

チベットは、文化大革命でも無傷ではいられませんでした。内地から一万人の紅衛兵《こうえいへい》たちが、チベットに押しかけ、チベット仏教の寺院に乱入。仏像や経典を破壊したのです。貴重なチベット文化の遺産が多数失われてしまいました。

文化大革命に加わった紅衛兵の中にはチベット人の若者も含まれていました。紅衛兵たちは、本土と同じく、長老たちを広場に引き出しては「反動」「封建主義者」「帝国主義者」と罵《ののし》り、公開批判を繰り広げたのです。

一九五九年以前のチベットには、六〇〇〇もの寺院や僧院があったのですが、そのほとんどが破壊しつくされました。

現在は宗教行事も認められ、寺院や僧院の復旧も進められていますが、僧院ごとに僧侶の定員が決められました。僧侶も社会主義思想の教育を受けることが義務づけられているのです。

当然のことながら、ダライ・ラマ十四世の写真を飾ることは禁止されています。

胡耀邦と胡錦濤の時代

文化大革命がおさまり、鄧小平が政治の実権を握ると、中国共産党は胡耀邦《こようほう》総書記の時代を迎えます。胡耀邦は一九八〇年六月にチベットを訪問。チベットに対して中国政府がどのような仕打ちをしてきたのか、その実情を知ることになります。衝撃を受けた彼は、中国政府による過去のチベット政策を厳しく批判しました。「もっとも愚鈍な植民地主義」だとまで言ったのです。

これ以降、胡耀邦は、チベット人への弾圧ではなく、自由化を進めました。一部の私有地での農業を認め、漢人ばかりで占められていた地方行政機関へのチベット人の登用、政治犯の釈放を進めたのです。行政機関でのチベット語の使用が認められ、チベット語による仏教の書物の出版も認められるようになりました。

胡耀邦による改革は、その後、「寛容の数年間」と呼ばれるようになります。

しかし、胡耀邦は、自由化を進める動きに寛容であったことが共産党保守派から批判され、一九八七年に失脚してしまいます。

この年以降、ラサでは毎年のように「チベット独立」を求める暴動が起きるようになるのです。とりわけ一九八九年一月にパンチェン・ラマ十世が亡くなると、大規模な暴動が発生します。

当時のチベット自治区の共産党書記は、現在中国の国家主席である胡錦濤《こきんとう》。胡錦濤は、この年の三月にはチベットに戒厳令を敷いて、住民の独立運動を弾圧したのです。

天安門広場での学生に対する弾圧に先立つこと三か月前のことでした。このときの断固たる弾圧ぶりが、中央から評価され、その後、出世街道を進むことになります。

パンチェン・ラマが「二人」になった

チベット仏教の最高指導者がダライ・ラマであれば、ナンバー2はパンチェン・ラマです。パンチェン・ラマ十世は、ダライ・ラマ十四世がインドに亡命した後もチベットに留まりました。中国政府への妥協の姿勢をとりました。

その結果、かつてダライ・ラマ十四世に与えられたのと同じく、全国人民代表大会常務委員会の副委員長のポストに就きます。こうした妥協的な態度が、多くのチベット人からは「裏切り者」と見られていました。

しかし、パンチェン・ラマがチベットに留まると、チベット人の独立意識を高めると危惧《きぐ》した中国政府は、パンチェン・ラマの本拠地を北京に置かせたのです。

ところが、文化大革命の嵐がチベットでも吹き荒れるようになると、パンチェン・ラマは遂に立ち上がります。一九六二年、パンチェン・ラマは、過去の中国支配の被害の実態を告発する報告書を書き上げ、周恩来に提出したのです。チベット語での文書を中国語に翻訳したところ、漢字で七万字にも及ぶ文書になったことから、この告発の書は通称「七万字」と呼ばれます。パンチェン・ラマ二十四歳の決断でした。

パンチェン・ラマのこの行動は、毛沢東にとっては裏切りでした。これ以降、パンチェン・ラマは北京で監禁されるの

point! 七万字

「七万語の書」ともいわれる。1960年代はじめ、チベット各地を視察したパンチェン・ラマ十世は、チベット人たちの苦難の実情を知り、身の危険を覚悟で、見聞きしたことを報告書にまとめることを決意した。

かくて、「パンチェン・ラマ十一世」が二人存在するという事態になりました。

です。監禁は九年八か月にも及びました。文化大革命が終息した一九七八年になって、ようやく人々の前に姿を現したのです。

その後も北京に滞在させられていましたが、一九八九年一月、文化大革命で破壊されたチベットのタシルンポ僧院の仏塔が再建されたことから、その落慶法要を営むためにチベットを訪問。極寒の中で長期間に及ぶ儀式を勤めたせいでしょうか、急逝してしまうのです。五十歳の若さでした。

中国政府は、パンチェン・ラマの遺体をミイラ化してタシルンポ僧院に建立した宝塔に奉納しました。中国政府にとってパンチェン・ラマは「愛国人士」とされているのです。

パンチェン・ラマ十世が亡くなると、その転生者を探さなくてはなりません。

しかし、問題はパンチェン・ラマの転生者を誰が認定するか、ということです。チベット仏教においては、もちろんダライ・ラマが認定することになります。

ダライ・ラマ十四世は、チベットに留まっている信者に指示して転生者を捜索させ、一九九五年五月、チベットに住む六歳のゲンドゥン・チューキ・ニマをパンチェン・ラマの転生者として認定し、公表しました。

すると中国政府は、発表直後にこの子を拉致《らち》。以来、この子は行方不明になってしまったのです。「史上最年少の政治犯」と呼ばれる所以《ゆえん》です。

一方、中国政府は、この年の十一月、独自にギェンツェン・ノルブという子をパンチェン・ラマ十一世に認定しました。宗教を認めない共産党が主導して転生者を認定するという、実に奇妙なことをしたのです。

かくて、「パンチェン・ラマ十一世」が二人存在するという事態になりました。

ギェンツェン・ノルブの両親は、どちらも中国共産党の党員です。ギェンツェン・ノルブも、先代と同じく、チベットに住むことは認められず、北京に滞在し、中国共産党による教育を受けています。

将来、ダライ・ラマが没したときには、パンチェン・ラマがダライ・ラマの転生者を認定する権限を持ちます。そのときは、中国政府が認定し、言うことを聞く「パンチェン・ラマ」に、「ダライ・ラマ」を認定させることになるでしょう。それによって、中国政府によるチベット完全支配が完成するのです。

漢人の大量移住と自然破壊進む

中国政府によるチベット支配の強化は、その後も続いています。

チベット人の人口が減少した分、漢人の大量移住が進みました。漢人がチベットに移住すると、高い給料を受け取れるなどの優遇政策がとられているのです。

人民解放軍も大量に駐留しています。二〇〇六年七月に著者がチベットを訪問した際、要所要所に解放軍の基地が存在するのを確認できました。ラサ空港とラサ市内を結ぶ幹線道路は、解放軍の車両が多数往来しています。

チベットでのチベット人の人口は六〇〇万人。それに対して、漢人の人口はすでに七五〇万人。チベット人が少数派に転落してしまっているのです。これでは、仮に「チベットの自治」が認められても、実態は漢人による支配が継続してしまう可能性が高いのです。

自然環境を無視した大躍進政策や、その後の急速な経済発展によって、自然破

ダライ・ラマ十四世が認定したパンチェン・ラマ十一世（左）と中国政府が認定したパンチェン・ラマ十一世（右）

壊も進んでいます。豊かな森林が乱伐され、森林面積は急減しています。一九五〇年に二五二〇万ヘクタールあった森林面積は、一九八五年には一三五七万ヘクタールにまで減少しています。

ヤクの放牧が無秩序に進んだため、草地も減少。雨を貯める森林や草地が減って、水源が枯渇し始めています。

江沢民政権以降、中国政府は、「西部大開発」を進めています。経済的に遅れたチベットを開発しようというわけです。経済が発展すれば、チベット人も豊かになり、中国政府に対する不満が解消されるだろうと計算しているのです。

「西部大開発」のため、中国各地の省は、チベットに財政支援を行っています。チベットの各地域を他省が支援するという、「支援の縁組み」が行われているのです。ラサは北京市と江蘇省が支援し、シガツェは上海市や山東省などが支援するというわけです。

支援する以上は現地視察。というわけで、各省の役人たちが、続々と「視察」名目でチベットを訪れています。私が取材中にも、ラサ市内のチベット料理のレストランでは、山東省から家族同伴で「視察」に来た省の役人たちが、チベット自治区の役人たちから盛大な「官官接待」を受けていました。もちろん、チベット

point! 西部大開発

中国東部沿海地区の経済発展から取り残された西部地区を重点的に開発するために、2000年３月の全国人民代表大会で正式決定された経済政策。

政府の役人たちも全員漢民族です。これを見つめるチベット人の視線は冷ややかでした。

「西部大開発」によって、チベットが、ここ数年で急激に発展したことは間違いありません。

しかし、それが果たしてチベット人たちにとって、幸せなことなのか。高地のために酸素が薄く、息切れして時折意識が薄れる状態の中で、私は、そんなことを考えていました。

ダライ・ラマ、現実路線へ転換

亡命直後はチベットの独立を訴えていたダライ・ラマですが、チベットが中国の自治区となり、中国支配が着々と進む中で、現実路線に転換。最近では中国の中でのチベットの高度な自治を求めるようになりました。

中国政府が、チベット人に対して強硬な姿勢をとっていることを、世界はあらためて知ったのです。

この運動で、ダライ・ラマは常に非暴力の方針を貫いてきました。この活動が評価され、一九八九年、ノーベル平和賞を受賞しました。

最近では欧米にもチベット仏教が広がっています。ダライ・ラマの説話を聞きたいという人が増え、ダライ・ラマは世界各地を回っています。アメリカの映画俳優リチャード・ギアもチベット仏教の信者。チベット亡命政府支援に私財を投じています。

そのチベットには、二〇〇六年七月、北京から中心都市ラサまでの直通鉄道「青蔵鉄道」が開通しました。標高が五〇〇〇メートルを越えるような山岳地帯を走るという、世界最高所の鉄道です。

これ以来、多数の中国人観光客がチベットを訪れるようになっています。これを、「中国による文化侵略」「経済侵略」と見る人も多く、もしチベット人の反乱が起きれば、鉄道を使って大量の軍隊と軍需物資を一気に投入できるようにもなったのです。

ダライ・ラマは、この鉄道をどう受け止めているのか。私の問いに、笑顔でこう答えました。

「一般論で言えば、鉄道の開通は経済的な繁栄につながり、いいことだと思います。しかし、鉄道が軍事的な目的に使われるのであれば、危険なことです。要するに使い方の問題です。使う人の心によって、鉄道の価値は変わるのです」

帰国交渉への希望を語る

ダライ・ラマが、果たしてチベットに帰還できる日は来るのか。私の質問に、こう答えました。

「二〇〇二年から、中国政府と直接対話を開始しました。我々亡命政府の人間五人が使節団として中国を訪問しました。一番大切なことは、亡命政府の人間と中国側が信頼関係を築くことです。

中国は、最近少しずつ民主化の動きがあり、変化が起きています。中国人の中にもチベット仏教やチベット文化に興味を持つ人が増えてきました。少しずつ、ゆっくりとですが、変化は起きています。それがいい方向に向かうことを信じています。

いまの中国の憲法では、チベット人は自治ができると書いてあります。そのとおり、本当に自治ができることが大事だと思います。

完全な自治ができればいいわけで、独立したいと主張しているわけではありません。中国の中で、もっと人々が仲良く

ラサ駅に到着する青蔵鉄道

できればいいと考えています」

ダライ・ラマはこのように語り、中国との話し合いが少しずつ進展していることを示唆しました。

チベットで中国政府によってチベット人の活動家が弾圧されていることに対して、欧米の政府やメディアは極めて批判的です。

二〇〇八年の北京オリンピック開催を前に、中国政府がどれだけ人権状況を改善できるのか、注目されているのです。その際、チベット人にどんな態度をとるのか。ダライ・ラマの帰国を認めるのか。これが一つの試金石になっていることは確かです。

「慈悲」は通じるのか

しかし、その一方で、チベットからダラムサラへの亡命者は跡を絶ちません。年間一〇〇〇人を超える人たちが国境を越えています。

二〇〇六年九月三十日には、チベットとネパール国境で、亡命を図る人たちに中国の国境警備隊が発砲。二十五歳の尼僧と十五歳の少年僧が射殺されました。この様子は、たまたま近くにいたルーマニアの登山家が撮影し、そのショッキングな映像が世界に流れました。中国政府が、チベット人に対して強硬な姿勢をとっていることを、世界はあらためて知ったのです。

ダライ・ラマへのインタビューで、私は平和についての考えをも尋ねました。その答えは、こういうものでした。

「広島を訪問したとき、私は、『火によって火を消すことはできない』というメッセージを書きました。怒りで火が燃え上がっているとき、その火を消すのは慈悲であり、愛情なのです。

平和の根本は慈悲にあります。政治の上でも、相手を思いやることが大切だという考え方が、いま世界に広がりつつあります。

戦争によらず、対話という非暴力の手段によって問題を解決するという方法が、人々の心に広がっているのです」と。

中国政府によるチベット人への対応は、決して生易しいものではありませんが、それに対してダライ・ラマは、慈悲をもって接するという方針を堅持しています。

その慈悲が、中国政府に通じるのか。ダライ・ラマの、常に笑みを絶やさぬ応対ぶりに、私は慈悲の力を信じたくなりました。

第7章 国民党は台湾に逃亡した

「中華民国こそが正統な国家である」と主張し続け、大陸に誕生した中華人民共和国と対立してきました。

「台湾郵政」の看板の除幕式。左から3人目が陳水扁総統（2007年2月）

台湾、郵便局の名前を変えた

二〇〇七年二月十二日、台湾の郵政公社の名前が、それまでの「中華郵政」から「台湾郵政」に変わりました。この日、陳水扁《ちんすいへん》総統が出席して、新しい看板の除幕式がありました。「中華民国の郵政公社」という意味だったのが、「台湾の郵政公社」に変わったのです。これも、台湾の陳水扁総統の「台湾化」の方針の一つでした。

台湾では同時に、「中国石油公司」が「台湾中油公司」に、「中国造船公司」が「台湾国際造船公司」に変更になりました。

台湾は、「中華民国」を名乗り続けています。かつて中国大陸にあった国家ですが、毛沢東の中国共産党との内戦に敗れ、中華民国の支配政党だった国民党は台湾に逃れました。逃れた後も、「中華民国こそが正統な国家である」と主張し続け、大陸に誕生した中華人民共和国と対立してきました。

ところが、国民党政権が野党の民主進歩党（民進党）の政権に代わってからは、「中華民国」の色を薄くし、「台湾」を前面に出すようになってきました。郵政公社などの名前を「中華」から「台湾」に変更するのも、その流れなのです。

陳総統は、「中華や中国の名前では大陸

point! 下関条約

日清戦争の講和条約。この条約によって日本は、遼東半島と台湾を獲得して清国を南北から挟撃する態勢を固めた。

日本は台湾支配を強化するうえで、警察力を使った強権政治を推し進めました。

の中国と混同されやすい」と説明していますが、国民党や大陸の中国共産党は、台湾独立への動きだと警戒を強めています。

台湾は、なぜ大陸の中華人民共和国と対立しているのでしょうか。そして、いまなぜ台湾という名称を前面に出すようになってきたのでしょうか。その歴史を探ってみましょう。

国民党、共産党に破れ、台湾へ逃亡

第二次世界大戦中、中国の国民党と共産党は、第二次国共合作で日本軍と戦っていましたが、一九四五年八月に日本が降伏すると、翌年、国民党軍と共産党軍は内戦に突入します。

内戦の混乱の中でも、国民党を率いていた蒋介石は、一九四七年十二月、「中華民国憲法」を施行し、翌四八年四月、総統を選出する国民大会が招集されました。総統選挙は国民の直接選挙ではなく、国民の代表である国民大会の代議員が選出する仕組みになっていたからです。

ちなみに、「総統」とは英語で言えばプレジデント。つまり中国語で大統領のことです。

この大会で、国民党総裁の蒋介石が、新憲法下の初代総統に選ばれたのです。

中華民国の首都は南京。五月二十日、蒋介石は南京で総統に就任しました。

その一方、総統選挙の直前、「国内は内乱状態にある」として、憲法に「反乱鎮圧動員時期臨時条項」を制定して、施行されたばかりの憲法は棚上げされていました。総統に強大な権限が与えられ、憲法や法律ではなく、総統の命令がすべてに優先することになっていました。蒋介石総統は、「国民から選ばれた」形をとりながら、事実上の独裁者になったのです。

しかし、内戦は国民党の不利に傾いていました。一九四六年に内戦が始まった時点では、国民党軍の兵力四三〇万人に対して、共産党軍は一二〇万人。圧倒的に国民党有利だったのですが、ソ連軍から武器援助を受けた共産党軍は、次第に勢力を強めます。

その一方で、腐敗しきっていた国民党軍に対する国民の支持は失われ、戦況は共産党有利に進みます。共産党は、農村部で地主の土地を取り上げて貧農に分配し、農民の圧倒的な支持を受けました。

一九四九年一月、共産党の人民解放軍は遂に北京（当時の名称は北平）に入り、四月には南京も陥落してしまうのです。

一九四九年十月、毛沢東は、北京で中華人民共和国の成立を宣言します。この時点で、中華民国政府はまだ存在し、南京から逃亡した政府は重慶に臨時首都を置いていました。その後、重慶も失うと、

［中国こぼれ話］
膨大な美術品も運び出された

台湾の観光名所である故宮博物院。ここには中国が誇る美術品の数々約七〇万点もが収蔵されています。大陸の故宮博物院を質量共に凌駕しています。

ここを初めて訪れたとき、私は、大陸からの逃亡という混乱の中で、これだけの美術品をどうやって台湾に運び入れたのか、疑問に思ったものです。

蒋介石は、政府を台湾に移す前の一九四八年十二月から、すでに台湾への逃亡を覚悟し、首都・南京に持って来ていた歴代皇帝の宝物を台湾に運び出していたのです。

国民党は台湾に逃亡した

台湾の故宮博物院

同じ四川省の成都《せいと》に臨時首都を移転しましたが、もはや大陸に居場所はなくなります。この年の十二月七日、台湾の台北を臨時首都と定め、台湾への全面撤退を開始しました。

台湾は日本が支配していた

台湾はかつて日本の領土でした。一八九四年から翌年までの日清戦争で勝利した日本は、一八九五年四月の「下関条約」で、台湾を清（当時の中国）から奪います。当時の台湾島は、これといった産業もなく、人口も少なくて、清の政府にとっては魅力のない存在でした。日本に取られても痛痒《つうよう》を感じない程度のものだったのです。

当時の日本にとって、台湾島は、初めて獲得した海外領土です。海外進出への野心に燃える帝国日本は、台湾の開発に力を注ぎます。台湾の台北に「台湾総督府」を設置。日本から派遣された台湾総督が全実権を握りました。

これには台湾の住民が抵抗しました。清が台湾を日本に割譲することを知った住民の一部は、下関条約の翌月、「台湾民主国」の設立を宣言して日本の支配に抵抗しましたが、六月に日本軍が台湾に上陸すると、抵抗勢力は総崩れになります。

その後も各地で散発的な抵抗が続きましたが、日本軍はこれを武力で弾圧。一万四〇〇〇人の住民が殺害されました。

台湾総督は、台湾での三権を掌握します。行政長官として行政を進めるだけでなく、総督の命令は法律であり、裁判を管轄するのも総督でした。さらに台湾の日本軍の最高責任者でもあったのです。

日本の植民地支配の特徴は、徹底した「日本人化」でした。台湾各地に神社を建て、日本語を義務づけ、「天皇の赤子《せきし》」であるという教育を行いました。台湾の高齢者が日本語を上手に話せるのは、これが理由です。台湾の前の総統の李登輝《りとうき》もその一人。中国語で話をするときも、まずは日本語で考え、それを翻訳していると本人は述懐しています。毎月、日本から『文藝春秋』や『中央公論』を取り寄せて読んでいるといわれます。

植民地時代に大きく発展

日本は台湾支配を強化するうえで、警察力を使った強権政治を推し進めました。これに住民が抵抗し、日本の支配が全島に行き渡った後も、各地で戦闘が発生します。一九〇二年に完全に終息するまでに、さらに一万人の住民が日本軍との戦闘で戦死したり、処刑されたりしました。

その一方で、日本は産業基盤づくりに力を入れました。道路や鉄道、港湾、農地を整備します。これにより、産業が大きく発展しました。

point! 台湾総督府

1895年、日本が台湾を植民地支配するために台北においた官庁。総督は警察権力を掌握するほか、ほぼ自由に法律を制定し、鉄道など広範な官業で得た蓄財をもとに強権政治を行った。

しかし、そこで見たものは、敗残兵さながらの兵士の群れでした。

各地に小学校や中学校を建設し、一九四三年には義務教育制度も導入して、読み書きできる人の数も飛躍的に伸びました。この点に関して、台湾の中学生用の歴史教科書『認識台湾』は、次のように記述しています。

「台湾人は終始日本語を外国語と見做していたため、それの習得は同化を意味していない。日本語はかえって、台湾人が近代的知識を吸収するための主要な道具となり、台湾社会の近代化を促進したのである」（国立編訳館主編　蔡易達、永山英樹訳『台湾を知る』）

「学校は学生に時間を厳守すべきことを教え、勝手な遅刻早退を許さなかった。鉄道や道路の交通は時刻表を定め、乗客に時間通りの乗車を求め、また時間通りの発着と、目的地への到達を行った」

「総督府は日本植民統治の初め、水道を敷設して都市住民にきれいな飲料水を供給し、都市の地下排水工事を行い、各家の入口前に必ずゴミ箱を備えるよう規定し、決まり通りに廃棄物を処理させ、（中略）近代的な公衆衛生と医療制度の確立を積極的に行った」（同書）

「これにより、（中略）台湾人の医療衛生に対する観念と習慣が改められた。（中略）入浴や便所に入ったあとに手を洗う習慣が養われ、ところ構わず痰を吐いたり、みだりにゴミを捨てることがなくなり、さらに定期的に家の大掃除を行い、地域の清掃活動に参加するようになった」（同書）

日本の台湾支配は植民地支配であり、多くの犠牲者が出たが、その反面、台湾が近代化する上で、それなりの役割を果たした、という評価なのです。

「犬が去って豚が来た」

第二次世界大戦で敗れた日本は、台湾を放棄。台湾は、中華民国が支配することになりました。当時の中国大陸の国家は中華民国だったからです。

中華民国の蒋介石は、台湾に台湾省行政長官公署を設置し、陸軍大将の陳儀《ちんぎ》を行政長官に任命しました。一九四五年十月二十五日、陳儀は、台湾本島と澎湖《ほうこ》列島の中華民国への編入を宣言します。

台湾が日本を離れて中華民国の一部になることに、台湾の人々は喜びました。植民地支配から脱することができると考えたからです。国民党軍が台湾に進駐する際には、大勢の住民が歓迎に集まりました。

しかし、そこで見たものは、敗残兵さながらの兵士の群れでした。ボロボロの服を着て、鍋や釜をかつぎ、やつれた兵士たちが行進したのです。歓迎に集まった人々はあっけにとられるだけでした。

兵士も役人も文字の読み書きができず、日本の植民地時代にほとんど全員が読み書きできるようになっていた台湾の人たちは呆れるばかりです。

中国からやって来た役人や軍人たちは、水道の蛇口から水が出たり、電球が光ったりするのを見て驚きます。早速、雑貨店で蛇口や電球を買い求め、自宅の壁に取りつけたものの、水も出なければ電球も光りません。何人もが雑貨店に怒鳴り込んできたといいます。

大陸から来た兵隊たちが、デパートのエレベーターを見ては驚き、自転車を盗んでみたものの乗り方がわからなかったというエピソードがいまも語り継がれています。

国民党の役人たちは腐敗しきっていて、日本政府が残した公の財産は、すべて自分たちのものにしてしまいました。しかも、役人のほとんどは大陸出身者が占め、台湾の人々は締め出されたのです。

この様子を台湾の人たちは、「走了狗来了豚」（犬が去って豚が来た）と表現しました。犬は日本、豚は国民党です。犬はうるさくても番犬にはなったが、豚はあらゆるものを自分で食ってしまい、後は寝ているだけ、という皮肉・批判です。台湾の人々にとって、日本という支配者が去った後、国民党という別の支配者がやってきたのです。

しかも、中国大陸で共産党と国民党の内戦が激しくなると、国民党は、生活必需品を強制的に大陸に送り出します。戦費を調達するために紙幣も増刷。インフレが激化します。物不足と物価の値上がりが住民を直撃。台湾の人たちの不満が嵩じていったのです。

そして悲劇が起きた

期待した国民党には裏切られ、生活は苦しくなるばかり。不満が高まる中で、その不満のガスに火をつける出来事が発生しました。一九四七年二月二十七日の夕方、台北市内の路上でヤミタバコを売っていた女性が、タバコ専売局の取締官六人に見つかりました。取締官はもちろん大陸からやって来た役人たちです。取締官は、タバコを取り上げたばかりでなく、売上金も没収します。

ひとり暮らしで生活が苦しかったこの女性が、せめて売上金だけは勘弁してほしいと哀願しましたが、取締官は女性を銃で殴りつけます。頭から血を流して倒れる女性。通りかかった人たちが取締官を囲んでなじると、取締官は銃を発砲しました。近くで様子を見ていた男性に当たって、この男性は死亡します。

これが、発火点でした。怒った群衆は、翌二十八日、専売局と台湾省行政長官公署を取り囲みます。これに対する行政長官の答えは無差別射撃でした。憲兵（武装警察官）が群衆に向けて発砲し、住民三人が死亡し、数十人が負傷しました。

これが、「二・二八事件」です。住民の怒りは大暴動に発展します。台北ばかりでなく、全島で、台湾に元から住んでいた住民たちが大陸からやって来た支配者たちを襲撃しました。

その際、「敵と味方」を識別するのに日本語が使われました。日本語で話しかけ、相手が日本語を理解できれば台湾の同胞だが、日本語がわからなければ大陸人だというわけです。

知識人を皆殺しの大虐殺に

怒った台湾の住民たちは、「二・二八事件処理委員会」を組織して、台湾のトップだった陳儀行政長官に、台湾住民による高度な自治などを要求しました。

陳儀は、住民の要求を呑むふりをして住民と交渉を続ける一方、大陸に軍の応援を求めていました。

三月八日。大陸から駆けつけた国民党の軍隊は、住民の掃討を開始します。陳儀との交渉に臨んでいた住民代表は、全員が殺害されました。殺害はさらにエスカレートし、まさに無差別虐殺が全島で繰り広げられたのです。二週間で二万八〇〇〇人が殺害されました。この事件は、その後、李登輝政権が誕生して初めて調査が実施され、二万八〇〇〇人の犠牲者という数字が出ましたが、他にも行方不明者が多数いることから、犠牲者の実態は、この何倍にもなるという見方もあります。

国民党政権は、さらに「将来の抵抗の芽」もつぶしにかかります。国民党に反抗したり、反政府活動を組織したりしそうな指導的人物、高学歴の人物を次々に逮捕しては処刑しました。これにより、日本の植民地支配時代に教育を受けた指導層は根こそぎ殺されてしまったのです。台湾はその後長く大陸から来た国民党によって支配されます。そこには、台湾住民の有能な人材が皆殺しにされたという背景があるのです。

　この事件が、結果的に台湾に親日家を生むことになります。日本の植民地支配によっても多くの犠牲者が出たのですが、国民党による弾圧があまりにひどかっただけに、「それに比べれば日本の時代のほうがまだよかった」と考えるようになった人たちが多く存在するのです。

朝鮮戦争で台湾が存続できた

このとき、台湾を存続させる出来事が発生しました。朝鮮戦争の勃発です。

　一九四九年十二月、共産党に内戦で敗れた国民党は、支配権を維持していた台湾島に逃げ込みました。中華人民共和国成立の二か月後のことでした。国民党や中華民国政府の役人、兵士とその家族など約二〇〇万人もの人々が台湾に流れ込んできたのです。

　台湾は、陳儀による台湾住民への弾圧で国民党支配が確立していましたから、蔣介石は安心して台湾に逃げ延びることができたのです。しかも、逃げ込む前の五月には、台湾に戒厳令を敷いていました。憲法の機能は前から停止されていましたが、さらに戒厳令によって、軍がすべてを統制する体制になっていたのです。

　台湾にも中国共産党の組織がありましたが、国民党の徹底した取締りで壊滅状態となっていました。

　蔣介石は、ここ台湾で体制を建て直し、大陸への反攻を計画していたのです。

　中華民国の領土は、台湾本島や澎湖列島以外にも、福建省に所属する馬祖《まそ》島や金門島など、中国大陸の目と鼻の先の島々を国民党軍が確保していました。

　一方の毛沢東も、台湾を「解放」することで、全中国を支配しようと、台湾への攻撃計画を立てていました。一九五〇年五月には、総兵力五〇万人の部隊で台湾を攻撃する軍事行動計画を承認していました。

　当時のアメリカのトルーマン大統領は、蔣介石政権の独裁政治に嫌悪感を抱きます。一九五〇年一月には台湾問題への不介入を宣言するなど、「台湾見殺し」政策をとっていました。国民の支持を得る共産党が支配するようになっても仕方がないと考えていたのです。台湾の存続は風前の灯のようにも見えました。

　このとき、台湾を存続させる出来事が発生しました。朝鮮戦争の勃発です。

　一九五〇年六月二十五日、北朝鮮の大軍が北緯三十八度線を突破して、韓国に雪崩込みました。金日成《キムイルソン》による朝鮮半島の武力統一の方針が実行に移されたのです。

　この一報が台湾にもたらされたとき、蔣介石と共にいた夫人の宋美齢《そうびれい》は、「神の救いです」とつぶやいたそうです。朝鮮戦争によって東西冷戦が激化すれば、アメリカは反共の立場から台湾の支援に乗り出し、中華民国が存続できると考えたからです。

　事態は、その通りに動きました。アメリカのトルーマン大統領は、韓国軍支援を打ち出すと共に、第七艦隊を台湾近海に派遣して台湾防衛を命じました。アメリカ空軍の台湾駐留も始まります。一九五四年には「米華相互防衛援助条約」を結び、アメリカが台湾の安全を保障することになりました。

　毛沢東も、北朝鮮支援に乗り出さざるをえなくなり、「台湾解放」をいったん棚上げします。朝鮮戦争が、中華民国を救

国民党は台湾に逃亡した

金門島

ったのです。

大陸の中国、台湾への砲撃を開始

しかし、一九五三年に朝鮮戦争が停戦になると、台湾海峡は再び不穏になります。朝鮮半島への派兵が終わった中国は、「台湾解放」を再度検討するようになります。一九五四年五月には、中国大陸の近くにある国民党軍駐留の島々を攻撃しました。中国と台湾の戦闘機による空中戦も繰り広げられました。

国民党が台湾に逃げ延びた後も、双方の軍によるこぜりあいは続くのです。

その後も一九五八年八月には金門島に対する中国人民解放軍による砲撃が開始されました。金門島は、中国大陸の厦門《アモイ》の目の前にある島です。この島に駐留する国民党軍に対して、連日数万発もの砲弾を撃ち込んだのです。

台湾からは、金門島の守備隊に対して補給をしようとしますが、補給のために近づく台湾の艦船は次々に沈められます。遂にアメリカ海軍第七艦隊が国民党軍の補給部隊を護衛することになり、解放軍による砲撃はようやく減少に向かいました。

中国は、金門島を攻撃することで、アメリカがどの程度、台湾を守る意思があるのかを試したものと考えられています。

これ以降、「中華民国」の支配地域は、台湾省と福建省の一部の島という実態が確定しました。

本省人と外省人が対立

台湾に逃げ込んだ蒋介石は、大陸に戻る夢を捨てきれませんでした。「反攻大陸、解救大陸同胞」（大陸を攻めて大陸の同胞を助け出す）がスローガンとなりました。

大陸から台湾にやって来た国民党やその家族は、「外省人」と呼ばれるようになります。「台湾省の外から来た人」という意味です。現在、その子孫を含め、台湾の住民の約一〇％が外省人に分類されます。

一方、台湾に住んでいた人たちは「本省人」と呼ばれました。「台湾省にもとからいた人」という意味です。こちらは九〇％ですが、この中には、先住民が二・四％ほど含まれています。

台湾の人たちが携帯を義務づけられた身分証明書には、李登輝政権が廃止するまで「省籍」を示す欄があり、これを見れば、その人が外省人なのか本省人なのか判別できたのです。

前から台湾にいた本省人は「台湾語」や先住民の言語を話しますが、外省人との共通語は北京語（普通話）になります。

台湾が日本の植民地から中華民国のものになった際、国民党によってひどい目にあった本省人たちには、外省人に対する敵意が残りました。一方の外省人は、本省人を低く見る意識があり、陰に陽に両者の対立が続くことになります。

台湾は「監獄島」と呼ばれたことも

共産党によって大陸を追われた蒋介石は、共産党の勢力が台湾でも伸張することに対して恐怖感を抱いていました。このため、軍事独裁を維持し、「共産主義者」

> 大陸反攻の夢が遠ざかるにつれ、足もとの台湾の発展を考えなければならなくなりました。

の摘発が徹底的に行われました。単に蒋介石や国民党の悪口を言うだけで逮捕され、場合によっては処刑されたのです。密告やスパイ行為が奨励されました。摘発の先頭に立ったのは、蒋介石の長男の蒋経国《しょうけいこく》でした。

「中国大陸が共産党に占拠されているので、大陸に反攻しなければならない。いまはそのための戦時であり、言論の自由も当分の間はお預けだ」という建前で、言論の自由が抑圧されました。

戦時体制の戒厳令下では、民間人であってもすべて軍事法廷（軍法会議）で裁かれました。多くの知識人が逮捕され刑務所に送られました。台湾の民主化を求めた人たちは、日本やアメリカに逃亡しました。彼らは「台湾は監獄島になった」と批判したほどです。

中華民国の憲法は総統の三選を禁じていて、一九六〇年には蒋介石総統の任期が切れることになったのですが、「戦時下」という理由で、任期は延長され、蒋介石は「終身総統」の地位を確保しました。

「開発独裁」のもと、経済が大きく発展

軍事独裁の台湾ではありましたが、こと経済に関するかぎりは、大きく成長しました。大陸の中国が、毛沢東による大躍進政策の失敗や文化大革命で大混乱するのを尻目に、台湾の経済は大きく発展したのです。

当初、蒋介石は、台湾を「大陸反攻」の拠点としか考えていなかったため、軍の建て直しに資金を投じ、台湾のインフラ整備には資金を使いませんでした。

しかし、大陸反攻の夢が遠ざかるにつれ、足もとの台湾の発展を考えなければならなくなりました。

台湾では、政治に関与しないかぎり、経済活動は自由でした。住民たちは、さまざまな思いを経済活動に集中させたのです。

また、アメリカによる経済援助がそれを助けました。アメリカは、台湾防衛のため、一九六五年までの十五年間、毎年一億ドルもの援助を継続したのです。

この資金を受けて、蒋介石政権は、いきなり重工業化をめざすことなく、農業と軽工業の振興から始め、次第に重工業化を進めていきます。

政治の民主化を許さず、独裁政権の指導力で経済を発展させる手法を「開発独裁」といいます。アジアの開発途上国では、この手法で経済の発展を実現させたケースが多いのですが、台湾もその一つでした。

また、日本が高度経済成長を遂げ、日本国内での人件費が高騰すると、日本の企業が、台湾の安価な労働力を求めて進出します。日本企業の投資によって台湾経済の発展が促進されたのです。当時の台湾では日本語が通じたため、日本企業の進出が容易だったこともあります。

第二次世界大戦後、日本が戦時賠償をどれだけ払うかが問題になった際、蒋介石は、「以徳報怨」（怨《うら》みには徳をもって報いる）と述べて、日本に対する賠償要求を放棄しました。これが当時の日本人を感激させて、蒋介石シンパを生み、日本の経済界には台湾の経済発展に協力しようという機運も生まれていました。

蒋介石は、一九〇七年から、東京にあった清国留学生向け教育機関である振武学堂に留学し、その後、新潟の陸軍第一三師団高田連隊に士官候補生として入隊していたことがあります。日本での滞在は五年に及び、この経験が、蒋介石を日

国連から追放が決まった瞬間の中華民国代表団

本びいきにしていたこともありました。

国連から追放された

経済が発展しても、中華民国にとって、国際社会では逆風が吹いていました。その最大のものは、国連からの追放でした。

第二次世界大戦後、国際連合が発足した時点で、中国大陸を代表する政府は中華民国でした。安全保障理事会の常任理事国にも入っていました。

その後、中華民国政府は共産党との内戦に敗れて台湾に逃げ、大陸には中華人民共和国が存在していたにもかかわらず、国連の場では中華民国が議席を持つという虚構が続いてきました。

ソ連など社会主義諸国を中心に、中華人民共和国のほうを中国の正式な代表にすべきだという決議案は、アメリカや日本などの反対で葬られてきました。

しかし、虚構はいつまでも続きません。一九七一年十月の国連総会で、「中華民国を追放し、中華人民共和国を招請する」という決議案（当時、中華人民共和国と友好関係にあったアルバニアが提案）が可決され、これを不服とした中華民国政府は、国連を脱退します。

翌年には、アメリカのニクソン大統領が電撃的に中国を訪問。米中共同声明の中で、アメリカは、「中国は一つであり、台湾は中国の一部であるとの認識を理解する」と宣言したのです。

さらにこの年の九月、日本の田中角栄首相も中国を訪問。中華人民共和国と国交を結び、日本は中華民国と断交に踏み切りました。

台湾は、国際的にすっかり孤立してしまったのです。

蔣介石、死去

台湾が国際的孤立に追い込まれる中で、蔣介石の健康状態は悪化します。日本が国交断絶に踏み切る直前の一九七二年七月、心臓発作を起こして昏睡状態となります。翌年一月には意識を回復しますが、公務には戻れない状態が続き、一九七五年四月五日、死去しました。八十七歳でした。

蔣介石の国葬には一〇〇〇万人もの台湾住民が弔問の列を作りました。蔣介石と共に大陸から逃げてきた国民党の人々は、もはや大陸に戻ることができなくなったことを嘆きました。一つの時代が、こうして終わったのです。

蔣介石が亡くなると、副総統だった厳《げん》

point! 党禁

台湾における政党の新規結成禁止措置。1949年の戒厳令布告以降、台湾では中国国民党以下、3党しか存在を許されなかった。1989年の法改正によって、政党の新規結成は登録制となり、党禁は解除された。

家淦《かかん》が総統に昇格しますが、あくまでショートリリーフでした。総統の任期が切れるまでの間、総統を務めたものの、一九七八年三月、蒋介石の長男の蒋経国《しょうけいこく》が総統に就任しました。

共産主義者だった蒋経国

蒋経国は、蒋介石の存命中は、父の命を受け、住民の言論弾圧に当たりましたが、父が死去し、権力を掌握すると、やがて民主化路線に舵を切ることになります。蒋経国は父の後を継いで台湾の独裁者として君臨しますが、もともとは、筋金入りの共産主義者という過去を持っていたのです。

一九二五年十月、蒋経国は十五歳でソ連のモスクワに留学生として送り出されていました。当時、大陸を支配していた中華民国はソ連との関係を深めていて、幹部候補生たちを留学生としてモスクワに送っていたのです。蒋経国は、共産党の幹部養成を目的としたモスクワ中山大学に学びました。「中山」とは、中華民国の建国の父・孫文の号である「孫中山」から名づけられていました。

蒋経国はここで「同志ニコラ」と呼ばれました。共産主義青年団に入団し、鄧小平とここで出会っています。

一九三五年にはロシア人女性と結婚。ソ連滞在中に息子が生まれています。父親の蒋介石が反共の方針を打ち出すと、蒋経国はロシアで父を糾弾する声明を発表することもありましたが、第二次国共合作が成立し、蒋介石と中国共産党との関係が改善されたため、一九三七年三月に妻子と共に帰国しました。その後、父親との敵対関係は解消され、蒋経国は共産主義者の立場を捨てますが、若い頃に刷り込まれた共産主義理論は、その後も蒋経国の発想に大きな影響を与えることになります。

蒋介石の国民党が台湾に逃げてくると、蒋経国は反体制派を取り締まる特務機関のトップとして辣腕《らつわん》を振るい、政権内部での地位を上っていきます。一九七二年五月には、蒋介石総統の下で行政院長（首相のこと）に就任していました。

民主化が始まった

総統に就任した蒋経国は、それまで外省人中心だった体制から踏み出し、本省人を大胆に採用するようになります。後に本省人として初めて総統になる李登輝も、蒋経国によって引き上げられ、一九八四年には副総統に就任しています。

さらに、国民党一党独裁体制の改革に進みます。一九八六年九月、台北市内のホテルで「民主進歩党」（民進党）という政党が設立されました。それまでは「党禁」といって野党の設立が禁じられてきましたが、遂に野党が成立したのです。

蒋経国総統は、「憲法を守り、反共の原則を守り、台湾独立を主張しないこと」を条件に、民進党を黙認しました。

蒋経国

新聞が自由に発行できるようになり、報道の自由が広く認められるようになったのです。

そこから台湾の民主化は一気に進みます。毎年のように、それまでの禁止事項が解除されていくのです。翌一九八七年七月には、三十八年間にわたった戒厳令が解除されました。さらに一九八八年には新聞新規発行禁止も解除。新聞が自由に発行できるようになり、報道の自由が広く認められるようになったのです。台湾は、民主主義の道へと大きく舵を切ったのです。

初めて台湾出身者が総統に

民主化への道筋をつけつつあった蒋経国総統は、一九八八年一月、突然死去します。七七歳でした。これを受けて副総統だった李登輝が総統に就任。台湾出身者が初めてトップに立ったのです。画期的なことでした。李登輝は、蒋経国の民主化路線を受け継ぎ、それをさらに発展させました。

台湾の本省人は、台湾出身であることから李登輝を支持し、外省人は、蒋経国の後継者であることを理由に李登輝を認めました。両方から支持されるという有利なスタートを切ったのです。

李登輝

李登輝は、蒋経国の残りの任期二年を務めた後、一九九〇年五月、総統にあらためて就任し、権力の基盤を固めました。

就任の翌年の一九九一年五月一日には、一九四八年から実施されてきた「反乱鎮圧動員時期臨時条項」を解除しました。

この条項は、「共産党による内乱の時期が続く間は憲法を停止する」というものです。

憲法にこの条項が追加されていたことによって、総統に強大な権限が与えられ、憲法や法律ではなく、総統の命令がすべてに優先することになっていました。李登輝は憲法からこの条項を削除することで、憲法にもとづく政治を行い、民主化を進める一方、共産党との内戦状態の終結宣言をしたのです。

共産党との内戦状態に終止符を打ったということは、結果的に、中国共産党が大陸を統治することを承認したことになります。大陸反攻の意図を完全に放棄し、大陸と台湾という二つの制度の並立を認めたことになったのです。これが、「一つの中国」ではなく、「中国と台湾」という「二つの中国」に道を開くものであることに、このとき多くの人は気づきませんで

point! 台湾関係法

1979年４月、カーター大統領が署名して成立した米国の国内法。米中国交正常化にともなう台湾と断交後も、台湾との経済文化関係を維持し、中国による武力侵攻から台湾を守ることなどを規定している。

したが、やがて明らかになってくるのです。

「万年議員」を引退させた

当時の台湾には、日本の国会に当たる議会が二つ存在しました。「国民大会」と「立法院」です。立法院は、その名の通り、法律を制定しますが、国民大会は、憲法の制定と改正、総統・副総統を任命する権力を持っていました。

国民大会の議員の任期は六年でしたが、台湾に移ってきてからは、大陸での選挙ができないままでした。このため、一九四七年十一月に大陸で実施された選挙で選ばれた議員たちが、そのまま居座っていました。議員が死亡すると、一九四七年の選挙当時、同じ選挙区から立候補していた次点候補が繰り上がるという形で欠員を埋めたのです。

台湾が独立への動きを強めるなら、中国は黙っていないというメッセージだったのです。

いつまでも議員でいるため、この人たちは「万年議員」と呼ばれました。高齢のため、議場に出てきても居眠りばかり。何が審議されているのか理解できない高齢者もいる状態だったため、李登輝の総統就任と共に、議員を引退させるべきだという世論が盛り上がります。

この結果、国民大会の議員たちは、一九九一年四月、「任期満了」の宣言に追い込まれました。李登輝が、巧みに誘導したのです。

万年議員たちは、この年の十二月に全員引退。代わって、台湾だけで新たに議員選挙を実施し、新議員たちが、李登輝を総統に選出しました。一九九二年、李登輝は再び総統に就任したのです。

総統選びは直接選挙に

このときの総統選出は間接選挙でした。国民から選ばれた国民大会の議員が総統を選出するという手続きだったからです。

しかし李登輝は、次の総統選挙から直接選挙を導入します。一九九六年三月、初めて住民の直接選挙で総統が選ばれたのです。もちろん李登輝が再選を果たします。総統が直接選挙で選ばれるようになったことで、国民大会の権限は失われ、

[中国こぼれ話]

李登輝

一九二三年一月、日本が支配していた台湾で生まれました。「岩里政男」の日本名を父親から与えられています。「二十二歳まで私は日本人だった」と本人は述懐しています。

旧制の台北高等学校を卒業後、京都帝国大学の農業経済科に入学。大学時代はマルクスやエンゲルスの本に読みふけり、共産主義にひかれます。鈴木大拙や倉田百三など日本の思想家の影響も受けました。

千葉県・習志野での陸軍予備士官時代に日本が敗戦。台湾に戻りました。李登輝の兄は日本の陸軍に志願し、フィリピンで戦死しています。

台湾に戻って台湾大学に編入し、ここで中国共産党に入党しています。やがて共産党を離れますが、公安当局によって拘束されたこともあります。この経歴から、蔣経国率いる特務機関によって、長期にわたり監視対象となっていました。

一九五二年にはアメリカのアイオワ大学に留学。いったん台湾大学に戻った後、コーネル大学に留学して博士号を取得。台湾大学の教授に就任します。

その後、蔣経国に農業問題についての報告を行った際、その能力を評価され、国民党に入党し、最年少の閣僚として政権入りを果たしていました。

台湾海峡で演習をする中国軍

やがて二〇〇〇年には国民大会が事実上廃止されます。

トップが住民の選挙で選ばれるというのは、長い中国の歴史でも初めてのことでした。台湾が、完全に民主化されたことを示すものでした。

これに中国共産党は強く反発します。これまでの台湾は、「中華民国」を名乗りながら、「中国は一つ」と言い続けてきました。中国共産党の中華人民共和国とは対立するものの、「中国は一つ」という主張においては、同じでした。

しかし、中華人民共和国とは別に、「国民」の選挙で選ばれる人物がトップに立つ仕組みになると、「もう一つの国家」であることが明白になります。これは、「中国は一つ」という立場の中国共産党にとっては許せないことだったのです。

中国、ミサイルで台湾を脅迫

中国共産党は、台湾を脅しにかかります。総統選挙の直前、ミサイル発射訓練を実施したのです。台湾の東と西の海に向けてミサイルを発射しました。「いつでも台湾全島にミサイルを撃ち込むことができる」というアピールでした。

と同時に、台湾海峡の大陸沿岸で、大規模な上陸演習も開始します。人民解放軍による「台湾上陸」の脅しでした。台湾が独立への動きを強めるなら、中国は黙っていないというメッセージだったのです。

台湾海峡が緊張するのを見たアメリカは、急遽、空母二隻を台湾近海に派遣します。アメリカは、中華民国と断交した後も、「台湾関係法」という国内の法律を

［中国こぼれ話］

アメリカによる「三つのノー」

当時のアメリカはクリントン政権でした。クリントン大統領は、中台の対立に割って入ったのですが、中国が台湾独立を武力を使ってでも阻止する方針であることを悟り、対中政策を練り直します。それが「三つのノー」でした。

この方針は、一九九八年、クリントンが中国を訪問して、上海で発表しました。「二つの中国、または一つの中国と一つの台湾を支持しない」「台湾の独立を支持しない」「台湾の国連機関への加盟を支持しない」というものです。

アメリカは台湾の独立を支持しないから、台湾は独立できない。だから中国は台湾を武力攻撃する必要はない、というメッセージだったのです。

制定し、もし台湾が攻撃を受けたら防衛することになっていました。空母の派遣で、中国共産党を牽制したのです。派遣された空母のうちの一隻の名前が「インディペンデンス」（独立）だったのは、皮肉な偶然でした。

ただし、アメリカ軍の空母は、台湾海峡には入りませんでした。中国軍との過度な緊張状態を避けるためでした。当時、中国軍は、アメリカの空母にミサイルの照準を合わせていたといいます。

中国の脅しは逆効果でした。選挙前は、李登輝の苦戦が伝えられていたのですが、結果は李登輝の圧勝に終わりました。中国が脅しをかけたことに反発した台湾の人々は、李登輝のもとでの団結を選んだのです。

李登輝、「独立」へと動く

再び総統に就任した李登輝は、次第に独立への志向を強めます。頻繁に「台湾にある中華民国」という言い方をするようになるのです。台湾が中華民国と名乗っていることは事実ですが、それをわざわざ「台湾にある」という言い方をすることで、大陸とは別の存在であることを示唆していたのです。

そして遂に一九九九年七月、ドイツの海外向け公共ラジオ放送「ドイチェ・ベレ」のインタビューに応じた李登輝は、中国と台湾の関係について、「特殊な国と国との関係」であると発言したのです。発言内容は、次のようなものでした。

「中華民国は一九九一年に憲法を修正して、憲法の適用範囲を台湾に限定し、中華人民共和国の大陸での合法性を認めた。九二年の憲法修正で、台湾総統は国民による直接選挙に改められている。国家権力の正当性は台湾の国民の意思による。大陸の住民とは無関係だ。

両岸関係（中国と台湾の関係）は特殊な国と国との関係になっており、中央と地方の関係や、一つの中国の内部の関係でもない。

すでに特殊な国と国との関係にあるため、あえて独立を宣言する必要はない」

つまり、わざわざ「台湾独立」を宣言しなくても、すでに中国と台湾は「国と国との関係」になっている、台湾は独立している、と宣言したのです。

「独立派」政権が誕生した

台湾の独立を否定してきた国民党の李登輝が独立への動きを強める中、次の総統には、遂に完全な「独立派」が当選しました。陳水扁です。

李登輝は、二〇〇〇年の総統選挙には立候補せず、李登輝総統のもとで副総統を務めてきた連戦《れんせん》が国民党の候補になりました。

一方、野党の民進党は、陳水扁を立てます。さらに李登輝と対立して国民党から飛び出した宋楚瑜《そうそゆ》も無所属で立候補。

［中国こぼれ話］

自分の発言を否定した李登輝

二〇〇七年一月三十一日に発売された台湾の大手週刊誌「壱週刊」で、李登輝は、「台湾は事実上すでに主権独立国家であり、これ以上独立を求めることは後退だ」と語りました。

さらに、「私は台湾独立派ではない」とも語ったのです。

これまでの自分の発言を否定したとも受け取れる発言は、台湾に波紋を広げました。この発言の真意について、独立を求めない中道路線を明らかにすることで台湾の政界に影響力を持ち続けようとしているのではないか、中国大陸を訪問したいのでこんな言い方をしたのではないか、などの憶測を呼んでいます。

すでに中国と台湾は「国と国との関係」になっている、台湾は独立している、と宣言したのです。

三つどもえの戦いになりました。当時、台湾では宋楚瑜の人気が高く、李登輝が後任に宋楚瑜を立候補させていれば苦もなく当選したと言われています。李登輝が後任に選んだ連戦には大衆的な人気がなく、「李登輝は、自分と同じ台湾独立派である陳水扁を当選させたくて、あえて人気のない連戦を後継者に立てたのではないか」という憶測を呼びました。

結果は、陳水扁が得票率三十九％、宋楚瑜が三十六％、連戦が二十三％でした。国民党勢力が分裂したおかげで、陳水扁は当選できたのです。「李登輝の陰謀」説が流れるわけでした。

また、総統選挙の直前、中華人民共和国の朱鎔基《しゅようき》首相が、台湾独立派を支持しないように警告する談話を発表したことから、これに台湾の住民が反発。独立派の陳水扁に投票したことも当選の原因でした。中国は、またも結果として独立派を当選させてしまったのです。

陳水扁の民進党は、台湾独立を掲げる政党です。ただ、総統選挙に際しては、台湾独立の主張を棚上げして臨みました。現実路線を選択したのです。

陳水扁は、李登輝に続いて台湾生まれ。自らを「台湾の子」と称しました。

「台湾」を強調する動きに

台湾独立の主張を棚上げして選挙に臨んだ陳水扁は、「四つのノー」を宣言します。

「任期中は台湾の独立を宣言しない」
「国号（中華民国のこと）を改変しない」
「二国論を憲法に書き込まない」
「統一か独立かを問う住民投票を行わない」

というものです。独立への動きに警戒感を強める中国へのメッセージでした。

しかし、次第に「台湾独立」への動きを強めます。その一つが「正名運動」で

陳水扁

す。中華民国や中国と呼ばず、台湾と呼ぼうという運動です。

　この運動は、そもそもは日本在住の台湾出身者が始めたものです。日本は一九七二年に中華人民共和国と国交を結んで以来、台湾の人が日本に入国する際、「中国（台湾）」という表記区分にしています。李登輝が総統に就任し、自分たちは「台湾人」であるという意識を持ち始めた人たちが、「自分たちは中華人民共和国の一部ではない。正しく台湾という名前で呼んでほしい」という運動を始めたのです。この運動が台湾にも渡り、李登輝や陳水扁の後押しもあって、大きな広がりを見せるようになりました。冒頭で紹介した「中華郵政」から「台湾郵政」への変更もその一つです。

　二〇〇三年には、パスポート表記の「REPUBLIC OF CHINA」に「TAIWAN」の表記が追加されました。

　中華民国の首都は南京で、台北は「臨時首都」という扱いだったのですが、やはりこの年、小中学生向けの国定教科書に、「首都は台北」と明記されました。

　二〇〇六年には、台北の国際空港の名前が、それまでの「中正国際空港」から「台湾桃園国際空港」に変更されました。「中正」は蒋介石の別名（号）。蒋介石離れを象徴する動きでした。

　さらに二〇〇六年度から、それまで『本国史』だった歴史教科書は、『中国史』と『台湾史』に分離されました。国民党時代、台湾の歴史はほとんど登場せず、自国の歴史は『中国史』だけだったのですが、台湾の歴史もきちんと教えるようになったのです。

　この動きに、中国共産党はもちろん神経を尖らせています。


もはや台湾経済は、大陸抜きではやっていけない状態になっているのです。

二発の銃弾が選挙結果を変えた

　当選当初は人気が出た陳水扁ですが、やがて家族の汚職スキャンダルに見舞われ、台湾の株式市場の低迷もあって、人気は急降下します。

　二〇〇四年三月の総統選挙で、再選をめざしましたが、支持率は低迷し、国民党の連戦候補の圧勝が予想されていました。

　ところが投票日の前日の三月十九日、台湾南部を遊説中の陳水扁のオープンカーが何者かに銃撃されたのです。二発の銃弾が、陳水扁と副総統候補の呂秀蓮《ろしゅうれん》の

［中国こぼれ話］

陳水扁

　一九五〇年（戸籍の上では五一年）に台湾南部の農家で生まれました。貧しい家庭でしたが、親が教育熱心で、借金をして学費を工面しました。陳水扁は期待に応えて、小中高をトップの成績で卒業し、台湾大学在学中に弁護士試験に合格。在学中から弁護士活動を始めて、親の借金を返済しました。

　当初はエリート弁護士の道を進みますが、国民党による言論弾圧事件である「美麗島事件」の弁護をしたことがきっかけとなって民進党に入党しました。

　台北市長に当選し、台北市の行政改革で実績を上げて注目されるようになります。再選をめざしますが、落選。今度は総統選挙に立候補して当選を果たしました。

　陳水扁の夫人は、政治テロの疑いが濃厚な自動車事故にあって以来、車椅子の生活です。その妻を甲斐甲斐しく世話する陳水扁の姿は、当選当初の人気につながりました。

銃撃される直前の陳水扁（2004年3月）

二人をかすめました。命に別状はありませんでしたが、二人とも軽いけがをしました。

この銃撃事件が、選挙戦の様相を一変させました。陳水扁に同情票が集まり、かろうじて再選を果たすことができたのです。

しかし、銃撃事件の直後、警察や軍による厳戒態勢がとられたことによって、国民党支持者が多いといわれている警察官や軍人数万人が投票できなかったことも判明。選挙結果に不透明感を残しました。

次の総統選挙は二〇〇八年三月です。総統の任期は二期八年までとなっているため、陳水扁は立候補せず、後継者と国民党の候補との一騎打ちになることが予想されています。台湾の住民は、独立志向が強い民進党を引き続き支持するのか、それとも大陸との関係改善を求める国民党を支持するのか。民意の行方が注目されています。

総統選挙の前に、立法院の選挙が二〇〇七年十二月に実施されます。この選挙から制度が大きく変わり、これまでの二二五議席が一一三議席にまで半減します。日本と同じ小選挙区比例代表制になり、小選挙区が七三議席、比例代表が四〇議席です。

政治の世界は、大きな転機を迎えているのです。

台湾と大陸、経済の融合進む

李登輝、陳水扁の時代に大陸からは距離を置く政治が続いてきましたが、経済は、むしろ融合の動きを強めています。

台湾の経済発展に伴って、台湾の人件費は高騰。安い人件費を求めて、台湾の企業が続々と大陸に進出しているのです。

かつては日本企業の下請けだった産業は、いまや大陸に下請けを持つまでに発展しました。これに伴い、一〇〇万人もの企業関係者とその家族が大陸に住むようになっています。もはや台湾経済は、大陸抜きではやっていけない状態になっているのです。

むしろ最近の中国大陸のめざましい経済発展は、いずれは台湾経済を呑み込む勢いになっています。政治面では対立しつつも、経済では次第に融合が進む大陸と台湾。

まさかこのような時代が来るとは、蒋介石も毛沢東も予想していなかったことでしょう。

第8章 ソ連との核戦争を覚悟した

毛沢東の新生中国は、ソ連の支援を受けて建国されました。

ソ連との核戦争を覚悟した

プーチン大統領と握手する胡錦濤国家主席

「向ソ一辺倒」で始まったが

中国の胡錦濤《こきんとう》国家主席とロシアのプーチン大統領の握手。いまでは見慣れた光景となりましたが、毛沢東時代の中国は、当時のソ連（ソビエト社会主義共和国連邦）と激しく対立。一時は核戦争一歩手前という瀬戸際まで立ち至っていたのです。同じ社会主義国だったのに、どうしてそんなことになったのでしょうか。その歴史を振り返ってみましょう。

毛沢東の新生中国は、ソ連の支援を受けて建国されました。

毛沢東は、建国前の一九四九年七月、「向ソ一辺倒」を宣言していました。ソ連を見習い、何でもソ連の言うことを聞くと宣言したのです。

これにソ連も応えます。中国建国宣言の翌日、ソ連は新中国承認の最初の国となったのです。

そのスターリンが全面的に否定されることは、自国の指導者への崇拝も揺るぎかねないからです。

毛沢東は、建国まもない一九四九年十二月にソ連を訪問し、翌年二月に「中ソ友好同盟相互援助条約」が結ばれるまでモスクワに滞在し、ソ連からの援助を引き出しました。中ソの蜜月時代でした。

「スターリン批判」に衝撃を受けた

その中ソ関係に亀裂が走る事件が起こります。「スターリン批判」でした。

一九五六年二月に開かれたソ連共産党第二十回大会で、衝撃的な報告が行われました。フルシチョフ第一書記（その後、書記長という職名に）が、スターリンを痛烈に批判したのです。

レーニンと共にソ連を建国したスターリンは、レーニン亡き後、独裁者として君臨し、多くの人々を裁判もなく処刑していたという事実が報告されたのです（詳しくは小著『そうだったのか！　現代史』参照）。

フルシチョフによる批判は秘密報告とされ、来賓として出席していた中国の代表団は報告を聞くことができませんでした。報告が行われた後、ソ連共産党から非公式に概要が伝えられただけでした。

しかし、アメリカのＣＩＡ（中央情報局）が東欧の共産党から秘密報告の全文を入手し、翌月、「ニューヨークタイムズ」が報じて、世界の知るところとなりました。

この「スターリン批判」に毛沢東は激怒します。当時スターリンは神格化されていました。社会主義諸国は、スターリンを神格化することで、そのスターリン路線を歩む自国の指導者も神格化し、個人崇拝させていました。そのスターリンが全面的に否定されることは、自国の指導者への崇拝も揺るぎかねないからです。中国も例外ではありませんでした。

毛沢東は、スターリンの全面的否定には賛同せず、中国国内では「功績七分、誤り三分」と評価するように提起しました。

しかし、これをきっかけに、毛沢東はフルシチョフのソ連に対して批判を強めていくようになります。自らをスターリンに模し、同じような独裁者として君臨していた毛沢東にとって、「スターリン批判」は、まるで自分が批判されているように受け止められたからです。

また、フルシチョフの「個人崇拝批判」を受けて、中国共産党の党規約が改められ、それまであった「毛沢東思想」という表現が削除されました。毛沢東にとっては、自己の絶対性が揺らぐ思いだったのです。

中ソ、軍事協力をめぐって対立

スターリン批判が行われた後の一九五八年七月、訪中したソ連のフルシチョフは、ソ連と中国による連合潜水艦隊の創設を提案しました。東西冷戦が激化する中で、ソ連としては、ソ連軍が指揮をとる大艦隊を創設しようとしていたのです。

しかし毛沢東は、中国の主権を侵すとして、この提案を拒否します。「自国の領海は自力で守る」と突っぱねたのです。中ソが初めて対立した瞬間でした。

また、このときフルシチョフは、毛沢東が始めた大躍進政策や人民公社運動を厳しく批判しました。「他の社会主義国の経験を無視している」となじったのです。「他の社会主義国」とはソ連のこと。スターリン時代にソ連でも同様の方針をとったものの、無残な失敗に終わったことを教訓にしていないという意味でした。毛沢東の中国が、ソ連のスターリン批判をきちんと受け止めていないことを批判したのです。

大躍進政策や人民公社運動は、毛沢東が威信をかけて始めた事業です。毛沢東にとって面白いわけがありません。中ソ間の溝が広がりました。

ソ連の「平和共存路線」を批判

それでも当初は、ソ連の中国支援が続きます。一九五七年十月には、ソ連が中国に原爆製造の技術を提供するという中ソ国防新技術協定を結びました。ソ連は中国に対して、原爆の模型と設計図を渡すことを約束したのです。

しかしその後、毛沢東は、アメリカとの平和共存政策をとろうとするフルシチョフに対して、核兵器を脅しに使う瀬戸際政策を進めるべきだと主張して対立します。「アメリカの核兵器は張り子の虎だ」と主張したのです。「アメリカは結局のところ怖くて核兵器を使えない。したがって、アメリカの核兵器は、見掛け倒しの張り子の虎に過ぎない」というわけです。

さらに毛沢東は、「もし核兵器が実際に使われたとしても、我が国の人口は六億人だから、核戦争でたとえ半分の三億人が死んでも、まだ三億人残るから、人口はすぐに回復する」と言ってのけたのです。

毛沢東の好戦的な態度を恐れたソ連首脳部は、一九五九年六月、原爆の技術提供の協定を破棄しました。両国の関係は、次第に険悪なものになっていきます。

一九五九年九月、フルシチョフは再び訪中します。アメリカ訪問の帰途、中国の建国十周年を祝う式典に参加するためでした。

この訪問でフルシチョフは、直前にアメリカのアイゼンハワー大統領との間で発表した「平和共存」の米ソ共同宣言について毛沢東に説明しました。

会談でフルシチョフは、中国がチベットを武力で鎮圧したことや、台湾の金門島への砲撃を非難しました。さらに台湾を武力解放する方針も放棄するように迫ったのです。

フルシチョフにとっては、中国が好戦的な態度をとると、アメリカとの破滅的な戦争にソ連も巻き込まれるという思いがありました。

【中国こぼれ話】
平和共存路線

第二次世界大戦後、アメリカとソ連は厳しく対立し、東西冷戦が始まります。しかし、両国とも核兵器を開発すると、核戦争には勝者がいないことを悟り、両者間の大規模な戦争に発展しない政策をとるようになります。これが「平和共存路線」です。ソ連はこれを「アメリカ帝国主義に平和を押しつける」と表現しました。

point! 自力更生

もともとは、抗日戦争の中で生まれたもの。中ソ対立以降、ソ連技術者の一斉引き上げなど厳しい局面をうけて経済建設の主要方針として強調されるようになる。国内では、中央の援助にたよらず、自力で地域開発を促す意味でも使われる。

この〝干渉〟に、毛沢東は反発します。両者は険悪な雰囲気となり、予定されていた共同声明は発表されませんでした。

中国、ソ連を公然と批判した

一九六〇年四月、中国共産党理論誌『紅旗』に、「レーニン主義万歳」という論文が掲載されました。レーニン生誕九十周年を祝う論文でした。この中で、ソ連の「現代修正主義」が、レーニン主義から逸脱していることを厳しく批判したのです。

それまで中ソが対立していることは対外的には知られていなかったため、公然とソ連を批判する論文が発表されたことで、世界は中ソ対立の存在を初めて知ったのです。

これに対してソ連共産党は「教条主義」と反論。両国の共産党が、互いに相手を罵《ののし》り合う関係になっていきました。

ソ連の技術援助を受けて中国各地で進んでいた工事は全面的にストップしました。

と同時に毛沢東は、ソ連のような「修正主義」が中国でも発生する恐れを感じ、党内への引き締めを図るようにもなるのです。

この恐怖が、やがて劉少奇や鄧小平を「修正主義」として断罪することになっていきます。とりわけ劉少奇は、「中国のフルシチョフ」と呼ばれて批判を受けました。

ソ連の技術者が引き揚げた

一九六〇年七月、ソ連は中国に派遣していた技術者全員を引き揚げると突然通告します。中国に滞在していた一三九〇人ものソ連の技術者全員が一斉に引き揚げたのです。

ソ連の専門家九〇〇人の中国派遣計画も中止。中ソ間で結ばれていた各種の協定はすべて破棄されました。

工事中の設計図や資料もすべて持ち去るという徹底したものでした。ソ連の技術援助を受けて中国各地で進んでいた工事は全面的にストップしました。

大躍進政策の失敗で苦境に陥っていた中国経済にとっては大打撃でした。

ここから中国は、「自力更生」を迫られることになったのです。その好例が、長江大橋の建設でした。

南京市内を流れる長江にかかる橋です。上が道路、下が鉄道の二階建ての橋で、道路橋の全長は四五八九メートル、幅一九・五メートルの巨大なものです。橋の両側に計四つの橋頭堡があり、その高さは七〇メートルです。

長江にかかる部分だけでも長さが一五七七メートルあります。この橋の完成により、北京と上海が鉄道で結ばれました。

この橋の建設が着工されたのは、まさに一九六〇年の一月。ソ連の技術者の指導を受けながら工事が始まったのですが、突然の技術者引き揚げにより、それ以降は、中国独自の技術だけで工事を続行しなければなりませんでした。

完成は一九六八年九月。完成時、鉄道・道路併用橋としては世界最長を誇りました。

この橋の完成は、中国が、他国の技術援助がなくても自力で何でもなし遂げることができるというシンボルになりました。いまでも「自力更生」の象徴として、大勢の観光客を集めています。

中国、核実験成功

一九六四年十月十六日、中国は初の原

南京の長江にかかる長江大橋

爆実験を成功させました。日本は東京オリンピックの最中でした。ソ連の技術者が引き揚げても、中国独自の技術で核兵器を製造できることを世界に示したのです。

ソ連では、まさにその前日、フルシチョフが失脚し、ブレジネフが共産党第一書記に就任していました。

中国は、これでソ連の路線が変更されるものと期待し、翌月にソ連で開かれた革命四七周年祝賀式に、周恩来を団長とする代表団を派遣しました。

ところが席上、ソ連のマリノフスキー国防相が、中国軍の賀竜《がりゅう》将軍に対して、「我々がフルシチョフを失脚させたように、あなた方も毛沢東を退陣させれば、中ソはすぐに仲直りできる」と話しかけたのです。

周恩来は、この事実をすぐに毛沢東に報告。毛沢東は、ブレジネフ政権を「フルシチョフなきフルシチョフ路線」と断じました。中ソは和解するどころか、毛沢東は、「ソ連は中国共産党の内部にまで手を突っ込んで自分を失脚させようとしている」という恐怖を抱き、中国国内の「裏切り者」探しに力を入れるようになります。

両国が軍事衝突した

中国が文化大革命の最中の一九六九年

中国初の核実験（1964年10月）

point! 核シェルター

2006年７月、『上海モーニングポスト』紙は、上海市に20万人収容の「核シェルター」が完成したと報じた。「シェルターは、ショッピングセンターやオフィス街、アパートのほか、のべ４キロにわたる15のトンネルを通じて地下鉄にもつながっている」と伝えられた。

ウスリー川を警戒するソ連の国境警備隊

三月二日の未明、中ソ国境のウスリー川のダマンスキー島（中国名・珍宝島）で、両国の国境警備隊が大規模な軍事衝突を起こします。双方に死傷者が出ました。

　ここは国境線が確定しておらず、この島がどちらの領土に属するか、対立が続いていました。両国とも軍を配備していたのです。

　この衝突では、双方とも、「相手が先に攻撃してきた」と主張。その後も二回にわたって大規模な衝突が起きました。多数の戦車や戦闘機を使っての戦闘が繰り広げられたのです。

　どちらが先に手を出したのか、その真相は明らかではありませんが、毛沢東は、この衝突を国内の引締めに利用します。

　その後、この年の八月には、今度は新《しん》疆《きょう》ウイグル自治区とソ連との国境線でも軍事衝突が発生します。

　中ソの国境は全長約七〇〇〇キロ。各地で国境紛争が激増するのです。

　ソ連軍は、中ソ国境地帯に一〇〇万の部隊（ソ連兵力の四分の一）を配置して、戦争に備えました。

　さらにソ連軍部の強硬派は、上層部に対して、中国への核攻撃を進言します。ソ連駐米大使のドブルイニンは、一九六九年八月、アメリカの大統領補佐官（安全保障担当）のキッシンジャーと会い、ソ連は中国に対して核攻撃する準備があることを伝え、アメリカの意向を打診しました。

　アメリカは、この申し出を拒否し、ソ連に対して攻撃を思い止まるように忠告しますが、中ソ関係を悪化させるため、CIAは、わざとソ連の申し出の内容をマスコミに漏らしました。

「ソ連が中国への核攻撃を準備している」

　この事実は中国首脳部を震撼させ、ソ連との核戦争を覚悟したのです。

　毛沢東は、中国全土での戦争を想定し、被害を最小限度に食い止めるため、沿海部にあった軍事施設や重工業を内陸部に移転させます。これに伴い、火力発電所も内陸部に移転しました。

　さらに、全国の主要な都市には巨大な地下街が建設されます。実は核シェルターだったのです。ソ連から核ミサイルが飛んできたら、住民は急いで地下都市に逃げ込むことになっていました。

　北京にも、天安門広場から中南海にかけての広大な地下に核シェルター用の地下都市が存在しています。

　中国は、こうした態勢づくりに巨額の費用がかかり、経済発展がいちだんと遅れることになったのです。

「社会帝国主義」と批判

　当初、中国はソ連のことを「修正主義」と呼んでいました。マルクス・レーニン主義の教えに忠実ではないという意味です。ソ連がアメリカと真正面から対決しようとしない点を指して、修正主義と名づけたのです。

　ところが、対立が次第にエスカレートするにつれて、ソ連に対する呼び名は、修正主義から「社会帝国主義」に変わり

ソ連との核戦争を覚悟した

全国の主要な都市には巨大な地下街が建設されます。実は核シェルターだったのです。

中国を訪れたゴルバチョフ書記長（1989年5月）

ます。「社会主義を名乗る帝国主義だ」という厳しい批判でした。

中国は、アメリカとばかりでなく、ソ連とも対立する二正面作戦を展開しなければなりませんでした。

しかし、やがて、中国にとっては、アメリカよりソ連のほうが危険度が高いという判断に至るようになります。「ソ連主敵論」です。

毛沢東は、ソ連との戦争に備え、アメリカとの関係を改善する方針を密かに決めます。「夷《い》を以て夷を制す」(野蛮な外敵を使って、別の外敵に対抗する)という、中国の伝統的な発想にもとづき、毛沢東はアメリカと手を結ぶことにしました。

米中の秘密交渉はまとまり、一九七二年二月二十一日、ニクソン大統領が北京に降り立ったのです。

中ソは和解した

その後、毛沢東が死去し、鄧小平が改革・開放路線をとると、中ソ対立は次第に緩和されていきます。

そして一九八九年五月、ソ連のゴルバチョフ書記長が中国を訪問。実に三十年ぶりの首脳会談が行われ、中ソ対立に終止符を打ったのです。

その後まもなくソ連は崩壊。ロシアに衣替えします。中国にとって、「北方の脅威」が解消されたのです。

第9章 日本との国交が正常化された

センターのどこにも、日本の援助で建設されたことが表示されていませんでした。

日本の援助で建てられた南京市の母子保健センター

日本の援助を中国国民は知らない

南京市郊外に、江《こう》蘇《そ》省《しょう》母子保健センターがあります。南京市の中心部から車で十分ほどの幹線道路沿いに建っています。江蘇省の人民病院に併設された施設で、江蘇省が運営しています。私が取材に訪れた二〇〇六年七月には、妊娠中の女性や、幼児を抱いた母親たちが出入りしていました。

この施設は、日本が一七億二八〇〇万円、中国が一億二〇〇〇万円を拠出して建設されました。一九九八年十月に開所式が行われ、日本から池田行彦外務大臣も出席し、大々的な式典となりました。ところが、挨拶に立った江蘇省の副省長は、江蘇省政府が資金を出したことばかりを強調し、日本側の援助には触れなかったのです。センターのどこにも、日本の援助で建設されたことが表示されていませんでした。

列席していた日本大使館員はこれに怒りました。日本の無償資金協力で建設されたことが明示されるまで資金の振り込みを見合わせると申し入れたのです。

その結果、四か月後になってようやく、正門入口に、「中日政府の資金による合作である」旨のプレートが立ち、その裏側に、日本からの援助によって建設されたことを記した石碑が建てられたのです（杉本信行『大地の咆哮』より）。

私は問題のプレートと石碑を実際に見たくて現地を訪れました。石碑は確かにありましたが、正門の裏側の目立たない場所にあり、出入りする女性たちが気づく気配はありませんでした。

一九九九年九月に完成した北京の国際空港でも、ひと悶着《もんちゃく》ありました。建設に当たり、日本から三〇〇億円が貸与されたのですが、中国側はその事実を知らせようとせず、この空港を利用する北京市民の多くは、その事実を知りません。日本側の申し入れで、空港の貴賓室に、その旨を記したプレートが取り付けられただけでした。

日本はこれまでに三兆円を超える資金（無償と有償を含む）を中国に援助しています。しかし、ほとんどの中国人は、その事実を知りません。北京や上海で行われた反日デモの際には、「日本は戦争被害の賠償を払っていない」という非難の声が上がりました。確かに日本は「賠償」という名目では資金を出していませんが、賠償の意を含めた援助をしていることが、まったく知られていないのです。

日本と中国が国交を回復したとき、当時の中国政府は、損害賠償の請求を放棄

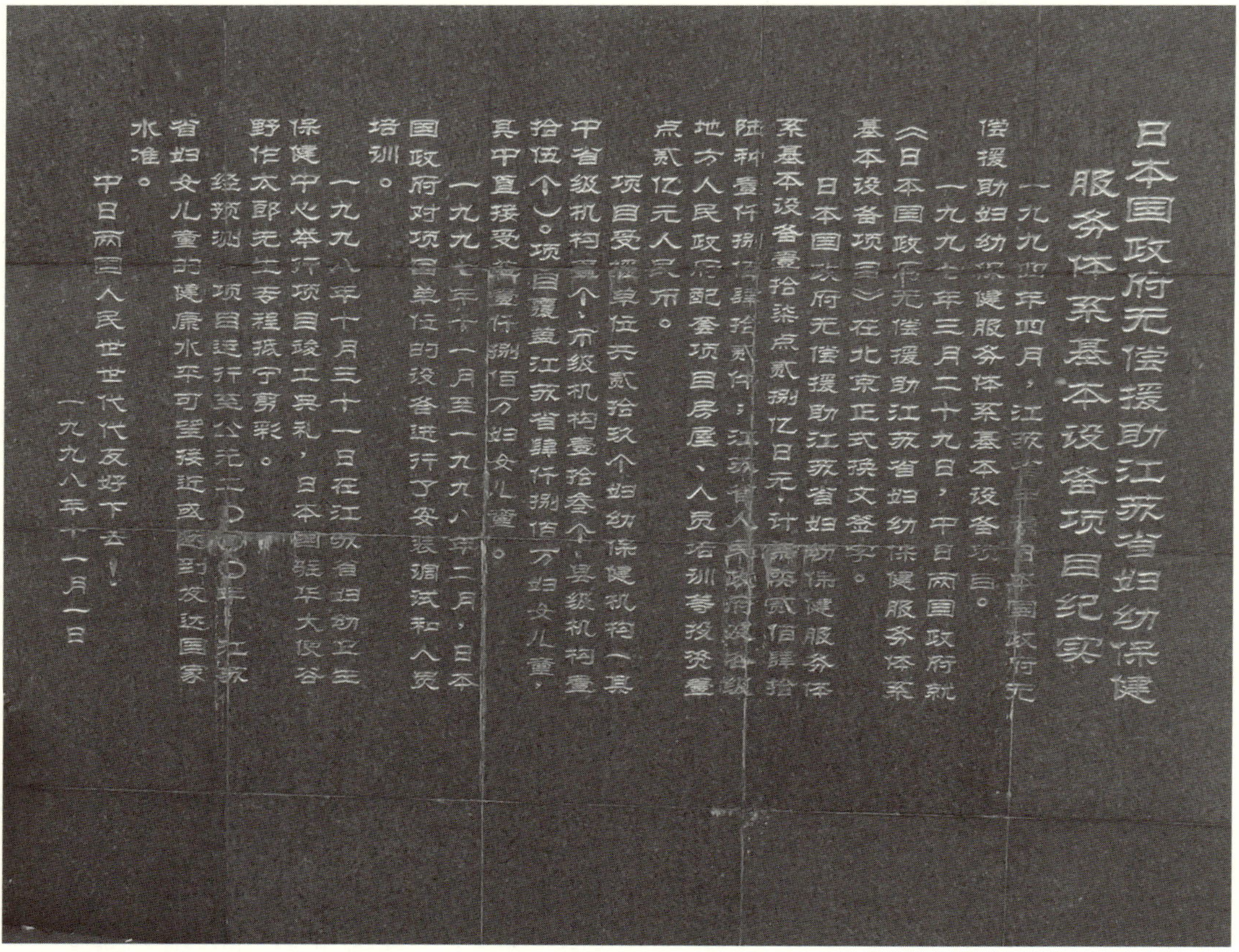

正門の裏側にある「日本の援助で建設された」ことを記した石碑

多額の援助が行われたにもかかわらず、不幸なすれ違いが起きているのです。

しました(これも中国人は知らないが)。

　これに対して日本政府は、贖罪《しょくざい》の意識を込めて中国に援助を続けてきました。

　中国政府の幹部は、これを、「損害賠償に代わるもの」と受け止めて当然視しているため、日本に感謝することがないのです。

　一九八七年六月、当時の最高実力者であった鄧小平は、こう語っています。

「率直にいうと、日本は世界のどの国よりも中国に対する借りが一番多い国であると思う。国交回復のとき、われわれは戦争賠償の要求を出さなかった。両国の長い利益を考えて、このような政策決定を行った。東洋人の観点からいうと、情理を重んじているのであって、日本は中国を助けるために、もっと多くの貢献をすべきだと思う。この点に不満を持っている」(同書)と。

　中国が日本に対して、損害賠償の請求を放棄したことに、日本側は後ろめたい思いを持ち、それが多額の援助につながっています。ところが、中国はそれを「損害賠償の代わり」と受け止めて感謝しない、ということが続いてきました。

　中国が感謝を口にしないことに、やがて日本人が怒り出し、「感謝されないような援助はやめるべきだ」という世論が形成され始めています。多額の援助が行われたにもかかわらず、不幸なすれ違いが起きているのです。

　どうして、このようなすれ違いが発生するようになったのでしょうか。日中両国の国交正常化前後の歴史を振り返ってみることにしましょう。

日米にとって中国は「敵」だった

　日本が中国との国交回復に動いたきっかけは、アメリカの動きでした。第二次世界大戦後、東西冷戦によってアメリカと中国は対立。日本も歩調を合わせて、台湾の中華民国政府を「中国の正統な政府」として、大陸の中華人民共和国とは交渉を持ちませんでした。

　ところが、アメリカが日本に先行して中国との関係改善に動いたため、日本政府が慌てて対中関係を見直したという歴史があります。

　日本は、このときもアメリカの後追い外交を演じていたのです。

　そこで、日本と中国との国交正常化の

[中国こぼれ話]
中国の「損害」は次第に増額

日本は戦争中、中国にどれくらいの損害を与えたのでしょうか。

　一九三七年から四五年までの八年間の日中戦争の被害について、一九五〇年代の中国は、死傷者一〇〇〇万人、経済的損失六〇〇億ドルだと算定していました。

　ところが、「抗日戦争勝利四十周年」の一九八五年には、死傷者一八〇〇万人、経済的損失一〇〇〇億ドルに引き上げられました。

　さらに「五十周年」の一九九五年には、一九三一年の満洲事変から四五年までの十四年間に期間が延長され、死傷者三五〇〇万人、直接的な経済被害が一〇〇〇億ドル、間接的な被害が五〇〇〇億ドルと主張するようになったのです。

　戦後、日本政府と中国政府の間で調査や交渉が行われなかったため、中国側が、数字を勝手にエスカレートしてきたのです。

point! キッシンジャー

1923年、ドイツに生まれる。1938年に一家でアメリカへ移住、1943年にアメリカに帰化する。ニクソン政権発足とともに国家安全保障担当大統領補佐官となり、現実的な外交を推進した。1973年、ベトナム戦争の終結に貢献したとしてノーベル平和賞を受賞している。

アメリカとの関係改善を願っているという、毛沢東からの明白なメッセージでした。

動きを見る前に、アメリカと中国の関係改善に向けた動きから見ることにしましょう。

戦後のアメリカと中国の関係は、当初は決して悪い関係ではありませんでした。むしろアメリカは、腐敗にまみれた国民党政権に愛想を尽かし、清潔な共産党政権を黙認する姿勢を示していたほどです。

しかし、朝鮮戦争の勃発が、両国の関係を劇的に悪化させました。

朝鮮戦争は、北朝鮮の金日成が、韓国の武力統一をめざして起こしたものですが、アメリカ軍が韓国軍を支援した結果、戦況は北朝鮮に不利に傾きます。朝鮮半島が韓国によって統一されそうになるのを見た毛沢東は、「義勇軍」という名の人民解放軍を朝鮮半島に派遣します。

この結果、アメリカ軍と中国軍が直接戦火を交えることになりました。アメリカにとって中国は、戦争相手となったのです。中国にとっても、強力なアメリカ軍は脅威でした。

対ソ戦略が一致した

しかし、前の章で見たように、一九六〇年代、中国はソ連との関係が悪化します。核戦争を覚悟するまでになりました。

こうなると中国は、対ソ戦略を考えて、アメリカとの関係改善に動きます。そこには、毛沢東の「夷を以《い》て夷を制す」という発想がありました。「敵の敵は味方」という戦略でもあります。中国にとって敵であるソ連と敵対関係にあるアメリカは、「敵の敵だから、味方になる」という考え方です。

一方のアメリカも、ベトナム戦争の泥沼にあえぎ、世界戦略の建て直しを図っていました。ソ連との対決姿勢を維持するためには、中国との関係改善が必要でした。対ソ戦略上、米中の利害が一致したのです。

中国との関係改善は、アメリカの共和党保守派として知られてきたニクソンと、策士キッシンジャーが放った大ホームランでした。

もしこれが、リベラル派の民主党の大統領だったら、議会保守派が反発して、必ずしもうまくいかなかった可能性があります。

保守派のニクソンが踏み切ったからこそ、アメリカの保守政界は認めざるをえなかったのです。

ただ、ニクソンは、大統領になる前から、対中外交の見直しを考えていました。ニクソンは、共和党の大統領候補の指名選挙に出馬した一九六七年に、外交専門誌『フォーリン・アフェアーズ』に、対中関係についての論文を書いています。

この中でニクソンは、「長期的視野に立てば、中国を世界の国家の仲間から永久に除外しておくことは不可能だ。（中略）世界の安全のためには、中国が変わらなければならない。したがって、われわれはできるかぎりの影響力を行使して、中国の変化をうながすことを目標とするべきである」（ジェームズ・マン著　鈴木主税訳『米中奔流』）

と述べているのです。大統領に就任したことで、持論を実行に移したといえるでしょう。

アメリカが先に動いた

米中関係の改善に向けて、先に行動を起こしたのはアメリカでした。一九七〇年一月、ニクソン大統領は、ポーランド

日本との国交が正常化された

駐在のアメリカ大使に、首都ワルシャワで中国の代理大使と接触させました。米中関係を改善させたいこと、そのためにはアメリカと台湾との親密な関係を見直す用意があることを伝えたのです。

さらに、北京へ使者を送ることも申し出ました。中国は特使の受け入れを了承します。

ところがニクソンは、ベトナム戦争の泥沼を打開すべく、この年の五月、アメリカ軍をカンボジアに侵攻させました。ベトナムの共産軍がカンボジアを拠点にしているという判断からでした(『そうだったのか！　現代史』参照)。これに中国が反発し、ワルシャワでの交渉は、先に進めませんでした。

ワルシャワでの交渉は国務省(外務省のこと)ルートでした。国務省を通じて交渉していたのです。しかし、アメリカ国務省は、台湾を捨てて中国と友好関係を結ぶことに強硬に反対します。

このためニクソンは、国務省ルートをあきらめます。代わって、安全保障担当の大統領補佐官だったヘンリー・キッシンジャーに密かに命じて、隠密裡に中国と接触させるという手法をとりました。

ニクソンとキッシンジャーが利用したのはパキスタンルートでした。

パキスタンは、アメリカ、中国の双方と良好な関係を保っていたからです。中国とパキスタンが良好な関係にあったのは、両国の間に存在するインドが理由でした。

中国とインドはかつて戦火を交えたことがありますが、パキスタンとインドも領土をめぐって戦争を繰り返していました(『そうだったのか！　現代史パート2』参照)。中国もパキスタンも、インドの敵。「敵の敵は味方」の論理から、中国とパキスタンは親密だったのです。ニクソンは、パキスタンのヤヒア・カーン大統領に中国宛ての親書を託しました。関係改善の交渉に当たるため、大統領の特使(キッシンジャーのこと)を送る用意があることを伝えたのです。

「ピンポン外交」が繰り広げられた

一方の中国も、アメリカと交渉する意思のあることを、こちらは極めてオープンに明らかにしました。

一九七〇年四月三日、日本の名古屋で世界卓球選手権大会が開かれました。文化大革命が始まって以来、中国の選手団が海外遠征することは滅多になかったのですが、卓球は中国のお家芸。このときは、日本での世界大会に選手団を派遣しました。

四月四日、ハプニングが起きます。中国代表団の乗ったバスにアメリカの選手が乗り込んできて中国の選手に声をかけ、中国の男子選手と握手を交わしたのです。この写真が日本の新聞の一面に掲載されました。

このときアメリカの選手団は、訪中の希望を持っていることを中国選手団に伝えました。この意向は直ちに中国政府に伝えられましたが、中国の外務省は、これを拒否。日本に滞在している選手団には、「時期尚早」と答えるように伝えました。

しかし、これを知った毛沢東は、アメリカ選手団を中国に招待するように指示したのです。これを受けて、中国代表団は一転、アメリカ選手団の北京への招待を提案しました。大会が閉幕するという当日、四月七日の午前のことでした。

アメリカ選手団はこれに応じて四月十日、北京に到着します。選手団は、中国政府によって動員された人々によって大歓迎を受けました。滞在中には周恩来首相とも会見します。アメリカとの関係改善を願っているという、毛沢東からの明白なメッセージでした。

アメリカ選手団が中国入りしたことは、中国による「ピンポン外交」と呼ばれ、

point! エドガー・スノー

1905年－1972年　アメリカのジャーナリスト。1936年、外国人として初めて延安に入り、毛沢東と会見、『中国の赤い星』で世界的に有名に。第2次世界大戦中も、アジアの要人のインタビューを行う。中国首脳部から信用されていた。

中国を訪問したアメリカの卓球選手団（1970年4月）

世界中に大きく報道されました。

アメリカ国民も中国国民も、中国政府がアメリカとの関係改善を望んでいることを知ったのです。

ニクソンもこれに応え、周恩来がアメリカ選手団と会見した当日、長く禁止されてきた対中貿易を解禁することを発表しています。

毛沢東がアメリカの選手団を招待したことは、中国がアメリカとの関係改善を望んでいることをアメリカに示すメッセージでしたが、もう一つ、中国国内向けの意味もありました。

中国国内には、アメリカとの関係改善に消極的ないし否定的な勢力が存在していたからです。当時、毛沢東に次ぐナンバー2の地位にあった林彪もその一人で、林彪に率いられる軍にも反対派が存在しました。

毛沢東は、来るべきニクソン訪中を前に、米中関係が改善に向かいつつあることを、中国共産党の幹部たちに知らせたのです。そのときになって動揺させないようにする、いわば〝免疫〟をつけさせるために仕組んだ側面もあるとみられます。そのためには、アメリカ政府当局者といきなり会談するのではなく、「アメリカ人民との友好」というポーズをとっておくことが必要だったというわけです。

キッシンジャーが訪中する計画は、アメリカ国務省にも知らせずに進められました。

さらに、この年の十二月、訪中していたアメリカのジャーナリスト、エドガー・スノーと会った毛沢東は、「旅行者としてでも、大統領としてでもニクソン氏と喜んで話し合う」と語っています。毛沢東は、このメッセージをアメリカに伝えるために、わざわざエドガー・スノーを中国に招待していたことが、その後明らかになります。しかし、この試みは不発でした。アメリカ政府は、エドガー・スノーを共産主義者とみなしていたため、スノーに対する毛沢東の発言を無視していたのです。

キッシンジャーの忍者外交

やがてパキスタン経由で、キッシンジャーの訪問を歓迎するという中国からの返信が届き、訪中計画が立てられます。極秘裡にです。

キッシンジャーが訪中する計画は、アメリカ国務省にも知らせずに進められました。中国との関係改善は台湾の切り捨てにつながるとして、国務省が反対していたからです。身内にも秘密で実行されたため、「キッシンジャーの忍者外交」と呼ばれることになります。

キッシンジャーは、パキスタンを経由してフランスを歴訪することになったと発表されました。一九七一年七月八日、キッシンジャーはパキスタンに到着しました。当日夜には、ヤヒア・カーン大統領主催の歓迎夕食会が開かれましたが、席上、キッシンジャーは腹痛を訴えて退席します。もちろんカーン大統領承知の上でのお芝居でした。

続く二日間、パキスタンでの会談はキャンセルされ、キッシンジャーはパキスタン大統領の迎賓館で静養すると発表されました。

しかし実際にはキッシンジャーは、夕食会を退席した後、翌朝四時、パキスタン航空の特別機で北京に向かっていたのです。パキスタン航空の搭乗員は、カーン大統領の極秘訪中だと聞かされていました。

一九七一年七月九日、ヘンリー・キッシンジャーは、わずか三人の随行員と二人の護衛と共に、北京に到着したのです。

［中国こぼれ話］
日本の悪口を言っていた

キッシンジャーと周恩来の会談では、日本をどう見るかという意見も交わされました。

席上、キッシンジャーは、「中国と日本を比較すれば中国は伝統的に普遍的な視野を持っているが、日本は部族的な視野しかない」と語りかけました。

これに対して周恩来は、「彼らはものの見方が偏狭で、まったく奇妙だ。島国の国民だ」と相づちを打ちます。

双方が日本の悪口を言うことで意気投合していたのです。

仮病の身代わりが発病した

キッシンジャーが中国に発った後、キッシンジャー随行団の一行は、パキスタン大統領の迎賓館に入りました。アメリカ側の護衛官の一人がキッシンジャーに扮していました。キッシンジャーが迎賓館に滞在しているように装ったのです。

迎賓館には、どの部屋にもマンゴーが置いてありました。キッシンジャーの身代わりは、このマンゴーを食べて腹痛を訴え、本当に病気になってしまいました。

キッシンジャーは周恩来と会談。台湾についてのアメリカ側の考えを説明しました。それは、「二つの中国」「一つの中国と一つの台湾」「台湾の独立」の三つとも認めないというものでした。後にクリントン大統領が正式に「三つのノー」として発表するものと内容が同じだったのです。

周恩来は、これを了承しました。

その一方でキッシンジャーは、中国に対して、北ベトナムへの支援を中止するように求めました。アメリカは、北ベトナムへの攻撃を続けた場合、朝鮮戦争に中国軍が介入したように、中国軍が北ベトナムを支援してベトナム戦争に介入してくることを恐れていたのです。

中国はアメリカの申し入れを断り、北ベトナムへの支援を続けると答えましたが、中国軍が直接ベトナム戦争に介入することはないという感触をアメリカに与えました。

米中会談によって、アメリカは、中国の介入を心配せずに北ベトナムを攻撃できるようになったのです。

米中会談によって、アメリカは、中国の介入を心配せずに北ベトナムを攻撃できるようになったのです。

また、キッシンジャーは、ソ連が中ソ国境付近に展開している軍隊の情報を中国側に提供しました。偵察衛星で収集した情報です。驚くべき贈り物でした。アメリカは、対ソ連で中国の味方をするというメッセージでした。

「ニクソン・ショック」が襲った

七月十五日の夜、ニクソン大統領は、キッシンジャーが中国を訪問したこと、大統領本人も近く訪中することをテレビ演説で発表しました。中国政府との同時発表でした。

アメリカは、このことを、当日の朝、ソ連の駐米大使を呼んで知らせています。

しかし、日本には事前の説明がありませんでした。ニクソンのテレビ演説の直前、国務次官が電話で駐米日本大使に連絡しただけだったのです。日本は、まったく蚊帳の外に置かれていました。

ニクソンが訪中する計画であるという発表は、日本に大きな衝撃を与えました。「ニクソン・ショック」と呼ばれたのです。

このときのニクソン・ショックに続き、翌月十五日には、今度は「ドルを金《きん》に交換しないことにした」と発表して国際通貨体制を揺るがすことになります（『そうだったのか！ 現代史』参照）。こちらは「第二のニクソン・ショック」と呼ばれました。

衝撃を受けたのは日本だけではありません。北ベトナムも愕然《がくぜん》としたのです。当時はベトナム戦争中。北ベトナムは、中国から物資の支援を受けながらアメリカと戦っていました。味方のはずの中国が、自分に断りなく敵のアメリカと手を結んだと受け止めたのです。これ以降、北ベトナムと中国の関係は冷却化に向かい、北ベトナムはソ連寄りの姿勢をとるようになります。

中国、国連に加盟

アメリカと中国が接近を図る中で、もう一つ大きな動きがありました。中国の国連加盟です。

国際連合（国連）が第二次世界大戦後に設立された際、世界平和をめぐる問題を話し合う安全保障理事会が設置されました。

ここには、特別に強い力を持つ常任理事国という制度ができます。アメリカ、

日本との国交が正常化された

ソ連、イギリス、フランス、中国の五か国です。この五か国のうち、一か国でも反対すると、安全保障理事会の決議を葬り去ることができるという拒否権を持っています。

この常任理事国の一つの「中国」とは、国連発足時は、中国大陸を統治していた中華民国のことでした。中華民国は、中国共産党との内戦に敗れ、台湾に逃げ込んでからも、国連での議席を維持し続けてきました。中国大陸には中華人民共和国が成立していたにもかかわらず、「中国全土を代表するのは中華民国」というフィクションが続いていたのです。

このため社会主義国を中心に、一九六四年から、中国を国連に加盟させようという動きが出てきます。

これにはアメリカと日本が反対して各国に働きかけ、毎年国連総会で否決されてきました。

しかし、中国の存在感が強まるにつれて、中国の加盟を認めてもいいという国は増えてきます。そこで日米は、中国の加盟を阻止する〝妙案〟を考え出しました。中国の加盟問題を「重要事項」に指定するという手法です。

一般の総会決議は過半数の賛成で決まりますが、重要事項に指定されると、三分の二以上の賛成が必要になります。重要事項の指定それ自体は、過半数の賛成で決まります。中国の加盟を重要事項に指定すると、中国の加盟には三分の二の賛成が必要になります。しかし、賛成票は三分の二には届かないので、結果として中国の加盟を阻止できるという戦略です。

「加盟決定は重要事項だ」と主張するけれど、本音は加盟阻止なので、「逆重要事項指定方式」と呼ばれました。

国連加盟国の中には、社会主義国以外にも、中国の加盟を認めてもいいではないかと考える国が増えていました。日米が「反対してくれ」と依頼しても、なかなか首を縦に振らなくなっていました。

それでも、こういうときに、「中国の加盟問題は重要事項だという決議案に賛成してくれ」と日米から持ちかけられると、この案には賛成しやすくなります。「中国の加盟問題は重要事項だ」という建前自体は、至極もっともなことにも見えるからです。

こうした中間層の国々は、「重要事項」の指定に賛成し、中国の加盟にも賛成するという投票行動をとります。しかし、中国の加盟に賛成する国は三分の二には達しないので、加盟は認められません。

これなら、中間層の国々は、日米と中国の両方にいい顔ができます。中国に対しては、「加盟に賛成した」と言え、日米に対しては、「結果的に否決される方法に賛成した」と言えるからです。

しかし、この手法は長くは続きませんでした。加盟に反対しているはずのアメリカですら、大統領が中国を訪問する方針を明らかにしたくらいなのですから。

しかも、一九七一年十月、国連総会で中国加盟について審議されているとき、キッシンジャーは二度目の中国訪問中でした。今回は秘密裡ではありませんでした。首脳が中国を訪問しながら、中国の国連加盟に反対するというアメリカの手法は支持されませんでした。

遂にこのとき、「逆重要事項指定」は、賛成五五、反対五九、棄権一五で否決されました。そうなると、中国の加盟は過半数の賛成で決まることになります。続いて、中国の友好国だったアルバニアが中国の加盟を認める決議案を提出。賛成多数で可決されたのです。

中華人民共和国は、国連に加盟して常任理事国の地位を確保。拒否権も獲得しました。代わって中華民国は国連を脱退しました。

長らく孤立してきた中華人民共和国が、国際社会の舞台に登場したのです。

米中、国交正常化へ

一九七二年二月二十一日、ニクソン大統領は遂に中国を訪問し、毛沢東と会談しました。

当時、毛沢東は体調不良が続き、ニクソン訪中の九日前には意識を失うような状態でしたが、緊急用の医療器具を用意して、ニクソンとの会談に臨みました。会談で、毛沢東自身は実質的な話はせず、詳細は周恩来に任せてあるという態度をとりました。会談は、当初十五分の予定が六十五分にも延びました。毛沢東は太って健康そうに見えました。ところが、実は心臓疾患のために浮腫《ふしゅ》が出ていたのです。

毛沢東は、ニクソンをどのような気持ちで迎えたのでしょうか。これより前、ニクソンを中国に招待することを決めた際、毛沢東は、その理由を、主治医にこう説明しています。

日本の核武装に反対することを中国に伝えたことが、このメモから読み取れます。

「合衆国は中国の領土を占領したことがない。アメリカの新大統領リチャード・ニクソンは古くからの右派で、アメリカの反共リーダーだ。私は右派と取り引きするのが好きなのだよ。右派は本音でモノをいうからな――そのあたりが左派とはちがうんだ。左派は口と腹のなかがちがうんだな」（李志綏著　新庄哲夫訳『毛沢東の私生活』）

これに対して、ニクソンは、中国訪問にどのような意味を見出していたのでしょうか。ニクソンと毛沢東、周恩来との会談の詳細は記録に残されていないので、ニクソンが残したメモを手がかりに考えてみましょう。

ニクソンは訪中直前、ハワイの米軍基地に立ち寄り、米中会談の準備をしています。その際、ニクソンが書いた手書きのメモが残されています。そこには、こう書かれています。

「向こうの望むもの：
一　世界的な信用を得る。
二　台湾。
三　アメリカをアジアから追いだす。
われわれの望むもの：
一　インドシナ半島（？）
二　共産主義者―中国共産党のアジアへの拡大を抑える。
三　将来―中国という超大国との対決の脅威を減らす。
双方が望むもの：
一　対立や紛争の危険を減らす。
二　アジアの安定を増す。
三　ソ連を抑制する」
（ジェームズ・マン著　鈴木主税訳『米中奔流』）

ニクソンが、台湾に対するアメリカの政策を、中国の希望通りに変更する一方、インドシナ半島つまりベトナムでアメリカに有利な情勢を作り出そうと取り引きする意向だったことがわかります。

そしてもちろん、米中でソ連を封じ込める戦略であることも。

また、日本については、次のようなメモを残しています。日本の核武装に反対することを中国に伝えたことが、このメモから読み取れます。

「核の傘を与える最善の方法――
一　日本の核武装を阻止する。
二　アメリカが影響力をもつ。
　われわれは日本が朝鮮、台湾、インドネシアに「手を伸ばす」ことに反対する」（同書）

日本との国交が正常化された

中国を訪れたニクソン大統領（1972年2月）

つまり、日本が自衛隊によって「武装」している現実を変えるつもりはないが、日本が核武装にまで進むことは認めないから、中国は安心してほしいと言ったのです。

日本に核武装をさせないためには、「日本が核攻撃を受けないようにアメリカの核で守るから、日本は独自に核武装をしないように」と説得する方針であることがわかります。

しかし、台湾は防衛する

ニクソン訪中の後、アメリカは北京に連絡事務所を設置します。やがて国交を結んだ際、アメリカ大使館になるべき施設です。二代目の所長には、ジョージ・ブッシュが就任しています。やがて本人が大統領に、そして息子も大統領になるという人物です。

ところが、中国語では、この部分も「承認した」になっています。玉虫色の決着だったのです。

米中会談を受けて、アメリカは台湾の米軍基地の撤去にも踏み切ります。一九七五年五月には、最後の空軍部隊が引き揚げました。

そして一九七九年一月、アメリカと中国は国交を樹立し、台湾と断交しました。このときアメリカはカーター大統領に代わっていました。

国交樹立の際、アメリカは中華人民共和国が「中国の唯一の合法政府であることを承認した」と宣言しました。ただ、「台湾は中国の一部である」という「中国の立場」に対しては、「認識した」という表現になっています。アメリカは「承認」していないというわけです。

ところが、中国語では、この部分も「承認した」になっています。玉虫色の決着だったのです。

さらに翌年の一月、アメリカが台湾を防衛する義務を定めた「米華相互防衛援助条約」を破棄しました。

これには主に共和党の保守派から反発が出ます。台湾を守るべきだ、というわけです。その結果、「台湾防衛法」が制定されました。

この法律は、そもそもは国交断絶後、台湾の「在米大使館」の役割を果たす在米台湾協会に法的地位を与えるための法律でした。しかし、アメリカの議会保守派が、アメリカが台湾防衛に深く関与する条項を盛り込みました。台湾が武力攻撃に抵抗する能力を維持できるようにアメリカは協力し、台湾に危険が迫った場合は、アメリカがそれに対応する行動をとることを明記したのです。

その後、一九九六年の台湾総統選挙の際、中国が台湾周辺でミサイル発射訓練をして台湾を威嚇《いかく》したときには、アメリカは、この「台湾防衛法」にもとづいて空母二隻を台湾近海に派遣しています。

アメリカは、「台湾は中国の一部である」という中国政府の主張は「認識」しているけれど、もし台湾を武力攻撃するようなことがあれば、それは許さない、という姿勢を示しているのです。事実、その後レーガン大統領時代、アメリカは台湾に大量の武器を売却し、中国がこれに抗議するという摩擦を引き起こしています。

田中角栄、中国へ

対中政策でアメリカに先を越された日本政府は、「アメリカに裏切られた」という思いを持ちますが、いつまでも座視するわけにはいきません。

そこで動いたのが、田中角栄でした。ニクソンが訪中して半年後の一九七二

日本との国交が正常化された

年七月、田中角栄は、五十四歳の若さで総理大臣に就任します。田中の最初の仕事が、日中国交回復への取り組みでした。総理に就任してわずか二か月後のことです。

日本は一九五二年、台湾の中華民国と「日華平和条約」を結び、国交を持っていました。中華人民共和国も中華民国も、互いに「自分が中国全土を代表する」という立場でしたから、両方と国交を結ぶという「二つの中国」政策はとれません。どちらか一方を選ばなくてはなりません。中国との国交回復は、台湾の切り捨てを意味したのです。歴代の自民党政権は台湾との関係が深く、中国との関係改善が必要なことはわかっていても、実行に移せませんでした。

まして田中の前任者の佐藤栄作は、中国の国連加盟を阻止するため、アメリカと共に「逆重要事項指定方式」の提案国になる決断を下しています。とても日中国交回復には取り組めませんでした。

また、アメリカの国務省がニクソンの訪中に反対したように、日本の外務省も、台湾を重視し、中国との国交回復に反対していました。しかし、保守本流ではなく、何のしがらみもない田中は、台湾の切り捨てにつながる中国との国交回復を実行できたのです。

外務省は、田中の訪中に反対しました。田中は、反対する駐米大使の牛場信彦を更迭《こうてつ》してまで、訪中を強行したのです。

一九七二年九月二十五日、田中首相は中国を訪問しました。訪中に反対する右翼の街頭車が連日、総理官邸や田中の自宅周辺に押しかけるという騒然たる中での出発でした。

到着当日から二日間、周恩来と会談します。田中は、「事と次第によっては私は帰国後、殺されるかもしれません」とまで述べ、日米関係にマイナスにならないような日中国交回復を果たしたいと告げます。要するに、日米安保条約を認めてほしいと要求したのです。

さらに、中国を唯一の合法政府として認めるが、台湾が中国の一部であるということを日本としては認められないと主張しました。日本は戦後、サンフランシスコ講和条約で台湾の領有権を放棄しており、その台湾がどこに所属するかについて、日本には発言権がないと主張したのです。

激しいやりとりの結果、

日本は中国に謝罪する。

中国を唯一の合法政府と認め、台湾との関係を絶つ。

中国は賠償請求をしない。

日米安保も認める。

ということで話がつきました。

三日目には毛沢東が顔を出し、「もうケンカは済みましたか」と問いかけました。周恩来に日本との実務的な交渉を任せる一方、自分は、そうした交渉ごとからは超越している姿を見せたのです。

また、田中が毛沢東に対して、日本の中国侵略を謝罪しようとしたところ、毛沢東は、「日本の侵略があったからこそ共産党は国民党との内戦に勝つことができた。日本のおかげだ」と述べました。これはもちろん冗談でしょうが、案外、半

［中国こぼれ話］

「中国には手拭いが八億本売れる」

田中角栄は総理に就任する前年、中国との国交回復の必要性について、外務省の中国課長に対して、こう語っていました。

「中国はなあ、八億いるんだ。手拭い一本ひとりひとりに渡しても八億本売れる。いまは共産主義だから、働かないが、働き出したら、そりゃ、日本の輸出はうんと増える」（水木楊『田中角栄』）と。

あけすけな実利主義と見るか、先見の明を評価すべきか、さて。

point! 覇権

競争者に勝って第一人者になったものの権力という意味だが、現代史でこの概念が最も問題となったのは、中国が超大国になったソ連に対し、覇権主義という言葉を使って非難してから。

日中共同声明に調印する田中角栄と周恩来（1972年9月）

分は本気だったのかも知れません。

日本は謝罪と「一つの中国」を承認

九月二十九日、共同声明が発表されました。共同声明の前文で、「日本側は、過去において日本国が戦争を通じて中国国民に重大な損害を与えたことについての責任を痛感し、深く反省する」と明記しました。

続いて、

「日本国政府は、中華人民共和国政府が中国の唯一の合法政府であることを承認する」

「中華人民共和国政府は、台湾が中華人民共和国の領土の不可分の一部であることを重ねて表明する。日本国政府は、この中華人民共和国政府の立場を十分理解し、尊重する」

と表記しています。つまり、微妙な表現ながら、台湾が中国の領土の一部であることを日本としては承認していないのです。

これを受けて、

「中華人民共和国政府は、中日両国国民の友好のために、日本国に対する戦争賠償の請求を放棄する」

として、日本に対する賠償請求を放棄

微妙な表現ながら、台湾が中国の領土の一部であることを日本としては承認していないのです。

しました。

さらに、

「両国のいずれも、アジア・太平洋地域においては覇権を求めるべきではなく、このような覇権を確立しようとする他のいかなる国あるいは国の集団による試みにも反対する」

と表記しました。これは俗に「反覇権条項」と呼ばれます。

中国がアメリカや日本に接近したのは、反ソ戦略からです。対ソ包囲網を形成するために、アメリカや日本との関係改善を図りました。である以上、ソ連を批判する条項を盛り込みたいというのが中国の立場です。

しかし、日本としてはソ連を刺激したくありません。そこで、一般論として、「覇権」に反対するという条項を付け加えたのです。この条項を、日本側は「一般論」と受け止め、中国側は、「ソ連に反対するもの」と受け止めるという玉虫色の表現でした。

「謝罪」をめぐって混乱も

日中の首脳会談の最中には、思わぬ混乱も起きました。田中が北京に着いた初日の歓迎の宴でのことです。

挨拶に立った田中首相は、「我が国が中国国民に多大のご迷惑をおかけしたことについて、私は改めて深い反省の念を表明するものであります」と述べました。ところが、「多大のご迷惑をおかけした」という部分を、日本側の通訳が、「添了麻煩」と訳したことから騒ぎが持ち上がりました。

「添了麻煩」とは「うっかり迷惑をかけた」という程度の、極めて軽い謝罪の言葉でした。それまで田中の挨拶の区切りごとに拍手を送っていた中国側列席者からは、拍手どころか、不快なざわめきが起きたのです。

田中の挨拶文は日本語と中国語しか用意されていなかったため、他国の報道陣は、「タナカはリグレット（遺憾《いかん》）と言ったのか、アポロジャイズ（謝罪）と言ったのか」と確認をしようとしますが、中国語に訳された言葉を英語に直せば、「アイム・ソーリー」でしかなかったのです。

翌日の二日目の会談で、周恩来は、この表現に抗議します。「これは、道路に水まきをしていた人が、うっかり通行人に水をかけたようなときに使う表現だ」と指摘したのです。田中は釈明に追われ、中国側の習慣に従って変えてもいい、と事実上、表現を訂正しました。

台湾と断交した

中国との国交を結ぶということは、台湾の中華民国との関係を切るということ

［中国こぼれ話］

「井戸を掘った人のことは忘れない」

中国は、訪中以降、田中角栄を大切に扱います。日中国交回復という最初の「井戸」を掘ったのは田中角栄だという言い方をしました。田中がロッキード事件で逮捕され、被告となった後も、日本を訪問した鄧小平が田中邸を訪問するなどの特別扱いをしています。

この扱いはいまも続き、田中の娘の田中真紀子が訪中すると、中国側から最上級のもてなしを受けます。

point! 以徳報怨

終戦前夜、蔣介石が自ら書き、布告として公表された演説のスローガン。中国大陸からの復員兵や引揚者に対して、中国人の報復をいましめ、身の安全をはかったものとして、国際的に評価された。

こうなると、中国政府としては日本に抗議せざるをえないという事情もあります。

でもあります。「中華人民共和国も中華民国も」という「二つの中国」は、どちらも認めないからです。

共同声明が発表される前日の九月二十八日、首脳会談終了後の記者会見で、大平正芳外務大臣は、「日中関係正常化の結果として、日華平和条約は、存続の意義を失い、終了したものと認められる、というのが日本政府の見解でございます」と述べました。これが公式表明でした。これだけだった、というべきでしょうか。

これを受けて台湾は、直ちに日本と断交しました。

しかし、国交がなくなっても、日本と台湾の人々の往来は続きます。双方とも大使館に該当する施設・組織が必要になるからです。そうした組織を設立することに関しては、中国側も了承しました。

そこで、台湾には日本政府を代表する「財団法人交流協会」が、日本には台湾政府を代表する「亜東関係協会」が設立され、それぞれの役割を果たしています。

中国は損害賠償を放棄した

日中首脳会談で、中国側は、戦争中の損害について日本に賠償請求しないことを伝えました。

中国では、一九五〇年代半ばから、周恩来の指揮のもと、対日政策を立案する「対日チーム」が結成されていました。チームの中には日本に賠償請求をすべきだという声もありましたが、周恩来が説得し、毛沢東の同意を得て、一九六四年に「賠償請求をしない」と決定していたのです。

その理由としては、台湾もアメリカも、戦後、日本に賠償請求をしていないという事実がありました。さらに台湾の蒋介石が、日本に対する損害賠償について、「以徳報怨」（怨《うら》みには徳をもって報いる）と言って賠償請求を放棄し、これを日本人が感激をもって受け止めたことを重視せざるをえなかったのです。

また、社会主義国が賠償金を頼りにするわけにはいかないこと、日本への賠償請求は日本の人民にも負担をかけることになり、軍国主義者と人民を分ける毛沢東思想に反する、という判断もありました。

中国国内では、軍部を中心に、日本との国交正常化に反対する声もありました。しかし毛沢東や周恩来は、「日本の軍国主義者と日本人民は別だ。日本の人民も戦争の被害者だ」と言って、反対論を抑え込んだのです。

中国政府としては、この論法で日中国交正常化を進めた手前、その後、中曽根首相や小泉首相のように、A級戦犯も祀られている靖国神社を参拝すると、「日本の指導者は軍国主義者を称えているではないか」という不満の声が中国国内で出てしまいます。こうなると、中国政府としては日本に抗議せざるをえないという事情もあります。

日本に損害賠償をしないという中国の方針は、予想通り、日本国内で感激をもって受け止められました。多くの日本人は、どんないきさつがあるにせよ日中戦争は大陸で戦われ、中国の人々に大きな犠牲を出したことを後ろめたく思っていたからです。それを「水に流す」（と日本人は受け止めた）という姿勢に感激したのです。

また、この年の十一月、日中国交回復を記念して、中国から二頭のパンダ「カンカン」「ランラン」が贈られました。当時はまだパンダという動物のことが日本

日本との国交が正常化された

では知られていませんでしたから、愛らしい姿に多くの日本人が魅了されました。

上野動物園には、初公開の日、五万六〇〇〇人もの人々が詰めかけたのです。パンダをきっかけに、日本国内では空前の日中友好ブームが巻き起こりました。

平和友好条約を結んだ

国交正常化が実現すれば、次のステップは日中平和友好条約の締結です。交渉は一九七四年十一月から始まりました。

しかし、中国では周恩来の死去、鄧小平の失脚、毛沢東の死去、四人組逮捕と、動乱が続きます。とても日本との友好条約の交渉を続けることはできない状態でした。

一九七七年には鄧小平が復活し、この年の末から交渉がようやく再開されました。

すでに国交回復の時点で、台湾の地位や日米安保に関する評価は定められていますから、大きな論議にはなりませんでした。問題は、「覇権反対条項」でした。

当時の中国は、ソ連を「社会帝国主義」と非難していました。「ソ連は覇権を求めている」として、これに反対するため、日中が「反覇権」を宣言すべきだと主張

上野動物園にやってきたパンダ

したのです。

これを知ったソ連は、「日中平和友好条約の締結は、日ソの友好関係のために害がある」と日本を牽制《けんせい》します。

日本は、中国とソ連の間で板ばさみになってしまったのです。

中国は、あくまで反ソ戦略の一環として日本に接近してきたのですから、日中間で「覇権反対」を宣言するのは当然のことでした。日本側は、その中国の意図を、必ずしも認識していませんでした。日本としては、ソ連を刺激したくなかったのです。日中の交渉は難航します。

日本は、特定の第三国を念頭に置いたもの（つまりソ連のこと）ではなく、すべての覇権に反対するという文言にすべきだと主張しました。

この交渉の過程で、日中平和友好条約を結ぶことに慎重な自民党議員たちは、「友好条約を締結するのなら、尖閣《せんかく》諸島の日本の領有権を中国に認めさせるべきだ」と主張しました。


そこには、「いくら援助しても感謝されない」という、日本の「援助疲れ」の意識が滲みます。


尖閣諸島周辺では、一九六〇年代末に、豊富な石油資源が埋蔵されている可能性が明らかになって以来、中国や台湾が「自国の領土だ」と主張していました。

尖閣諸島は、中国では釣魚台《ちょうぎょだい》といいます。中国は、「釣魚台は台湾の島であるから、中国の領土だ」という主張です。「台湾は中国の一部」という主張が背景にあります。

自民党議員たちは、友好条約と尖閣諸島の領有権の確認を取引材料にしようとしたのです。

このとき、事件は発生しました。

一九七八年四月十二日、中国漁船約二〇〇隻が、突然、尖閣諸島周辺に集結したのです。そのうちの数十隻は日本の領海を侵犯します。

海上保安庁の巡視船が出動して退去を呼びかけますが、漁船は出て行きません。漁船は軽機関銃で武装していました。

日本政府は、中国政府に対して抗議。中国政府は、「故意でも計画的でもなく、偶発的な事件だ」と表明しましたが、二〇〇隻もの漁船が一斉に尖閣諸島に殺到するなど、偶発的なわけはありませんでした。

海上保安庁の無線傍受によれば、漁船群には、人民解放軍の海軍基地から無線の指示が出ていました。極めて計画的な挑発行動だったのです。日中平和友好条約を結ぶことに反対する中国国内の軍部強硬派が仕組んだことだったと見られています。

友好条約をめぐっては、この年の八月、最後の詰めの交渉が行われました。席上、鄧小平は、尖閣諸島周辺での中国漁船の領海侵犯事件について、「ああいう事件を

［中国こぼれ話］
中国側の盗聴を利用した

尖閣諸島に中国漁船が集結したことに困惑した北京の日本大使館では、芝居を打ちました。日本大使館は中国側によって盗聴されていると考え、それを前提に、公使と大使が、こんなやりとりをしたのです（『大地の咆哮』より）。

「中国側の漁船がなかなか引き上げようとしません」

「こうなったら自衛艦の出動を要請するのも止むを得ないな」

「私もそう思います」

当時の日本の世論からすれば、自衛隊が出動できるわけはありませんでしたが、この芝居が功を奏したのか、どうか。漁船はまもなく尖閣諸島の海域から立ち去りました。

再び起こすことはない」と確約。尖閣諸島の領有権については、「いままでどおり、十年でも二十年でも百年でも脇に置いておいてもいい」と発言して、領有権問題の棚上げを提案したのです。

こうして、日中国交回復から六年後の一九七八年八月十二日、日中平和友好条約が締結されました。日本の園田直外務大臣と中国の華国鋒首相が、北京で条約に署名しました。

「反覇権条項」は、日本の主張通り、特定の国を指すことのない一般論として覇権に反対する表現に落ち着きました。

日本、中国に多額の援助をしたが

日中国交回復の際、中国は日本に対する損害賠償を請求しませんでした。これが、日本には引け目となります。日本は、「損害賠償ならぬ損害賠償」の支払いを始めることになります。日本政府による中国への援助・経済協力です。ODA（政府開発援助）の形をとりました。

援助が始まったのは、日中平和友好条約が結ばれた翌年の一九七九年です。大平総理大臣が中国を訪問し、中国の近代化努力に対して日本としてできるかぎりの協力をすると表明して開始されました。

ODAには三種類あります。無償資金協力と有償資金協力、それに技術協力です。無償資金協力とは、要するに資金をあげることです。

有償資金協力は円借款《えんしゃっかん》とも呼ばれ、長期間、極めて低い金利で資金を貸し付けることです。通常より金利が低く、長期にわたる間に貨幣価値が下落するので、その分が無償援助に該当します。

一九七九年度から二〇〇六年度までに、無償資金協力は一四七二億円、有償資金協力は三兆二〇七九億円、技術協力は一五〇五億円です。総額は三兆円以上に上っています。最近の無償資金協力では、二〇〇四年度、黄河流域の保全林造成計画や西安市の廃棄物管理改善計画、SARS（重症急性呼吸器症候群）の感染拡大防止対策などに日本の資金が使われています。二〇〇五年度には、新疆ウイグル自治区での医療水準向上計画や、貧困地域での結核予防計画に資金が投入されています。

援助の見直し進む

しかし、この章の冒頭で取り上げたように、中国側からの「感謝」の声が出ないことから、日本国内で、対中援助の見直しをすべきだという声が上がるようになっています。

二〇〇〇年には、「21世紀に向けた対中経済協力のあり方に関する懇談会」が外務省に設置され、対中援助の見直しが行われました。

その結果、環境保護に役立つ援助を増やすことや、「顔の見える援助」つまり、「日本の援助ですよ」ということが中国国民にわかる援助の方法を進めるべきだという方針になりました。

その後、中国での反日運動をきっかけに、日本国内で、対中援助を続けることに疑問の声が強まります。

また、中国が有人宇宙船の打ち上げに成功してからは、「有人宇宙船を打ち上げてもいない日本が、なぜ打ち上げができるほどの国力をつけた中国に援助するのだ」という批判の声も出るようになりました。中国自身も、アフリカ諸国を中心に援助を増やしていて、「他国を援助できる国になぜ援助しなければならないのか」という声もあります。

そこには、「いくら援助しても感謝されない」という、日本の「援助疲れ」の意識が滲《にじ》みます。中国の「日本の援助からの卒業」が近づいているのです。

第10章
鄧小平が
国家を建て直した

現在の中国の人々にとって、
北朝鮮への観光旅行は、
いわば「過去へのタイムトラベル」なのです。

中朝国境を流れる鴨緑江の観光船から北朝鮮を見る中国人観光客

北朝鮮への旅は「タイムトラベル」

二〇〇六年九月、私はテレビ番組の取材で北朝鮮を訪れました。中国の瀋陽《しんよう》から北朝鮮の平壌《ピョンヤン》まで、国営航空である高麗航空に乗ったのですが、高麗航空の機内は、中国人観光客で満席でした。

空港到着後、飛行機から降りると、中国人観光客たちは、連絡バスにも乗らず、空港ターミナルに掲げられてある金日成《キムイルソン》の巨大な肖像画をバックに早速記念撮影です。珍しいものを見るように（実際に珍しいのですが）、屈託なく記念写真の撮影に興じる彼らの姿を見ていると、中国が大きく変化したことを実感します。かつての中国は、いまの北朝鮮とそっくりだったのですから。

中朝国境を流れる鴨緑江でも、観光船で北朝鮮に近づく観光ルートが人気です。

いまの北朝鮮の人々が金日成バッジを胸につけているように、かつての中国の人々は毛沢東バッジをつけていました。街には毛沢東の肖像画があふれ、人々は毛沢東を賛美することを強いられました。

現在の中国の人々にとって、北朝鮮への観光旅行は、いわば「過去へのタイムトラベル」なのです。

北朝鮮の実態を見ることで、急激に豊

華国鋒

かになった自国の発展ぶりを実感できる。中国人観光客たちは、「北朝鮮と違って、我が国には鄧小平がいてよかった」と感じるのです。

ごく一般の人々まで海外に観光に行けるまでになった中国。過去に比べて、急激に豊かになった中国。それは、鄧小平という人物の思い切った決断がもたらしたものでした。

現代の中国の経済的な発展は、この人物を抜きに語れません。一体どんな歴史があったのか。第5章の「四人組」逮捕前後から振り返ってみることにしましょう。

華国鋒が後継者に

一九七六年九月九日、毛沢東が死去します。これを受けて十月七日、華国鋒《かこくほう》が、共産党の党主席、党中央軍事委員会主席に就任しました。彼はこの年の一月、周恩来が死去した後を受けて四月に総理に就任していたので、国家組織、党組織、軍事組織の三つのトップに立ったことになります。

華国鋒は、総理に就任するまで副総理でしたが、特に目立った活動歴はなく、総理就任は、周囲から意外感をもって受け取られました。華国鋒の起用を決めた毛沢東は、周恩来亡き後、四人組に権力を渡さないようにするための〝安全策〟として華国鋒を登用したのです。

〝安全策〟として起用された華国鋒が、毛沢東の死去によって、思いがけず、国のトップに立ちました。

華国鋒が毛沢東の後継者になったのは、毛沢東が生前、「あなたがやれば私は安心だ」という遺言を華国鋒に渡したからだったということになっています。「証拠の文書」なるものも残っています。

華国鋒から権力を奪うために、毛沢東の言葉を利用しました。

しかし、実際には、この年の四月、華国鋒が毛沢東に全国情勢を報告した際、毛沢東が、華国鋒に渡したメモだったのです。

このメモを、毛沢東の死去後、「遺書」としてアピールしました。根拠の薄いものだったのですが、毛沢東の威光をバックに後継者として認められました。

華国鋒が党主席に就任する前日、四人組が逮捕されています。華国鋒は、反四人組の立場の幹部たちと手を結ぶことで、権力の座についたのです。

しかし、華国鋒の党内での実績は乏しく、権力基盤は極めて脆弱《ぜいじゃく》でした。鄧小平にはかなわなかったのです。

鄧小平、再び復活

華国鋒がトップに立って一年経った一九七七年七月、中国共産党の中央委員会総会が開かれ、四人組を党から永久追放することを決議しました。と同時に、鄧小平の全職務への復帰を全会一致で決定したのです。

鄧小平の力量はみんなが知っていて、毛沢東が死去し、四人組逮捕という混乱の後で、中国を建て直すためには、鄧小平の力が必要だと多くの人が考えていたのです。

それだけに華国鋒は、自らの地位を脅《おびや》かすことになる鄧小平の復活に抵抗しますが、党内基盤が弱く、復活を阻止することができませんでした。

この総会で、鄧小平は、党の副主席、中央軍事委員会副主席兼総参謀長、国務院副総理のポストに復帰します。いきなり、これだけの高位に復帰したのです。

これ以降、鄧小平は、華国鋒の懸念通り、華国鋒の権力を次第に奪っていくことになります。

「二つのすべて」に「実事求是」で対抗

華国鋒は、毛沢東の後継者であるという一点において、トップの座に立ちました。それだけに、毛沢東の忠実な弟子であることを強調しなければなりません。そこで打ち出したのが、「二つのすべて」でした。

「毛主席の決定したことはすべて断固として守らなければならない」

「毛主席の下した指示はすべて変わることなく守らなければならない」

というものです。毛沢東路線を変わらずに引き継ぐというものです。

しかし、中国の庶民にとって、これは決して歓迎できることではありませんでした。

せっかく四人組が逮捕され、生活にも余裕が出てくることを期待したのに、結局は同じような路線を続けるのではないかという失望感が漂うのです。

鄧小平は、この華国鋒の路線に対抗しました。華国鋒から権力を奪うために、「毛沢東の言葉で毛沢東の後継者に対抗する」という手法をとったのです。それが、「実事求是《じつじきゅうぜ》」という言葉でした。

「実事求是」とは、「事実の中に物事の是非を求める」という意味です。

思想が最初にあるのではなく、事実に即して最良の方針を定めよ、ということです。毛沢東の思想を金科玉条にしてはいけないという、鄧小平の現実主義者ぶりを示す言葉です。この言葉自体は、過去の毛沢東の発言からの引用でした。それも、四

point! 北京の春

1978年秋から翌春にかけて、北京で一時的に高揚した民主運動。1968年、チェコスロバキアで起きた自由化運動、「プラハの春」をもじって西側のジャーナリストが名づけたもの。

十年近く前に使われた用語でした。

一九四〇年頃、まだ中国の権力を掌握する前、中国共産党内部で党内闘争が起きたとき、毛沢東が、「ソ連留学生派」に対抗するために使ったものです。

レーニンやスターリンの言葉を教条的に信奉する留学帰りのグループに対して、毛沢東は、マルクス・レーニン主義の真髄は「実事求是」であると反論して、党内闘争に勝利したのです。

毛沢東の現実主義者ぶりを示す言葉ですが、鄧小平は、この毛沢東の言葉を自己に都合よく引用して、「毛沢東思想の真髄は実事求是である」と主張しました。「毛沢東信奉者」に「毛沢東の言葉」で対抗し、鄧小平の方針の正統性を正当化したのです。

「天安門事件」が再評価された

一九七八年になると、鄧小平の部下の胡耀邦《こようほう》の主導で、「実事求是」キャンペーンが大々的に展開されました。

「真理の基準は社会的実践だけである」

「いかなる理論でも絶えず実践の検証を受けよ」

「いかなる理論」が婉曲に毛沢東思想を指していることはわかりますね。「実践の検証を受ける」、つまり役に立たない理論は必要ない、ということです。人々を幸福にするという実績を上げた理論でなければならない、というものでした。

これは、鄧小平の「白猫、黒猫」論を彷彿《ほうふつ》とさせます。かつて毛沢東の大躍進政策によって混乱した農業の立て直しに当たった鄧小平は、一九六二年、「白い猫でも黒い猫でもネズミを捕る猫がいい猫だ」と発言したことがあります。農業の増産につながるなら、どんな方法をとってもいい、という意味に使いました。

その後、文化大革命が始まって、この発言が問題にされます。「どんな方法をとるかが重要であり、思想性に欠けている」と批判され、鄧小平を失脚に追い込む攻撃材料にされました。

復活を果たした鄧小平は、「白い猫」という理論と「黒い猫」という理論のどちらが正しいかという問題ではなく、「ネズミを捕る」理論を見つけることが重要なのだと主張したのですね。この場合の「ネズミを捕る」とは、人民が豊かになることを意味します。

「実事求是」のキャンペーンによって鄧小平の基盤が固まると共に、やがて鄧小平失脚のきっかけになった「天安門事件」(第一次天安門事件)の見直しが行われます。

第5章で取り上げたように、「天安門事件」は当時、反革命の行動だと断罪されていました。その背景には鄧小平がいたとして、鄧小平の二度目の失脚につながりました。その鄧小平が正しかったということになれば、「天安門事件」も正しい行動だったということになります。

一九七八年十二月の中国共産党中央委員会総会で、「天安門事件は偉大な革命的大衆運動であった」と宣言されたのです。「天安門事件」は、四人組に反対する人民の革命的行動であったと再評価されました。

さらに、一九七七年から三年間に、文化大革命中に逮捕されたり追放されたりした幹部三〇〇万人に対して、名誉回復と復権が行われました。遅すぎた名誉回復でした。

中国ではこのように、さまざまな出来事が、その時々の権力闘争の結果によって、断罪されたり再評価されたりを繰り返すのです。

この総会では、遂に毛沢東その人にも批判が向けられます。「ひとりの革命指導者に欠点も誤りもないことを求めるのはマルクス主義ではなく、毛沢東同志の自分自身に対する一貫した評価にも合致しない」(荒井利明『江沢民政権のゆくえ』)という声明が発表されたのです。毛沢東

文化大革命の最中に、「革命」の名のもとに、何が起きたのか、ここで初めて知る人も多かったのです。

だって、「自分にも間違いはあると認めていたのだから」というわけです。

毛沢東にも間違いはあるという主張の根拠を、毛沢東その人の言葉に求めるという、極めて非論理的な方法でしたが、毛沢東にも誤りがあると認めたことは、画期的なことでした。

これはとりもなおさず、「毛沢東が華国鋒を後継者に認めたことも誤りかも知れない」という視点を喚起させます。華国鋒の権威失墜につながっていくのです。

鄧小平、「思想の解放」を呼びかける

鄧小平は、中央工作会議で、「思想を解放し、実事求是の態度をとり、一致団結して前向きの姿勢をとろう」と題した演説を行いました。

「少なからぬ同志は、まだ思想が解放されておらず、頭を働かせておらず、いわば硬直またはなかば硬直した状態から抜け出していない」

「多くの重大問題がとかく一人か二人のツルの一声で決定され、他の者は命令どおりに動くほかなかった。このような状態では、どんな問題も考えなくてよいということになる」（『江沢民政権のゆくえ』）

つまり、独裁者がいると、その人物か、その人物の直属の部下の発言ですべてが動くようになり、人々は命令に従うだけになって、自分の頭で物事を考えなくなる、と指摘したのです。

鄧小平は、思想の硬直化を打破し、思想を解放することが必要だと強調しました。そのためには、民主が必要だと断言したのです。

「かりにごく少数の下心のある不満分子が民主をたてにとって騒動を起こそうとしても、なにも恐れることはない。処理は適切に行うべきで、大多数の大衆には是非の分別があることを信じるべきである。革命政党にとって、恐ろしいのは人民の声が聞こえないこと、一番恐ろしいのはしんと静まりかえっていることである」

「思想問題については、いかなる場合も、圧服の方法を用いてはならず、『百花斉放《ひゃっかせいほう》、百家争鳴《ひゃっかそうめい》』の方針を真に実行すべきである」（『江沢民政権のゆくえ』）

「北京の春」がやって来た

四人組が批判され、毛沢東思想ですら婉曲に批判されるようになると、過去に抑圧されていた知識人たちが次第に声を上げるようになります。初めは、そろそろと、やがて大胆に。

北京市中心部の一角、西長安大街の西単交差点に、広いスペースの掲示板がありました。ここに、「天安門事件」の見直しや文化大革命中の冤罪《えんざい》事件の見直しを求める文書が張り出されるようになったのです。こうした文書は「壁新聞」と呼ばれました。

この壁新聞を読みに、大勢の市民が詰めかけるようになりました。文化大革命の最中に、「革命」の名のもとに、何が起きたのか、ここで初めて知る人も多かったのです。

文化大革命の批判は、やがて毛沢東自身の批判につながっていきます。政治の民主化を求める文書も掲示されるようになり、この掲示板は「民主の壁」と呼ばれました。

人々が政治を批判する文書が、大勢の人の目に触れる場所に張り出され、しか

point! 魏京生

1950年、北京に生まれる。中国民主化運動の活動家。人民大学付属中学で紅衛兵運動に参加。その後弾圧され、農村に下放。「北京の春」の主導者として活躍。逮捕、入獄、軟禁を繰り返されるが、アメリカに渡り、コロンビア大学の客員研究員に。

「北京の春」を象徴した「民主の壁」

もそれが撤去されることがないという事実は、中国社会が民主化し始めた証拠ではないかと受け止める人たちも多かったのです。思想の自由にとって厳しい「冬の時代」が終わりを告げ、「春」を迎えた、という意味で、この動きは「北京の春」と呼ばれました。壁新聞が張り出されたとき、実際の季節は秋で、冬が迫っていたのですが。

鄧小平、民主化運動を弾圧

鄧小平が、「かりにごく少数の下心のある不満分子が民主をたてにとって騒動を起こそうとしても、なにも恐れることはない」と述べたのは、この「民主の壁」を意識しての発言でした。「民主の壁」で毛沢東が批判されても、それは毛沢東の後継者である華国鋒の批判につながるだけであり、毛沢東によってしばしば失脚させられた鄧小平にとっては、むしろ追い風になる動きだったからです。

しかし、「北京の春」は、短命でした。一九七九年の三月になると、鄧小平は態度を豹変させます。西単の壁新聞に、鄧小平その人を批判する文章まで登場したからです。

壁新聞は西単から追い出され、市の中

共産党に対する批判は許さない、という宣言でした。「北京の春」は終わりを告げたのです。

心部から離れた月壇公園の中だけで、それも許可を得て初めて掲示できるように変わりました。そしてまもなく、壁新聞を張り出すこと自体も禁止されました。雑誌『探索』の魏京生《ぎきょうせい》編集長は、七九年三月二十五日、次のような文章を発表しました。

鄧小平は民主化を望むかのような発言をしているが、実際には民主化を望まず、人民の運動を恐れていると指摘したうえで、こう語りかけました。

「あなた（鄧小平）が理解している民主主義とはどんな内容なのですか。もし、人民が自由に見解を発表する権利までが含まれないとすれば、そこではどんな民主主義が問題になるのですか」（『江沢民政権のゆくえ』）と。

鄧小平は、民主化という言葉を、自分の権力闘争に使っているだけではないか、という問いかけでした。

これに対する鄧小平の回答は、魏京生が指摘する通りのものでした。魏京生は、この文章を発表した直後に逮捕され、懲役十五年の判決を受けたからです。

自分が批判されたことに怒った鄧小平は、魏京生の文章が張り出された直後の三月三十日、「四つの基本原則」を打ち出しました。

「社会主義の堅持」
「プロレタリアート独裁の堅持」
「共産党の指導の堅持」
「マルクス・レーニン主義、毛沢東思想の堅持」

以上の四つです。

ここでいう「プロレタリアート独裁」とは、「労働者の独裁」という意味です。「社会主義が共産主義に発展する過程では、ブルジョアジー（資本家）があらゆる手段を使って抵抗するので、労働者の利益を代表する共産党によって、資本家に対する断固たる弾圧が必要だ」という意味です。実際には、共産党に逆らう人物は逮捕する、ということなのですが。

「共産党の指導の堅持」という項目と合わせ、共産党に対する批判は許さない、という宣言でした。「北京の春」は終わりを告げたのです。

自分が権力を掌握するためには、毛沢東を批判したり民主化を求めたりする勢力を利用するが、いったん権力を握ったら、自分に対する批判は許さない。

これが、鄧小平のやり方でした。権謀術数に長《た》けていると言うべきか、長年の権力闘争に勝ち抜いた秘訣と言うべきか。

かつて毛沢東は、「百花斉放、百家争鳴」を呼びかけ、実際に共産党に対する批判が巻き起こると、弾圧に回りました。まったく同じことを、鄧小平も繰り返したのです。

鄧小平、権力を確立

その後も、鄧小平は着々と権力基盤を固めていきます。

一九八〇年二月の党中央委員会総会は、失脚して失意のうちに亡くなっていた劉少奇の名誉回復を決定します。劉少奇を批判した毛沢東の方針が間違いであり、劉少奇批判のために展開された文化大革命が誤りであることを認めたのです。

そして一九八一年六月、党の中央委員会総会で、遂に文化大革命を全面否定します。「建国以来の党の歴史問題に関する決議」が採択され、文化大革命を「完全な誤り」と断罪したのです。これは、第5章でも取り上げました。

さらに毛沢東に関しては、文化大革命で重大な誤りを犯したとはいえ、「彼の一生を見れば功績が第一で、誤りが第二である」と評価しました。毛沢東に関しての評価は、功績七分、過失三分と評されました。

これは奇しくも、毛沢東がスターリンを評したのと同じ表現でした。また、過去に毛沢東は鄧小平についても、「功績七分、過失三分」と評していたことがあります。「七と三」に分ける評価法が好きなのですね。

この中央委員会総会で、華国鋒は文化大革命との関わりを問われ、党の主席と軍の主席から降格させられました。文化大革命を批判することで、文化大革命によって出世階段を登ってきた華国鋒に対し、最後の一撃が加えられたのです。

党の主席には、鄧小平の忠実な弟子である胡耀邦が就任しました。中央軍事委員会の主席には鄧小平本人が就任します。

中央軍事委員会主席とは、軍のトップです。中国の軍隊である人民解放軍は、国軍ではなく、中国共産党の軍隊です。すべては共産党の指導・命令に従います。共産党として軍を指導するトップが、中央軍事委員会主席なのです。

鄧小平は、表のトップは弟子に任せ、自分は「権力の源泉」である軍を押さえたのです。

自分は表に立たず、影の最高指導者に留まりました。このほうが、権力の維持には好都合です。

鄧小平は、中国共産党中央委員会主席という表の最高ポストにつくようにも懇請されましたが、これを拒否しています。

自分は表に立たず、影の最高実力者に留まりました。このほうが、権力の維持には好都合です。何か問題が起きれば、正式な役職についている者の責任になります。正式ポストについていなければ、傷がつかないのです。

これは、組織としては決して健全でなく、民主主義とはとても呼べないのですが、これにより、鄧小平は実権を握り続けることができたのです。

鄧小平、日本を訪問

「まるで後ろから押されて走っているようだね。私たちはいま走ることが非常に大事だ」

鄧小平が初めて日本の新幹線に乗ったときの感想です。

【中国こぼれ話】

不死鳥と呼ばれた鄧小平

鄧小平は一九〇四年八月、四川省の裕福な地主の家に生まれました。本名は鄧希賢。学校入学前から家庭教師をつけるほど親は教育熱心でした。一九二〇年、十六歳でフランスに留学します。当時のフランスは労働力不足に悩んでいたので、労働賃金の安い中国の労働力を導入するため、「働きながら学ぶ」(勤工倹学)というプロジェクトが発足し、鄧小平はこれに応募しました。

ルノーの自動車工場で働きながら勉強を続けた鄧小平は、共産主義思想に触れ、一九二四年には、やはりフランスに留学していた周恩来と共に、現地で共産主義の機関誌『赤光』の編集を始めます。

首都パリでの共産主義運動がパリ警察に摘発されたこともあり、鄧小平は一九二六年、社会主義国だったソ連に向かいます。ソ連では、アジアでの社会主義運動の担い手を養成する東方大学に留学します。その後、中国人だけを対象とする中山大学に移りました。

一九二七年、中国に帰国。中国共産党に合流し、活動名として鄧小平を名乗るようになります。鄧小平は本名ではなかったのですね。ここで毛沢東と知り合い、以後、行動を共にするので

鄧小平が
国家を建て直した

日本の自動車工場を見学する鄧小平（1978年10月）

す。

文化大革命中は失脚し、一九六九年十月から七三年二月まで、江西省に追放されます。ここでは、夫婦そろってトラクター修理工場で働きました。人民解放軍の兵士二人の監視を受けながら。

その後、毛沢東に復帰を願い出る手紙を送り、これが認められて副首相となり、政治的に復活を果たしますが、「天安門事件」で再び失脚しました。二度失脚し、二度とも復活を果たしたので、「不死鳥」と呼ばれます。

長男の鄧樸方《とうぼくほう》は、文化大革命中、鄧小平の息子であることを理由に紅衛兵のつるし上げにあい、逃げようとして建物の二階から飛び降り、脊椎を損傷。以後、車椅子の生活になりました。

一九七八年十月二十二日、鄧小平は日本を訪問しました。日中平和友好条約を結んだ後、その批准《ひじゅん》書を交換するという名目で、日本を訪れたのです。鄧小平の訪日の目的は、まず第一に近代化した日本経済の現状をその目で見ることでしたが、それと合わせ、自分を取材する中国のテレビが、発展した日本の様子を映像で中国に伝えることで、近代化とは何を意味するのかを国民に知らせようとしたのです。

point! 小康

2000年までに到達を目指した経済水準のこと。1982年の共産党大会で提唱された。安定し、やや余裕のある経済水準をあらわす。

日本で鄧小平は、日産自動車や新日鉄、松下電器の工場を精力的に視察しました。東京から京都までは新幹線に乗車。乗り心地について聞かれた返答が、冒頭のものです。

工場の視察では、とりわけ日産自動車座間工場で、自動車が多数のロボットによって自動的に生産されていく様子に感嘆し、この映像は中国国内で繰り返し放映されました。近代化とは、豊かさとは、こういうものなのだ、という具体像を、中国の国民に示したのです。

アメリカも訪問した

翌年の一九七九年一月から二月にかけて、鄧小平はアメリカも訪問しました。首都ワシントン以外にも、ヒューストンやシアトル、アトランタなど、自動車、航空機、ロケットなどの大型工場を見て回りました。

日米の生産現場を視察した鄧小平は、日米と中国の経済力の格差が極めて大きいことに衝撃を受けました。中国の近代化を進めるにしても、一気に日米の先進国レベルにまで追いつくことは到底無理であることを悟ったのです。

これ以降、鄧小平は、中国の身の丈に合った近代化のあり方を模索することになります。

一気に日米の先進国レベルにまで追いつくことは到底無理であることを悟ったのです。

「貧しいことが社会主義ではない」

権力を掌握した鄧小平は、疲弊しきった中国経済の建て直しに邁進します。まずは「四つの現代化（近代化）」を提起し、さらに「改革・開放路線」に舵を切ります。

「四つの現代化」とは、農業、工業、国防、科学技術の四つの分野で近代化を進めることです。

そもそもは一九六四年の全国人民代表大会で周恩来が提起した標語でしたが、その後の毛沢東によって混乱が引き起こされると共に、消滅していました。それを甦らせたのです。

さらに「改革・開放路線」とは、中国の硬直した経済システムを「改革」し、経済発展のために海外からの投資を受け入れられるように「開放」する、というものです。

鄧小平は、「貧しいことが社会主義ではない」とまで言い切り、「豊かな社会主義」をめざしました。

大平首相の質問で考えた

鄧小平が中国経済の計画的な発展を考えるきっかけになったのは、日本でした。

一九七九年十二月、大平正芳首相が中国を訪問し、鄧小平と会談。席上、大平首相は、「中国の将来像はどんなものなのか」と問いかけました。

一九六〇年に池田内閣が発足したとき、大平は官房長官を務めていました。池田内閣は、十年間で日本人勤労者の収入を倍増させる「所得倍増計画」を立てたことで知られています。この計画だけが原因ではありませんが、この後、日本は高度経済成長を迎えました。大平は、この経験から、中国にもそのような計画はあるのか、と尋ねたのです。

この質問をきっかけにして鄧小平は、中国経済の計画的発展を真剣に考えるようになったといわれます。日本のほうがよっぽど「計画経済」であったことがわかります。日本が「成功した社会主義」と皮肉を込めて呼ばれる所以《ゆえん》でもあります。

大平の質問に触発された鄧小平が考え出した方針は、「高度経済成長」ではなく、「小康路線」でした。

大平の質問に、鄧小平はこう答えています。

「第三世界の中で比較的に豊かな国の水準に到達しようとしても、例えば国民平均収入が千ドルの水準に到達するためには、われわれは非常に努力しなければならない。仮にその水準に達したとしても、西側諸国と比べれば依然、遅れているに違いない。私はそのときの中国は〝小康〟だとしか言えない」（解放軍文芸出版社編著　孫秀萍ほか訳『鄧小平伝』）と。

鄧小平は、一九八〇年代から二〇世紀末までの二十年間の発展目標を、「一人当たりのGNP（国民総生産）」で二倍にするという方針を打ち出しました。三倍、四倍という高い目標ではなく、実現可能な低い目標にしたのです。しかも、発展の目安として、GNPを採用しました。それまで鎖国状態だった中国に、経済の規模や豊かさをGNPで計るという発想はありませんでした。鄧小平の提示は画期的だったのです。

しかし、中国経済は、その後、鄧小平の予想を上回って発展したことから、一九八二年九月の党の第十二回大会では、二〇世紀末までに国民所得を四倍増にするという目標が宣言されました。もはや「四つの現代化」という表現は使われなくなりました。「現代化」がほぼ達成されつつあったからです。

鄧小平が「小康路線」をとった一九八〇年代の中国の経済成長率は、毎年四%から五%というハイペースでした。これが一九九〇年代になると、毎年二けたの成長率を記録するようになります。

中国が、遂に豊かになり始めたのです。

人民公社は解体に向かった

鄧小平が権力を掌握した当時、中国の農村は極貧に喘いでいました。依然として飢餓線上にあったのです。

一九七八年、上海や南京の西方に位置する安徽《あんき》省鳳陽《ほうよう》県の貧しい農村では、食料不足に思い余った農家が集まって、現状の打開を相談していました。

農産物の収穫量を増やさなければ飢え死にする。背に腹は代えられない。各農家が積極的に農作業に取り組む方法を考えよう。

そこで編み出されたのが、各農家にすべてを任せる、というものでした。

それまでの中国の農業は、人民公社に統一されていました。土地もトラクターなどの農機具も、すべて公社のもの。農民は、公社の田畑で働き、収穫の大部分を国家に納めます。こうなると、農民にとっては、働いても働かなくても、自分には関係ありません。労働意欲が湧かなかったのです。

しかし、個々の農家が働かないと、全体として食料不足に陥ります。そこで、働けば働くほど、自分たちのものになるという方法を導入したのです。

人民公社の田畑を各農家に割り当て、そこで働いて収穫した農産物は、一部を人民公社に渡せばいいだけで、残りはみんな自分たちのものになる、という方法です。これは「各戸生産請負制」あるいは「家庭請負責任制」と呼ばれました。

この方法をとった途端、この農村の生産量は激増します。あっという間に飢餓状態から脱出できたのです。

人間というのは現金なものです。収穫された農産物が「みんなのもの」となれば、個々の労働者の労働意欲は落ちるのですが、「自分のもの」となれば、一所懸命働くのです。

この農村での試みは、こっそり行われたものでしたが、あまりに鮮やかな成果

point! 郷鎮企業

農村地域で行政組織や農民が所有、経営する企業の総称。1970年代以降、農民の余剰労働力を雇用して、農家の所得を高める原動力となった。

中国は、歴史上初めて、飢餓の恐怖から逃れることができたのです。

を出したため、中央の知るところとなり、この方法を追認します。一九八〇年以降、これをモデルに、全国で農業改革が進められました。

人民公社の土地は、個々の農家に配分されました。土地は、名目上は依然として集団所有でしたが、農民は、分配された農地を自由に耕作できるようになりました。国に一定の穀物を納め、村の行政管理費を払えば、後はすべて農家のものになったのです。

その結果、人民公社は急速に解体に向かいます。一九八四年には、ほぼ一〇〇％の農家が「各戸生産請負制」に移行しました。

いかに人民公社が農民から忌み嫌われていたかがわかります。

こうして、毛沢東が理想（夢想）に燃えて一九五八年から始めた人民公社は、一九八四年にほぼ消滅したのです。

「各戸生産請負制」は、農民の働く意欲に火をつけました。農業生産性は劇的に向上したのです。

一九八二年の食糧総生産量は全国で三億五〇〇〇万トンでしたが、それがわずか二年後の一九八四年には四億七〇〇〇万トンにまで達したのです。史上最高の数字でした。中国は、歴史上初めて、飢餓の恐怖から逃れることができたのです。

農業生産高の飛躍的な増大は、何も新しいことを実施したからではありません。毛沢東によって人民公社にさせられていた農村で、家族農業を復活させただけだったのです。極めて初歩段階の家族農業に戻しただけで、生産量は増大しました。「自分たちで生産したものは、自分たちのものになる」という資本主義なら当たり前の原則にしただけで、生産が拡大したのです。「生産したものは社会のもの、集団のもの」という社会主義的な農業では、農民は働く意欲を失うということがよくわかります。

村には「郷鎮企業」が出現した

生産すれば生産するほど、自分の収入になる。農家の生産意欲は向上し、「金になる」農業を考えるようにもなります。米などの穀物ばかりを生産するのではなく、野菜や果物など手っ取り早く現金になる農作物を生産する農家も出現。急速に豊かになる農家が出現し始めます。こうした農家は、「万元戸」と呼ばれました。年間の収入が「一万元を超える農家」という意味です。

一万元は、日本円にして十数万円。年収がこの程度でも、当時の中国では大金持ちと見なされたのです。

農家は、農作業だけでなく、さらに現金収入の道を探すようになります。こうして生まれたのが、「郷鎮企業」でした。「郷」は日本の村、「鎮」は町に当たります。町や村の単位で、数人から十数人の農家が集まって企業を設立。農産物を加工して売り出すなど、自分たちで起業するようになったのです。

一九八四年には、中央政府も、「郷鎮企業」を認めます。急速に全国に広がりました。

一九九二年には「郷鎮企業」で働く労働者数が一億人を突破しています。遅れていた中国の農村も、商品経済の波に呑み込まれていくようになるのです。

経営の才覚に優れた農家は急速に豊かになりますが、昔ながらの生産を続ける農家は、あまり豊かにはなれません。農村地帯に格差が出現するようになったのですが、鄧小平は、「先富論」を打ち出し

高層ビルが建ち並ぶ深圳の街

ます。「先に豊かになれる人から豊かになろう」と呼びかけたのです。

「農村でも、都市でも一部の人が先に豊かになることを認めよう。勤労するものが豊かになることは正当なことだ。一部の人が先に豊かになり、一部の地域が先に豊かになる、これは誰もが擁護している新しいやり方だ」（天児慧『鄧小平』）

経済を活性化するためには、能力や労働に応じて格差が生じることを容認しました。従来の社会主義の発想にはないことでした。

この結果、中国経済は、全体として大きく発展しますが、経済格差もまた、広がっていくのです。

「経済特区」を指定

私が街の路地に入った途端、乳飲み子を抱えた母親が、物乞いに寄って来ました。中国は社会主義国で平等な国だと思っていた私は、大きな衝撃を受けました。一九八七年六月のこと。香港から陸路で入った深圳《しんせん》での出来事でした。

一九七九年から八〇年にかけて、鄧小平は、広東省の深圳、珠海《しゅかい》、汕頭《スワトウ》、福建省の厦門《アモイ》の計四か所を、「経済特別区」（経済特区）に指定しました。

point! 陳雲

1905年—1995年　経済政策の権威として長く活躍し、経済の活性化は、計画指導の許す範囲でのみで役割を果たすことができるという「鳥籠経済論」を唱えた。

こうした急激な「資本主義化」には、共産党の保守派から批判が出るようになります。

この地域だけは、従来の中国国内の経済規制を取り払い、自由な経済活動を認めたのです。西側先進国の企業を積極的に誘致しました。企業の所得税を軽減したり、一〇〇%外国資本の企業の設立を認めたりしました。

当時の中国では、外国資本の企業が中国に進出する場合、その企業が資本金を一〇〇%出した子会社を設立することはできませんでした。外国企業と中国企業との合弁企業しか認められなかったのです。しかも、資本の五一%は中国側が握り、外国資本が独自の経営判断をすることがむずかしくなっていました。

しかし、特区では一〇〇%外資の子会社を認めました。また、外資系企業が利益を国外に送金することも認めました。逆にいえば、それまで外資は中国国内で利益を上げても、国外に自由に送金できなかったのですが。

閉鎖的だった中国で自由な活動ができるとあって、海外の企業が次々に進出することになりました。

経済特区は周辺から切り離され、中国の一般国民が立ち入ることはできません。特別な許可を得た人だけが移住できたのです。出入り口には、いわば「入管」のゲートができました。中国国内に「外国」が誕生したのです。「資本主義の実験場」でした。

なぜこの四か所を特区に選んだのか、鄧小平は後に解説しています。

深圳は香港に隣接し、珠海はマカオに近く、汕頭や厦門は、そこから海外に移住した商売人が多いからだというのです。香港やマカオに近ければ、香港やマカオの企業が進出しやすいでしょう。

汕頭や厦門から海外に出て商売している人たちは、故郷だったら投資しやすいでしょう。こうして四か所が選ばれていたのです。

このうち深圳は、中国人労働者の賃金が安いので、香港の企業が次々に工場を建設します。低賃金で（中国にしてみれば、かなりの高給）で仕事をさせたのです。特区全体が、香港の下請け工場になりました。

たとえ下請け工場で労働条件が悪くても、貧しい中国内陸部から見れば、夢のような給料です。一獲千金を夢見た中国の若者たちが殺到しました。今から思えば、私が出会った物乞いの母親も、〝金持ち〟がいる深圳にやって来た人だったのかも知れません。

鄧小平の「改革・開放路線」によって、中国に貧富の差が広がっていることを、私が最初に実感した出来事でした。

それでも、私が最初に深圳を訪れた一九八七年には、市内の高層ビルは、まだ数えるほどでした。深圳は、一九八〇年代初めには人口二十万人のさびれた村だったのです。それが二十五年後には、高層ビルが林立する、人口が八〇〇万人を超える巨大都市に変貌しました。

こうした急激な「資本主義化」には、共産党の保守派から批判が出るようになります。

一九八一年、党の長老の陳雲《ちんうん》は、「計画を主として市場調節を補とすること」「経済特区はこれ以上増やすべきではない」と発言しました。経済の〝行き過ぎ〟を咎《とが》めたのです。これ以降、経済特区以外での「資本主義化」はペースが落ちるようになりました。

鄧小平、「南巡講話」で逆襲に出た

鄧小平は、これに反撃しました。

鄧小平が
国家を建て直した

開発の進み具合を視察する鄧小平

一九八九年に、いわゆる「第二次天安門事件」（第12章で取り上げます）が発生することで、政治と経済の引き締めが進み、鄧小平の「改革・開放路線」は停滞します。鄧小平は、これに我慢ができなかったのです。

一九九二年一月、鄧小平は深圳や珠海、上海などを訪問します。「改革・開放路線」によって開発が進んでいる現場を自分の目で見てみたいという意向によって実現しました。

しかし、その狙いは、鄧小平の改革路線が停滞している状況を打開するという戦略的なものでした。鄧小平は表向き引退していましたが、自分が「改革・開放」の成果が上がっている都市を視察し、その様子を国民に知らせるのが目的でした。

当時の北京の報道機関は保守派が握り、鄧小平の意向を伝えなくなっていたため、南方から狼煙《のろし》を上げたのです。

鄧小平の一行が深圳を視察すれば、深圳には香港などから観光客が大勢訪れていますから、この模様が広く世界に伝わります。鄧小平は、観光客が自分の写真を撮るのを黙認しました。

さらに行く先々で、改革・開放に向けて踏み出すように演説して回ります。

「改革・開放は、肝っ玉をもっと大きくして、思い切って試してみないといけな

point! 先富論

経済格差を一時的に容認し、発展を優先した政策。毛沢東時代の悪しき平均主義の影響を払拭する意図があった。個人経営や外資の導入を奨励する根拠づけとなった。

しかし、鄧小平がもたらした豊かさは、平等なはずの社会主義中国に格差をもたらしました。

い。纏足《てんそく》の女みたいなことじゃだめだ」

　この発言は、「纏足発言」として広く知られるようになります。さらに、「先富論」を展開。大胆で融通《ゆうずう》無碍《むげ》な改革を呼びかけます。

「一部の条件のととのっている地域をまず発展させ、残りの地域はあとから発展させる。さきに発展した地域がおくれた地域をひっぱって、最後にはみんながゆたかになる。さきにゆたかになった地域が多くの税金を払い、貧困な地域の発展を助けるんだ」（渡辺利夫『社会主義市場経済の中国』）

「証券、株式市場、こういうものが、いったい、いいのか悪いのか、危険があるのかどうか、資本主義特有のものなのかどうか、社会主義でも使えるのかどうか、断固、試してみるべきだ。いいと思ったら、一、二年やってみて、それで大丈夫なら自由にやらせる。まちがったと思えば、なおせばいい。やめればいいんだ」（同書）

　鄧小平の行動や発言を、北京の新聞や放送は無視しました。

　しかし、江沢民総書記ら共産党指導部は、鄧小平の方針に従いました。鄧小平の発言は、「南巡講話」として知られるようになり、発言集は、全国の共産党幹部に配布されました。

　さらに、この年の十月に開かれた共産党の党大会で、「社会主義市場経済体制を確立」することを決定しました。鄧小平の発言を受けて、「改革・開放路線」を一段と強めることにしたのです。

　さらに九〇年代の経済成長目標を八〜九％に設定し、高度経済成長をめざすことも決めました。再び鄧小平が勝利を収めたのです。

「社会主義市場経済」に

　中国共産党が打ち出した「社会主義市場経済」とは、どのようなものなのでしょうか。

　それまで「社会主義は計画経済、資本主義は市場経済」と分けられてきました。「市場経済」は資本主義の経済体制と考えられてきたため、「社会主義市場経済」というのは、まるで木に竹を接ぐ手法に見えたのです。

　これは、一言でいえば、「共産党の指導のもとで資本主義を導入する」というものでした。

　社会主義経済は、国家が経済計画を決定し、現場の工場に生産計画を下ろします。いくらで売るか、価格も国家が決めていました。現場は、その計画通りに生産していればよかったのです。しかし、これは壮大な無駄をもたらしました。消費者が望んでもいない時代遅れの商品を大量に生み出しました。

　これを止め、企業に自由な生産を認め、

［中国こぼれ話］

「纏足の女」

纏足《てんそく》は、中国で唐の時代から始まりました。幼児期から女性の足を布できつく縛り、足が大きくならないようにしたのです。

**　このため成人しても、よろよろと歩きましたが、きちんと歩けず、これが「なまめかしい」とされたのです。**

**　毛沢東も、一九五〇年代に、農業集団化をためらう人々に対して使ったことがある表現です。鄧小平は同じ表現を使って、正反対のことを呼びかけたことになります。**

深圳の街に掲げられた鄧小平の巨大ポスター

商品の価格も、市場で「需要と供給」の関係で決まるようにしました。

消費者や企業が望む商品は、需要が高まりますから、価格が上昇します。価格が高い商品を生産すれば利益が上がりますから、多くの企業が生産を始めます。大量の商品が供給されることで、価格は下落。消費者は、欲しいものを安く手に入れられるようになります。

資本主義経済ではごく普通のことを、「社会主義」の名で始めたのです。実態は、資本主義そのものでした。

西側の資本主義諸国と唯一異なる点は、政治の民主化を許さず、共産党がすべての権力を握り続けることでした。

中国経済、大きく躍進

こうして、中国経済は立て直され、以後、長期にわたる発展を続けます。鄧小平によって、中国の人々は、「豊かさ」を実感するようになるのです。鄧小平は、「改革大業の総設計師」と呼ばれるようになりました。

中国の一般庶民の貧しい生活は、長年の間、中国共産党による権力奪取の後も、改善されることがありませんでした。

それどころか、毛沢東による大躍進政策、そして文化大革命の発動によって、むしろ人々の生活水準は低下していました。

大躍進政策によって中国の混乱が始まる前の一九五七年段階での国民の生活水準に戻るのは、実に一九八四年になってからのことでした。「失われた二十七年間」でした。

いま豊かさの果実を得た中国の人々は、北朝鮮の現実を見ることで、文化大革命時代を思い出すのです。文化大革命時代を知らない若い人たちは、「きっと、こんな状態だったのだろう」と想像するのです。

しかし、鄧小平がもたらした豊かさは、平等なはずの社会主義中国に格差をもたらしました。さまざまな矛盾が噴き出すようにもなっています。この点に関しては、これ以降の章で、あらためて見ることにしましょう。

第11章 「一人っ子政策」に踏み切った

いかにも
わがままいっぱい育てられたと
思しき子どもたちを
大勢見たのです。

大切にされる中国の「一人っ子」

「小皇帝」は肥満気味

二〇〇六年の七月、中国各地を取材で回りました。そこで気づいたこと。肥満児がとても多いということでした。

いかにもわがままいっぱい育てられたと思しき子どもたちを大勢見たのです。

中国の都市部では、WHO（世界保健機関）の基準で「肥満」と分類される子どもの比率が、七〜十八歳の男子で二五％に達しているといわれます。

ちなみに、日本は二〇〇四年の国民健康・栄養調査で六〜十四歳の肥満児の割合は一〇・二％ですから、中国の都市部での比率の高さがわかります。

問題は肥満ばかりではありません。生活習慣病の子どもの増加と患者の低年齢化が進んでいます。全国の小中学校の児童・生徒で高血圧症は一七九〇万人、糖尿病は五十九万人にも達しているというのです。

小さい頃からわがままいっぱいに育てられた子どもたちのことを、中国語で「小皇帝」（女児の場合は「小公主」）といいます。中国は、どこもかしこも「小皇帝」ばかりです。中国では、子どもを一人しか産むことが許されていないからです。どこの家庭も一人っ子ばかり。甘やかされて育つというわけです。

　これが人民解放軍には深刻な問題になっています。人民軍兵士になる若者たちがひ弱で、一人前の兵士に育てるのが困難になってきているというのです。

　小学校では、我が子を特別によく扱ってほしいと校長や担任に賄賂を渡す親が増えているといいます。先生の多くが賄賂を受け取るので、「先生はもうかる商売」になっています。

「小皇帝」はやがて「月光族」になる

「小皇帝」はやがて「月光族」になります。「光」は「何も残らない」の意。月給を使い果たす若者のことを指します。

　成人して働くようになっても、一人っ子で親と同居しているので、自分が受け取った給料は全部自分のために使ってしまう若者のことを、こう呼ぶのです。日

いまや地球上の人類の五人に一人は中国人なのです。

「礼儀正しい行動」を呼びかける看板

「一人っ子政策」に踏み切った

本で一時流行した表現で言えば、「パラサイト・シングル」（親にパラサイトつまり寄生した独身）です。

「行列に並ぼう」のキャンペーン

中国を訪ねると、どこへ行っても人、人、人。人をかき分けて進まなければならないところばかりです。

人込みで突き飛ばされたり、列を作ろうとすると割り込まれたり。こうしたマナーの悪さは国際的にも有名です。私も空港のトイレが混雑していたので列に並んだところ、そこですら割り込もうとする人がいて、ウンザリしたものです。バスや列車のドアで、降りる人と乗る人が押し合って混乱している姿を見ると、列を作って待てば早く進むのに、と思ってしまうのですが。

そこで、北京オリンピックを前に、乗り物に乗るときは、きちんと列を作って待ちましょう、というキャンペーンが二〇〇七年から始まりました。毎月十一日を「行列の日」と定めたのです。「一」と「一」が並ぶので、二列の行列のイメージと考えたというわけです。

各地に「礼儀正しい行動」を呼びかける看板も立てられるようになりました。マナーの悪さにはウンザリするものの、これだけ人口が多いと、生き抜いていくためには仕方のないことなのかも知れないと同情してしまいます。

二〇〇五年現在の人口は約一三億一〇〇〇万人。いまや地球上の人類の五人に一人は中国人なのです。

建国以来、中国には、人口の多さとも格闘してきた歴史があるのです。

建国直後、人口抑制論が出たが

一九四九年、中華人民共和国が成立した当時、中国の人口は五億四一六七万人でした。それが建国後、急激に増加し始めます。

中国共産党は、国民党との闘争の中で、地主の土地を農民に分配する政策をとりました。その結果、自分の土地を得られた農民たちが生産に勤しみ、食料が増産されます。貧しい人たちも食べられるようになり、人口が爆発的に増えたのです。

経済学者で人口問題が専門の北京大学学長の馬寅初《ばいんしょ》の指導の下、一九五三年、政府統計局によって、建国以来初の人口調査が行われました。その結果、人口が六億一九三万八〇三五人に達していたことがわかりました。わずか四年で約六〇〇〇万人の増加。年率にして、二〇%から三〇%もの高い増加率でした。この勢いで人口が増加したら、早晩、食料不足になるのでないかという心配が出るようになりました。

そこで、劉少奇が中心になって、人口を抑制するために産児制限が検討されました。しかし毛沢東は、これを笑い飛ばします。人口増加は喜ばしいことであり、人口が十億人になろうと構わないと言ってのけたのです。毛沢東は「産めよ、増

point! 馬寅初

1882年―1982年　浙江省出身の経済学者。1907年にアメリカに留学、1951年に北京大学学長となる。1960年に右派分子として大学を追放、軟禁後、1979年、98歳で名誉回復を果たす。1981年に発足した「中国人口学会」では名誉会長に就任した。

やせよ」をスローガンにしました。

独裁者の鶴の一声に、人口抑制の動きは止まりました。それどころか、子どもを多く出産した母親は表彰され、人口を増やすことが奨励されるようになりました。

「中国のマルサス」と批判された

北京大学学長の馬寅初は、人口増加率の高さに危機感を抱き、一九五七年七月の全国人民代表大会で、「新人口論」を発表しました。このままでは食料不足が発生するので、人口の抑制が必要だと説いたのです。

これを毛沢東が批判しました。「人多ければ、議論も多く、熱気も高く、意気込みも大きい」と。偉大なる中国の人口を減らそうという試みは、国家に対する反逆だとして、「右派」のレッテルを貼ったのです。馬寅初は、「中国のマルサス」「マルサス主義的な右派」と断罪されました。

馬寅初は連日、批判集会に引っ張り出され、公開批判を受けた挙句、一九六〇年には大学を追放されてしまいました。

「マルサス」というのは、イギリスの経済学者ロバート・マルサスのことです。マルサスは、一七九八年に『人口論』を書いたことで知られています。この本でマルサスは、こう主張しました。

人間が生きていくために必要な食料（などの生活物資）は算術数的に増加する。つまり、一、二、三、四と増えていく。

これに対して人口は幾何級数的に増加する。つまり、一、二、四、八と飛躍的に増加していく。

この結果、食料不足が発生し、飢饉《ききん》や戦争が起きる。

そうならないためには、晩婚化によって出生率の抑制をはかる必要がある。

これがマルサスの主張でした。

この理論に対しては、カール・マルクスが次のように批判しました。

資本主義経済は、資本家が利益を蓄積するための仕組みである。

そのためには、労働賃金が最低レベルにとどまった方がいい。

労働者が多数いて、職を得るのがむずかしい状態にしておけば、低賃金でも働く労働者が確保できる。

このため、資本主義のもとでは相対的な「過剰人口」が生まれる。

マルサスは、資本主義自身が生み出す飢餓や戦争を、まるで自然現象の結果であるかのように描き出し、資本主義の矛盾を合理化した。

労働賃金が上昇すれば、労働者の家庭は安定するので、出生率は下がっていく。

人口が絶対的に増加するというマルサスの主張は間違っている。

これが、マルクスの批判でした。

「人口論」ならぬ「人手論」

このマルクスの批判により、マルクス主義者にとって、「マルサス」は批判すべき存在となりました。馬寅初の「新人口論」は、マルサスの再論のように受け止められ、とりあえず批判しなければならない、と短絡的に受け止められたのです。

とりわけ毛沢東による馬寅初批判は、滑稽でした。

「人間は口は一つだが、手は二本ある。二本の手でものを作れば、口は一つだから、作るほうが多くなるのだ」というものでした。

まったく理論になっていませんね。「人口論」ならぬ「人手論」だったのです。

馬寅初は、人口を「人の口」（消費）の観点から考えたのですが、毛沢東は、「人の手」（生産）で考えたのです。

また当時は、中国政府によって、次のようなもっともらしい主張も行われました。

中国の耕地は一億ヘクタール。これを

大躍進政策によって多数が死亡したにもかかわらず、総体としての人口は増え続けました。

二倍に増やしても、国土全体の面積に占める割合は二割に過ぎないから、まだまだ耕地を増やすことができる。

人口の伸びは年率二％だが、食料生産の伸びは年率四％だから、食料不足になるはずはない、という理論、いや理屈でした。

実際には人口の伸びは二〇％を超える一方、食料生産は停滞するのですが。

「数は力なり」

長征や中国の内戦により、毛沢東は多数の仲間を失いました。そんな彼にとっては、「数は力なり」だったのです。

その後中国は、朝鮮戦争に出兵し、人海戦術で多数の兵士を失いました。やがて中ソ対立でソ連との戦争を覚悟するようになると、核兵器で多数が死亡しても生き残れるだけの人口が必要になります。

かくして毛沢東の指令は、「産めよ、増やせよ」というものになったのです。

中国の人口は、一九六九年には八億六七一万人に達しました。新中国建国以来、二億六〇〇〇万人も増加してしまったのです。

大躍進政策によって多数が死亡したにもかかわらず、総体としての人口は増え続けました。もし大躍進政策による飢餓がなかったら、中国の人口はさらに爆発的に増加していたことでしょう。

馬寅初を批判し、人口抑制策をとらなかったことは、毛沢東死後、「錯批一人、誤増三億」（一人を誤って批判したために、三億人も増やしてしまった）と言われるようになるのです。

このことを、現在の中国政府は、「人口増加の抑制の重要性に対する認識不足と経験の不足によって人口が急速に増え」と説明しています。毛沢東の誤りについては触れていないのです。

「一人っ子政策」が始まった

一九七六年、毛沢東が死去すると、毛沢東に批判された馬寅初が再評価されるようになります。飢餓線上にある国民に十分な食料を供給しようにも、人口が多すぎることが問題になったからです。

一九七七年の国民一人当たりの食料の量は、一九五五年の水準でしかないことも判明します。人口が増えれば食料生産が伸びて国民が豊かになれるのではなく、食料生産が伸びても人口が増えたので、国民はちっとも豊かになれなかったのです。

一九七九年、馬寅初はようやく軟禁を解かれました。

中国政府は、この年から、打って変わって、人口抑制策を開始します。その方法は、「一人っ子政策」と呼ばれました。夫婦が出産できる子どもの数を一人に制限したため、こう呼ばれたのです。

「一人っ子政策」は、次の五つがキーワドでした。「晩婚」「晩産」「少生」「稀」「優生」です。

「晩婚」　中国の法律では結婚できる年齢が男子二十二歳、女子二十歳と定められていますが、それより三年以上遅れて結婚することが奨励されました。

「晩産」　結婚してもすぐに子どもをつくらず、遅らせることが奨励されました。

「少生」　少なく産むこと。実際には一人を意味しました。

「稀」　やむをえない事情により二子目を出産したい場合は、出産の間隔を三年から五年程度空けることが要求されました。

「優生」「子どもの質を高める」と称し、障害児を産む遺伝因子を持っていると行政当局が判断すると結婚できませんでした。

信賞必罰で臨んだ

「一人っ子政策」の実施に当たっては、協力する家庭には賞を、協力しない家庭には罰を与えるという方法がとられました。信賞必罰で臨んだのです。

「一人っ子」しか産まないと宣言した夫婦には、子どもが十四歳になるまで奨励金を支給します。さらに、子どもの託児所への優先入所、学費の補助、医療費の支給などの優遇策がとられました。

一方、二人以上産んだ夫婦は、出産費用を多く請求されます。さらに、夫婦共賃金を一〇%カット。職場での昇給や昇進が停止されます。

人口の抑制。これはまさに、かつてマルサスその人が主張していた対策そのものでした。中国は、いわば「新マルサス主義」を実践したのです。

夫婦生活に国家が介入した

国務院（内閣）の直属機関として「中国国家人口計画出産委員会」が設置されました。中央から市町村、町内会（居民区）まで、それぞれ「計画出産専任者」が任命されたのです。総数は一六万人。

そのうえで、「人口目標管理責任制」がとられました。全国の市町村で、毎年の「出産目標」が定められたのです。目標達成のために、地域や職場で、出産が認められる夫婦が決定され、その氏名が地域の施設に張り出されます。誰が出産していいか、みんなに知らせ、それ以外の人が妊娠・出産できないような社会的圧力をかけたのです。

ただし、少数民族には制限を課しませんでした。少数民族を優遇するという中国の国是があったからです。

これだけの計画が設定されるわけですから、計画にもとづかない妊娠があると大変です。その夫婦ばかりでなく、「計画出産専任者」まで罰せられるのです。そうなると専任者は、計画外で妊娠した女性の元へ行き、中絶をするように圧力をかけるということが日常的に行われるようになります。

農村から都市に出かけ、こっそり出産をするような人が出た場合は、その事実を密告するための「挙報箱」が設けられた地域もありました。

子どもが既に生まれた家庭では、妻に避妊用リングを装着し、夫はパイプカットすることが求められました。夫婦生活にまで国家が介入したのです。

しかも、こうした「一人っ子政策」は、実は法律の裏づけなく強制的に実施されたのです。法律の裏づけができたのは、なんと二〇〇二年になって「人口・計画出産法」が施行されてからです。

当初は都市でも農村でも一人しか産めなかったのですが、農村では労働力として子どもが必要とされ、「一人っ子政策」は徹底しませんでした。このため、農村部では、地域によって二人目を産むことも認められるようになっています。

「一人っ子政策」は、大きな「成果」を上げました。一九七〇年代初めの出生率は五・八だったのですが、現在は一・八にまで低下しました。「一人っ子政策」によって、三億人の人口増加を防ぐことが

両親は一人っ子に多大な期待をかけ、幼少期から高度な教育を受けさせるからです。

「一人っ子政策」に踏み切った

できたとされています。

しかし、国家が人口を強制的に抑制しようとしたため、「子どもを産む」という、極めてプライベートなことに国家が介入し、人道上の問題を引き起こすことにもなったのです。

「男児」にこだわる農村

「一人っ子」政策は、特に農村部で抵抗を受けました。人民公社が廃止され、各戸請負制になりますと、子どもの数が多いほど農家には労働力になるからです。

また、農家では「家を継ぐ」意識がとりわけ高く、男の子を欲しがります。生まれた子どもが女児だった場合、第二子を産みたいという思いが強烈でした。

さらに、中国の農村では社会保障制度がなかったため、親にしてみると、老後の世話をしてくれる男の子を産みたいのです。

こうして、さまざまな悲劇が生まれました。女児が生まれると、「間引き」が行なわれることもありました。その場で殺して死産だったと届けたり、地中に埋めて出産がなかったことにしたりしたのです。男児が生まれるまで、これが続けられます。

女児がすでにある家庭では、こっそり第二子を産み、正式な届けをしないでおきます。これでは、この子は無戸籍になります。こういう子どもは、「黒孩子《ヘイハイツ》」と呼ばれます。戸籍がないため、この子たちは、「存在しない」ことになります。学校にも行けず、行政サービスも受けられないのです。当然のことながら、人口統計にも入ってきません。そこで、中国の実際の人口は、統計上の十三億人より一億人近く多いのではないかとも推測されています。

「人口抑制」を堅持の方針だが

さまざまな人道上の問題を引き起こしながらも、中国政府は「人口抑制」策をとり続けています。

二〇〇七年一月には、中国政府が今後の人口政策についての基本方針を発表しました。人口抑制の基本方針を再確認し、特に農村にその重点を置いています。

総人口の抑制目標を、二〇一〇年に「十三億六〇〇〇万人以内」、二〇二〇年に「十四億五〇〇〇万人前後」と、具体的な数字を掲げています。

ただし、「一人っ子政策」によって若い人の数が増えない一方で、大勢が高齢を迎えるため、中国は、これから急激な高齢化社会を迎えます。これに対応するため、都市部では、一人っ子同士の夫婦なら、基本的に二人の出産が認められるようになっています。

教育熱が高まる

「一人っ子政策」によって「小皇帝」が大量に生み出されましたが、「小皇帝」にも楽な現実は待っていません。両親は一人っ子に多大な期待をかけ、幼少期から高度な教育を受けさせるからです。

都市部では、幼稚園の頃から高い学費を払って教育を受けさせる親が増えています。

大学進学率も上昇。大学への進学率は二〇〇四年に十九％に達しました。

大学進学率が高まるにつれて、各地で大学が粗製乱造されました。その結果、いわゆる「有名大学」を卒業しないと就職で苦労するようになってしまいました。このため、一部有名大学をめざした進学熱が高まり、受験競争が激化しています。それがまた、幼い頃からの塾通いを生んでいるのです。

まるで日本を見るようです。

北京や上海では、教育費が高いため、

point! WHO

1948年に設立された、国際連合の専門機関の一つ。本部はスイスのジュネーブにある。1948年に設立され、設立日の4月7日は世界保健デーになっている。

結果として、中国は、まもなく深刻な少子高齢化社会を迎えるのです。

自主的に子どもを一人しか産まない家庭も増えています。教育費が高騰した結果、都市部で出生率が低下するという、先進国と同じ傾向が見られるようになっています。

男性は結婚できない？

「一人っ子政策」は、深刻な後遺症をもたらしています。男女の出生率の極端な差です。

二〇〇五年の調査によると、新生児の男女比は、女児一〇〇に対して男児が一一八・五八。男女数のバランスが大きく崩れているのです。

なぜか。出産前に胎児の性別が識別できるようになったためです。

一九八〇年代以降、超音波スキャナーによる胎児の性別鑑定技術が全国の医療機関に広がりました。胎児が女児だと判明すると、中絶してしまうケースが多いのです。

その結果、二〇二〇年には、二十〜四十五歳の男性数は、女性より約三〇〇〇万人も多くなる見込みです。この人たちの多くは、結婚相手を見つけることができなくなるでしょう。

政府は、医学的に必要のない胎児の性別判定を禁止しました。性別判定をして女児を妊娠中絶することには厳罰で臨む姿勢をとっていますが、現実は、その通りにはなっていないのです。

急速な少子高齢化社会へ

二〇〇五年末の時点で、中国では六十五歳以上の高齢者が初めて一億人を突破しました。まもなく、日本の人口と同じだけの数の高齢者が存在するようになるのです。

高齢者が増えたのは、平均寿命が伸びたからです。中国の平均寿命は、新中国建国前は三十五歳でしたが、二〇〇一年には七十一・八歳に達しています。

ＷＨＯ（世界保健機関）の基準によると、平均寿命が七十歳を超える国は「長寿国」とされています。中国も長寿国の仲間入りを果たしたのです。

これ自体は非常にめでたいことですが、「一人っ子政策」によって、若い人の数は増えません。結果として、中国は、まもなく深刻な少子高齢化社会を迎えるのです。

中国経済は開発途上国なのに、人口構造は先進国型になります。

［中国こぼれ話］

「建設銀行」と「招商銀行」

医者が親に胎児の性別判定の結果を知らせることは、政府によって禁止されましたが、そこは、「上に方針あれば、下に対策ある」と言われる中国のこと。抜け道があるようです。ジャーナリストの莫邦富氏によると、こんな例があるそうです。

江蘇省の例だそうですが、胎児の健康状態を調べるために超音波検査をすると、親が医者に袖の下を渡します。すると、医者が妊婦に、「建設銀行に口座があるか」、あるいは、「招商銀行に口座があるか」と尋ねるのだそうです。

「建設銀行」なら男児、「招商銀行」なら女児を意味するというのです。

「招商銀行に口座があるか」と尋ねられた妊婦は、次の行動に移る、というわけです（『朝日新聞』二〇〇六年七月二十二日付より）。

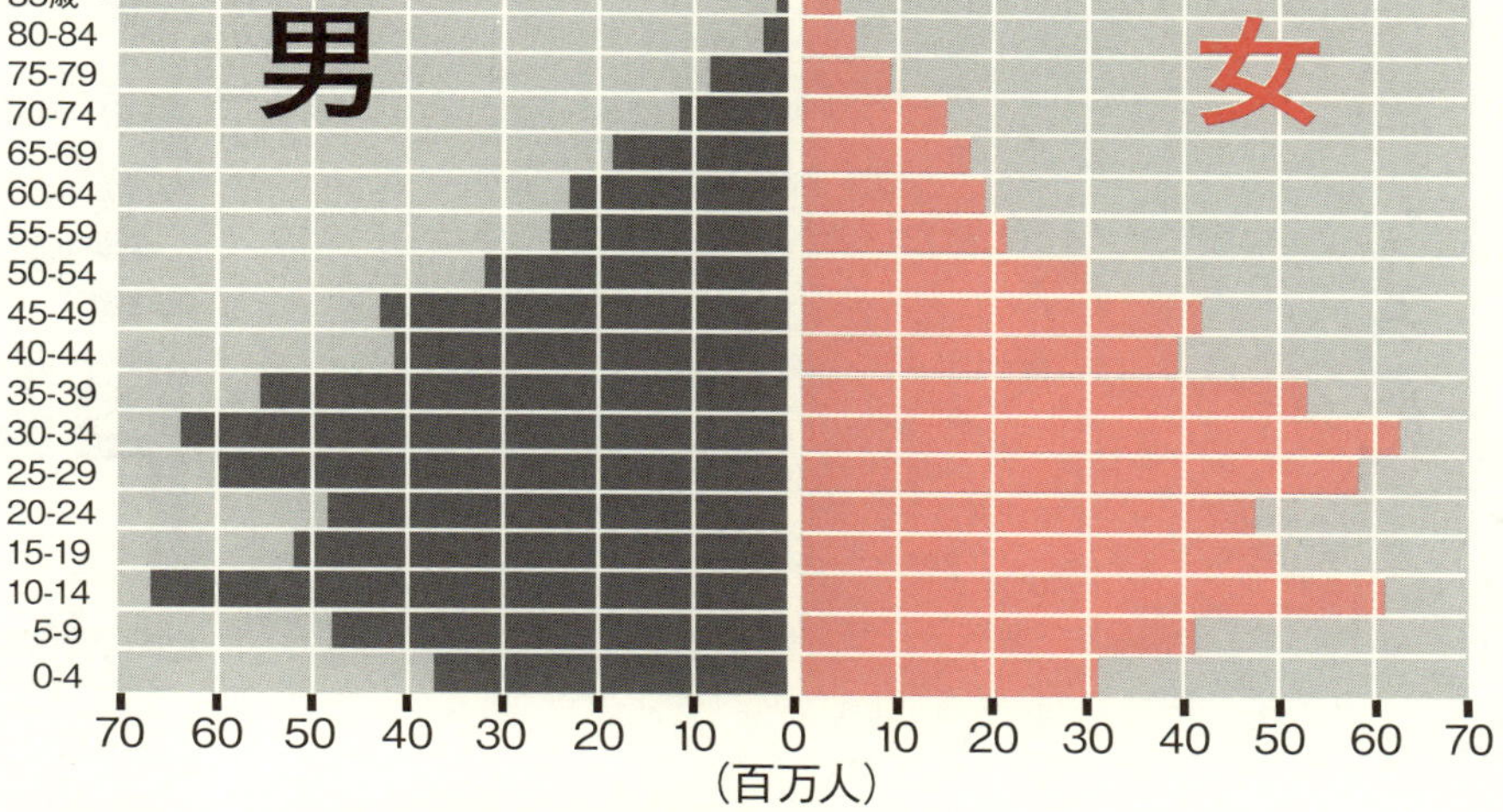

中国の年代別人口（2000年総務省統計局の資料より）

高齢化が進むと、先進国でも高齢者を国家として支えていくのが容易ではないのです。まして開発途上国である中国は、一層困難な事態になることが予想されるのです。

年金制度は崩壊状態

高齢化が進むと、深刻な問題になるのが年金です。

都市部の労働者には年金制度がありますが、農村部には長い間、年金制度がありませんでした。労働者には「生産手段」がないから、国として老後を保障するけれど、農家には「生産手段」（つまり農地）があるから、自分で自分の面倒をみよ、ということだったのです。

しかし、一九九二年になって、ようやく農村部でも年金制度が始まりました。「農村社会養老保険」といいます。

二十歳から六十歳までに加入し、年金受給開始は六十歳からです。保険料は積立方式。支払った資金を積み立てて運用し、六十歳になったら受け取れる方式です。

ただし、任意加入です。多くの農民が入っていないのです。これでは、農民が高齢化すると、暮らしを支えるのが大問題になります。

かつては子どもや孫と一緒に暮らす大家族制度でしたから、年老いて働けなくなっても、子どもたちが養育してくれましたが、子どもたちは都市部に働きに行ってしまって、生活を支えてくれる人が存在しないのです。

一方、都市部には年金制度があります。都市部で働く労働者の年金制度は、本人と企業が保険料を積み立てる方式です。積み立てた年金は、退職後に受け取れる仕組みです。ところが実際には、積み立てた資金が、制度開始前に退職した労働者の支払いに当てられてしまっています。

このため、積み立てられた年金資金の空洞化が発生しているのです。いま保険料を払っている人たちが年金受給年齢になったときに払ってもらえるだけの資金が存在していません。

日本の年金制度より、はるかに深刻で不十分なのです。

にもかかわらず、高齢化は急速に進み、高齢者を支える若者の数は十分ではありません。毛沢東が仕掛けた〝時限爆弾〟が、爆発のときを待っているのです。

第12章 天安門事件が起きた

毛沢東も、まるで皇帝のように、ここに立って中華人民共和国の建国を宣言したものです。

天安門事件が起きた

天安門広場で休日を過ごす北京市民。後ろは人民大会堂

中国のシンボル天安門広場

中国のシンボルといえば、何といっても、首都・北京の中心部にある天安門と、その前に広がる天安門広場でしょう。国内外から大勢の観光客が訪れますし、広場では子どもたちが凧揚げをして遊ぶ姿がいつも見られます。

天安門は、明・清の時代の皇帝の宮城の正門に当たります。清の時代の一六五一年、現在の場所に再建されました。

高さ十二・三メートルの城壁の上に、朱塗りの屋根を持つ二階建ての楼閣《ろうかく》が立っています。明・清時代の皇帝は、大事な行事のとき、この楼閣に立ちました。新生中国の建国を宣言した毛沢東も、まるで皇帝のように、ここに立って中華人民共和国の建国を宣言したものです。

楼閣の下、城壁には巨大な毛沢東の肖像画が掲げられています。

この天安門の正面、道路をはさんで天安門広場があります。明の時代から広場はありましたが、新生中国が誕生して以降、拡張され、公園として整備されました。広さは四〇万平方メートル。五〇万人を収容することのできる広さを誇ります。

私が中国取材に訪れた二〇〇六年七月

point! 精神汚染

外国文化の流入に対する批判キャンペーンの用語。具体的には、ポルノや暴力を煽る書籍、映画、ビデオ、およびブルジョア的価値観を無条件に肯定する学説や理論も含まれる。

女性のパーマ、スカートが批判されるばかりでなく、金魚を飼うことまで「汚染」とされてしまう有様でした。

のこと。天安門広場の片隅で、地方から来たと見られる粗末な服を来た男性が、自分の主張を書いた紙を広げました。その途端、多数の私服警察官に取り押さえられ、あっという間にパトカーで連れ去られる姿を目撃しました。

中国の人たちにとって、ここは自分たちの主張をするのに絶好の場所です。それだけに、共産党の政府は、ここで政治的な行動をとられることを極度に恐れています。広場にいる人たちを見ると、制服の警察官とは別に、明らかに私服刑事と見られる男たちが周囲に目を光らせています。

のんびりとそぞろ歩く観光客と、鋭い目付きの私服刑事。これが天安門広場です。広場になぜ多数の私服刑事がいるのか。かつてここでは、政治的な主張をする大勢の若者たちによって政府が窮地に追い込まれたことがあるからです。その結果は、若者たちの血が流される悲劇となりました。

その悲劇は、やがて若者たちの「反日」意識につながります。どういうことなのか。その悲劇を振り返ってみることにしましょう。

「精神汚染」一掃運動始まる

ここで時代を、鄧小平《とうしょうへい》による「改革・開放」開始まで戻ってみましょう。

第10章で見たように、一九七八年、鄧小平が「百花斉放《ひゃっかせいほう》」の方針を打ち出すと、北京には「民主の壁」が登場し、民主化運動が始まります。

すると、一九七九年になって鄧小平は姿勢を一変。「四つの基本原則」を打ち出して、民主化を抑えつけます。共産党が指導し、労働者が資本家に対して独裁を行い、毛沢東思想のもとに社会主義を堅持するという原則を打ち出したのでした。

しかし、「改革・開放路線」は続けられました。このため、中国国内にさまざまな思想や流行が流れ込んできます。かつて人民服しか着ることが許されなかった若い女性たちは、髪にパーマをかけ、スカートをはくようになります。男性たちも背広姿になっていきます。街頭には英語の看板も出現。これが、共産党保守派の長老たちには気に食わなかったのです。

一九八三年、保守派による「精神汚染」一掃運動が始まりました。

鄧小平による「改革・開放」によって、資本主義諸国から「汚れた思想」が入ってきて、中国の社会主義精神が「汚染」されつつあるから、「汚れた思想」を一掃しなければならない、というものでした。

鄧小平による改革を面白く思わない胡《こ》喬木《きょうぼく》や鄧力群《とうりきぐん》ら保守派勢力が、「精神汚染」の名を使って反撃に出たのです。毛沢東時代に先祖返りする動きでした。

当時、中国の国民的スターになっていた女優の劉暁慶《りゅうぎょうけい》は自伝『我的道』（私の道）を書いたことが批判されました。彼女は、一般人として初めて自伝を書いたのですが、それが「傲慢」であるとされました。共産党のおかげでいまの自分があるのに、共産党の幹部でもない一般人が自伝を書くなどおこがましい、というわけでした。

女性のパーマ、スカートが批判されるばかりでなく、金魚を飼うことまで「汚染」とされてしまう有様でした。

当時は、台湾出身のテレサ・テンの歌が大陸でも流行していましたが、このような「色っぽい歌」を聞くことも「精神汚染」とされました。

共産党上海市委員会機関紙『解放日報』

は、「ときに香港や台湾の歌手の退廃的な調子を真似てみたり」することを非難しました。「背景に反動的歴史を持つ一部の歌、たとえば抗日戦争期に敵の占領区にて流行した『何日君再来』などは、厳しく禁止し、根絶させる必要があり、社会にこれ以上蔓延することで民衆に害を与えてはならない」（有田芳生『私の家は山の向こう』）というのです。『何日君再来』は、戦争中の日本の流行歌で、当時テレサ・テンが歌って大ヒットしていました。

運動が広がると、攻撃対象が次第にエスカレート。何が「精神汚染」か曖昧《あいまい》になってきます。まるで毛沢東時代へ戻るかのような動きには、国民の間から不満が高まります。不満より「不安」といったほうがいいかも知れません。文化大革命や、「四人組」支配を想起させるような動きだったからです。

しかし、この動きに対しては、胡耀邦《こようほう》総書記（共産党トップの名称は、一九八二年に主席から総書記に変更）が乗り出して中止させました。

それでも、「人道主義」を大切にすべきだという論調を展開していた『人民日報』（中国共産党機関紙）の理論担当副編集長と人民日報社長が解任されました。二人とも、胡耀邦を理論面で支えるブレーンでした。

対立が激化

これを機会に、改革派の胡耀邦と、共産党内の古参保守派との間の対立が鋭くなります。保守派は、胡耀邦の追い落としの機会をうかがうようになるのです。

一九八六年九月、鄧小平は引退を口にします。すでに八十二歳の鄧小平は、共産党指導部の若返りを図るために、自身が引退することで、同じ八〇代の長老たちを引退させようと考えたのです。

胡耀邦はこれに賛成します。この判断も、保守長老たちを怒らせました。いつまでも権力の頂上にいて、さまざまな特権を享受していたかった長老たちの気持ちを逆撫でしたのです。長老たちは、表立って「自分を引退させようという胡耀邦はけしからん」とは言えませんから、胡耀邦を攻撃する別の材料を探すことになります。

また、鄧小平にしても、本当に引退したかったわけではないことが、その後の行動でわかります。鄧小平は、引退を口にすることで、胡耀邦の態度を見ようとしたのかも知れません。このとき胡耀邦が、鄧小平の言葉を真に受けず、引退を翻意するような言葉をかけていれば、その後の展開は違ったかも知れないのです。

【中国こぼれ話】

昼は老鄧、夜は小鄧

中国の当局がテレサ・テンの歌を禁止しても、若者たちは、彼女の歌をこっそり聞き続けました。テレサ・テンの中国名は「鄧麗君」。鄧小平と同じ姓です。鄧小平は老鄧、テレサ・テンは小鄧と呼ばれました。ここから、「昼は老鄧が支配し、夜は小鄧が支配する」とささやかれたものです。

学生の民主化運動始まる

やがて胡耀邦失脚のきっかけとなる出来事が発生します。学生運動でした。

一九八六年十二月五日、安徽省《あんきしょう》合肥《ごうひ》の中国科学技術大学で、学生たちが集会を開き、「民主化」を求めました。安徽省の人民代表大会（日本でいえば県議会）の選挙で、地元選出の立候補者名簿に、学生たちの支持する人物の名前がなかったことに抗議するものでした。

人民代表大会は、建前としては「人民の代表」が選出されることになっているのですが、実態は、共産党の指名を受けた人物しか立候補できません。立候補者は「上」から指名され、「人民」は、それを承認するだけのシステムです。学生たちは、これに異議申立てをしたのです。

この運動は、瞬く間に全国に広がりました。北京や上海、天津、南京など全国十八の都市の一五〇の大学で、集会やデモ行進が行われました。

当初、各地の集会では、「学生食堂のサービスが悪い」といったレベルの不満が多かったようですが、やがて、言論の自由など幅広い民主化を求める運動に発展しました。

当時の大学生は、中国ではまだ一握りのエリート。感受性の強い彼らは、大学で学ぶうちに視野が広がり、世の中のさまざまな矛盾に目が向くようになったのです。

胡耀邦、辞任に追い込まれる

学生たちの主張について、民主化要求を当然と考えていた胡耀邦は、全国に広がった学生運動を黙認します。これが、中国共産党の首脳部の間で問題になりました。首脳部の会議が連日開かれ、鄧小平は、「学生運動への対応が生温い」と胡耀邦を名指しで批判するようになります。

この批判に、他の幹部たちも同調します。胡耀邦と仲が良く、一緒に鄧小平を支えてきた趙紫陽《ちょうしよう》までもが胡耀邦批判に回ったのです。

翌年一月、共産党の政治局拡大会議が開かれ、長老グループは胡耀邦を徹底的に指弾。胡耀邦の態度は「ブルジョア自由主義」だと批判したのです。

自らが運動を始めたわけではないのに、学生たちを弾圧しなかったことの責任が問われたのです。

批判の急先鋒に立ったのは、薄一波《はくいっぱ》でした。薄一波は、文化大革命で失脚しましたが、胡耀邦のとりなしで復活を果たしていました。薄一波にとって「命の恩人」だった胡耀邦を追い落としたのです。

胡耀邦は党の総書記の職を辞任することを申し出て、承認されました。ただし、鄧小平の意向で、政治局委員の職には留まりました。

全国に広がった学生運動は、厳しい取締りを受けるようになり、まもなく下火になります。しかし、学生たちの不満は残ることになります。

薄一波と共に胡耀邦を引きずり下ろした彭真《ほうしん》・全国人民代表大会常務委員長は、胡耀邦辞任の後、香港・マカオの記者団と会見し、次のように述べています。

「政治局はあまりに若すぎてもよくない。複雑な仕事には、どうしても一定の経験が必要だ。若すぎると、おそらくうまくいかないだろう」(上村幸治『中国権力核心』)

彭真は当時八十四歳。辞任させられた胡耀邦は七十二歳。七十二歳が、「若すぎる」ことを理由に辞めさせられたのです。

胡耀邦は、一九一五年、湖南省の農家に生まれ、十五歳で中国共産党に入党。文化大革命でいったん失脚しますが、鄧小平と共に復活を果たすと、一九七七年に共産党の中央組織部長に就任。一九八一年に党のトップである党主席(その後、総書記に改称)についていました。

胡耀邦は、党の中央組織部長に就任すると、文化大革命で失脚した幹部たちの名誉回復に尽力し、多数の長老を復活させましたが、この長老たちによって追い落とされたのです。

親日家だった胡耀邦

胡耀邦は、親日家としても知られていました。一九八三年十一月には日本を訪問。当時の中国首脳は人民服姿が一般的だったのに対して、背広を着用し、中国の首脳としては初めて国会で演説しました。

さらにNHKホールで開かれた「青年のつどい」にも出席。日本の青年三〇〇

辞任させられた胡耀邦は七十二歳。七十二歳が、「若すぎる」ことを理由に辞めさせられたのです。

〇人を中国に招く計画を発表しました。

このとき、胡耀邦は、日本の若者たちに対して、次のように語りかけました。

「日本民族は偉大な民族です。戦後の年代に日本人民は発奮して自国を現代化した経済発達国にきずき上げました。また同時に、過去の教訓を汲み取り、日本と隣国の関係正常化を逐次実現しています。

わたしは、日本民族の繁栄と発展を心から祝うと共に、皆さんが先輩のあとをうけつぐ時には、きっと、現在にもまして、立派にことを運ぶことができると信じています」（清水美和『中国はなぜ「反日」になったか』）

当時の中曾根康弘首相と仲がよく、一九八六年には、「個人の資格」で中曾根首相を中国に招待しています。

しかし、一九八五年八月十五日、中曾根首相が戦後四十年の節目の年に靖国神社を公式参拝したことから、中曾根と親しかった胡耀邦は、長老たちの集中砲火を浴びています。

胡耀邦が失脚した後、「胡耀邦の罪状」として幹部に配布された資料には、日本の若者たち三〇〇〇人を中国に招待したことや、中曾根と個人的な友人関係を結んだことなどが非難されています。

胡耀邦から趙紫陽へ

一九八四年、鄧小平は、「胡耀邦と趙紫陽の二人が支えてくれるので、たとえ天が落ちてきたとしても恐くはない」と語っていました。当時、胡耀邦は党の総書記で、趙紫陽は胡耀邦を支える首相でした。

鄧小平は小柄なので、二人の間にいれば、天が落ちてきても両側の二人に当たって、自分は生き残れる、というジョークでした。鄧小平がいかに二人を信用して重用しているかがわかるエピソードでした。

しかし、その後の経過を見ると、確かに胡耀邦と趙紫陽は鄧小平の犠牲となり、鄧小平だけが生き残ることになるのです。

胡耀邦が辞任に追い込まれた後、鄧小平は、趙紫陽を後任に選びます。保守派は、これを機に保守派から後任を出そうとしましたが、鄧小平は、経済の改革・開放路線を堅持する趙紫陽を選んだのです。

鄧小平は、思想において自由化に反対し、経済において自由化を進める人物をトップに据えたかったのです。ただ、趙紫陽も、胡耀邦に反対する立場に回ったとはいえ、思想においては胡耀邦と同じ立場でした。

胡耀邦の死で学生たち決起

一九八九年四月。党の総書記を解任されてから二年後。胡耀邦は突然亡くなります。党政治局の会議中に倒れて入院。一週間後の四月十五日朝、心筋梗塞のために死去しました。

当日の正午、胡耀邦の死去が発表されると、直ちに大学生たちが行動を起こします。その日のうちに、北京大学構内には、胡耀邦を追悼する壁新聞が大量に張り出され、その夜には追悼集会まで開かれました。

胡耀邦が、学生運動に対して寛容であったことが理由となって解任されたことを、学生たちは知っていました。自分たちの理解者の突然の死に、多くの学生たちが立ち上がったのです。

北京大学の動きは、他大学にも広がり

東欧のこの動きを、中国共産党首脳部は恐怖をもって眺めていました。

ます。十七日には、北京の中国政法大学の学生五〇〇人が、大学から天安門広場の人民英雄記念碑まで行進しました。

これ以降、天安門広場に集う学生や市民の数が増え続けます。中国の人々にとって、自分の意思を広くアピールする場所は、やはり天安門広場だったのです。

学生たちは、胡耀邦の再評価を求めました。胡耀邦の業績を正当に評価するように求め、胡耀邦の解任が間違いだったことを認めるように求めたのです。

集会が続き、デモ行進も相次いでいるうちに、学生たちの主張は拡大していきます。言論の自由の保障、指導者とその子弟の収入の公開、役人ブローカー（官倒）の処罰などを求めるようになります。

経済の改革・開放が進む中で、共産党の幹部や家族が、特権を利用して、さまざまな利権に手を出していました。役人たちも、その地位を利用して暴利をむさぼっていました。こうした役人たちは、「役人ブローカー」と名づけられていました。

鄧小平の息子も特権を利用して蓄財していることが知られていました。

ところが、胡耀邦だけは、本人も家族も含め、汚職の噂がまったくなく、清潔な人物として知られていました。胡耀邦の再評価を求めているうちに、学生たちの主張は、胡耀邦の清潔さにはほど遠い党幹部に対する批判に発展したのです。

学生たちの掲げるプラカードの中には、「打倒・鄧小平」という内容も混じるようになりました。

十八日になると、西長安街に面した新華門の前に二〇〇〇人の学生たちが座り込みます。新華門は、中国共産党や政府機関の中枢があって要人が居住する中南海への入口。中枢の入口に座り込むこと自体、党に対する強烈な抗議であり、党の幹部を震え上がらせる行動だったのです。彼らは公安当局によって強制排除されました。

翌十九日には、天安門広場に集まる学生や市民の数は一〇万人に膨れ上がっていました。

二十二日、天安門広場の西にある人民大会堂で、中国共産党中央委員会主催の胡耀邦追悼集会が開かれました。これを知った学生たち約三万人が、天安門広場に座り込みました。

追悼集会では総書記の趙紫陽が弔辞を読み、胡耀邦が革命に尽くした生涯を讃えました。しかし、失脚についてはまったく触れず、再評価もなされなかったのです。

これが、学生たちの怒りに火をつけました。

二十三日から二十四日にかけて、全国の大学で学生たちが授業の無期限ボイコットに入ったのです。大学は機能を停止しました。

学生たちは、各大学で自主的な自治会を組織。二十五日には、北京の三〇の大学の学生自治会が加盟する自治連合が発足しました。それまで各大学には共産党に指導される官製組織がありましたが、新しく設立されたのは、共産党の指導を受けないという、文字通りの自治組織でした。

鄧小平、運動を「動乱」と断定

この一九八九年という年は、東欧各国で民主化が進展した年でもあります。ソ連のゴルバチョフ書記長は、アメリカのレーガン大統領との関係を改善して、東西冷戦が終わりを告げようとしていまし

天安門事件が起きた

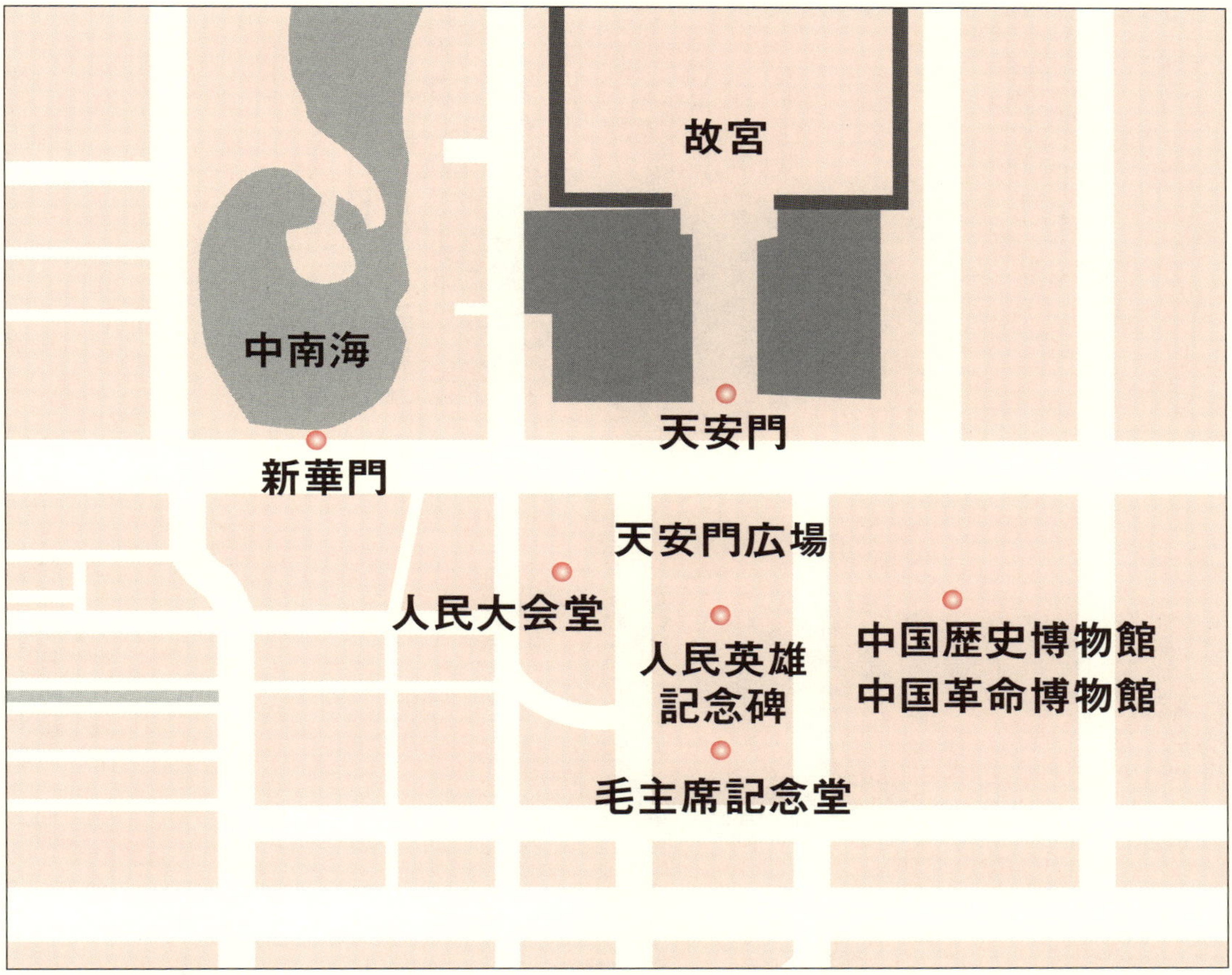

天安門広場周辺地図

た。東西冷戦時代、東欧のハンガリーやチェコスロバキアなどで民主化の動きが表面化すると、ソ連は、戦車の大軍でこれを弾圧してきましたが、ゴルバチョフ書記長は、東欧の民主化を容認する姿勢を示します。東欧の盟主・ソ連の指導者の方針転換で、東欧は一気に民主化へと進みます。共産党独裁政権が次々に倒れていくのです。中国の天安門事件の後、この年の十一月には、ベルリンの壁も崩壊していきます（『そうだったのか！　現代史』参照）。

東欧のこの動きを、中国共産党首脳部は恐怖をもって眺めていました。そのとき、お膝もとで民主化運動が始まったのですから、危機感は一層募ります。だが、趙紫陽は動こうとしませんでした。学生たちの民主化の動きを黙認しました。胡耀邦と同じ姿勢をとったのです。

ところが、趙紫陽が北京を離れたことで、事態は急変します。二三日、趙紫陽は、かねてからの予定に従って、北朝鮮を訪問しました。趙紫陽が北京を留守にした途端、共産党保守派が動いたのです。

この日、保守派の李鵬《りほう》首相が、政治局常務委員会を開き、動乱制止小組（反革命阻止プロジェクト）を設立。二五日には楊尚昆《ようしょうこん》国家主席と共に鄧小平を訪ね、学生運動を弾圧する方針を報告します。

point! 人民日報

1948年に創刊された、中国共産党中央委員会の機関紙で、中国で最も影響力を持つ全国新聞。

民主化要求の運動を世界に知らせることで、中国当局に圧力をかけようとしたのです。

報告を聞いた鄧小平は、次のように語ったといわれます。

「これは一般の学生運動ではなく明らかに動乱だ。この動乱を強力に押えつけなければならない。動乱を引き起こした者たちは、ユーゴスラビア、ハンガリー、ポーランド、ソ連における政治思想の自由化に影響されている。（中略）民衆の悪口、悪評、国際的反応を恐れてはならない。（中略）われわれには数百万の人民解放軍がある」（荒井利明『江沢民政権のゆくえ』）

鄧小平の指示を受けて、翌二十六日には、共産党の機関紙『人民日報』に、「旗幟を鮮明にして動乱に反対しよう」と題した社説が掲載されました。学生たちの行動は「動乱」つまり「反革命」だと断定されたのです。趙紫陽が留守の間に、方針が下されたのです。

学生運動、さらに盛り上がる

驚いたのは学生たちでした。自分たちは、共産党や社会主義体制に反対しているつもりはなかったからです。共産党の指導を認め、社会主義体制の中での民主化を求めていたに過ぎなかったからです。

『人民日報』の社説が掲載された翌日の二十七日、五万人の学生が、社説の撤回を求めてデモ行進しました。学生たちは、「共産党擁護」「社会主義擁護」の横断幕まで掲げました。自分たちの運動が決して動乱（反革命）ではないことをわかってもらおうとしたのです。学生たちの健気な思いは、しかし、共産党には届きませんでした。

それでも学生たちの運動は、広く市民にも浸透します。五月四日には、なんと『人民日報』の記者たちまでがデモ行進をして、「旗幟鮮明に四・二六社説に反対せよ」という横断幕を掲げたのです。

この主張は、社説のタイトルをもじったものですが、共産党機関紙の編集部の中にも民主化を求める人たちが大勢いることを示しました。

さらに翌日、『人民日報』は、「学生たちは我々の根本的な制度に反対しているのではない」という趙紫陽の談話を一面に掲載しました。

党のトップの趙紫陽が、学生の運動を支持している。このことが、学生運動をさらに盛り上げました。

ゴルバチョフが訪問した

学生たちによる天安門広場座り込みが続いている五月十五日、ソ連のゴルバチョフ書記長が北京を訪問しました。ゴルバチョフは、書記長に就任すると、アメリカとの関係を改善するばかりでなく、長年対立を続けてきた中国との関係改善にも動きました。中ソ対立を終結させ、関係正常化を実現させるために、中国を訪問したのです。

中ソの和解という世紀の瞬間を取材するために、世界中のマスコミが北京に集まりました。アメリカのCNNテレビは、北京からの生中継の体制をとりました。

学生たちは、世界中のマスコミが北京に集まるのを絶好の機会ととらえます。民主化要求の運動を世界に知らせることで、中国当局に圧力をかけようとしたのです。

ゴルバチョフ訪中前の五月十三日、天安門広場では、実に一〇〇〇人もの学生たちが、ハンスト（ハンガーストライキ）

天安門事件が起きた

ゴルバチョフ書記長と会談する趙紫陽（1989年5月）

中国の民主化を妨げているのは、実は「改革・開放」を主張していた鄧小平その人だった。

に入りました。「動乱」の規定を取り消し、学生の運動を民主愛国運動であると認め、学生の代表と対話を始めるように求めていました。

海外からの国賓が訪中した場合、記念式典は天安門広場で行われるのが恒例です。しかし、広場は学生たちが占拠していました。中国政府は仕方なく、ゴルバチョフ歓迎式典を空港で行いました。党や政府首脳の面子をつぶすことになったのです。

趙紫陽、党の秘密を暴露

五月十六日、ゴルバチョフと鄧小平の会談と昼食会が開かれ、夕方には趙紫陽との会談が行われました。この会談で、趙紫陽は、驚くべき発言をしたのです。

「一昨年に開かれた第十三回党大会で、鄧小平同志は本人の意思に基づいて、中央委員会と政治局常務委員の地位から退きました。しかし、全党の同志は、党の事業にかんがみ、我々の党は、まだ鄧小平同志を必要とし、彼の知恵と経験を必要としていると考えています」

「このため、十三期一中全会で、最も重要な問題については、やはりまだ鄧小平同志の舵取りが必要であると慎重に決定しました。第十三回党大会以来、我々はもっとも重大な問題を処理する時には、いつも鄧小平同志に報告し、教えを請うています」（『中国権力核心』）

この発言は、全国に生中継されていました。趙紫陽は、そのことを意識して、この発言をしたのです。

発言の中の「十三期一中全会」とは、第十三回全大会の後に開かれた第一回の中央委員会総会のことです。

中国共産党は、鄧小平が表向き引退した後も、常に鄧小平の指示に従っている。それも、共産党の秘密決議によって。鄧小平が最高実力者としていまも君臨している。

趙紫陽は、こんな極秘事項を生中継の電波に乗せて全国に知らせたのです。「中国の政治は民主的ではない。学生たちの行動を動乱だと決めつけたのは鄧小平だ」ということを全国に知らせたのです。

実は趙紫陽は、『人民日報』の社説が出た後、北朝鮮から帰国し、学生運動を「動乱」と決めつけた党の方針を改めるように求めて動いていました。しかし、李鵬首相らの反対で、実現しませんでした。そこで趙紫陽は、ゴルバチョフ訪中の機会をとらえて反撃に出たのです。

人民が立ち上がった

中国の民主化を妨げているのは、実は「改革・開放」を主張していた鄧小平その人だった。中国の人々は、この事実を初めて知ったのです。

学生運動は、一般の人々も参加した一大大衆運動に発展しました。掲げるスローガンも、鄧小平の退陣要求にエスカレートします。

翌十七日、人々が決起しました。天安門広場とその周辺の道路は、人の波で埋まったのです。整列すれば五〇万人、詰めれば一〇〇万人は収容できるという天安門広場が一杯になったのです。

この様子を取材した日本の新聞記者は、次のように書いています。

「どの顔も解放感と喜びにあふれていた。カメラを向けても、悪びれずに手を振る。烏合の衆でもないし、向こう見ずにも見えなかった。

天安門広場で学生に呼びかける趙紫陽。右から二人目が現在の総理の温家宝

　一瞬、めまいがした。中国でこういう光景を目にすることがあるなんて、少し前まで想像も出来なかったからだ。この国では、少し人が集まれば公安がやってきて解散させた。ビラでも貼ろうものなら、すぐに拘束された。指導者の家の前を歩いていただけで、誰何《すいか》されたこともある。

　そんな国で、こんなに多くの住民が勝手に広場に集まり、何も恐れることなく、自分の意見を自由に話す日が来るなんて、信じられなかった」（『中国権力核心』）

　集まった人たちは、スローガンを書いた横断幕に、職場名を堂々と書き込んでいました。

　中国共産党の組織部、統一戦線部、中央党学校から、国務院（内閣）の各省、報道機関では党機関紙『人民日報』や国営通信社である新華社など、鄧小平が「動乱」（反革命）と決めつけた運動に、中国共産党や政府など権力の中枢に勤める人たちが加わっていたのです。

　この日、中国全土で一〇〇〇万人を超える人たちが街頭に出たといわれています。

　人民が、立ち上がったのです。

趙紫陽が失脚した

　五月十九日の午前四時四十五分。まだ暗い天安門広場に、趙紫陽が姿を現しました。いつもの背広姿ではなく、人民服を着用していました。疲れ果てた様子の趙紫陽は、学生にハンドマイクを手渡され、学生たちに向かって話しかけました。

「学生諸君、我々はやって来るのが遅すぎた。すまなく思う。君たちはまだ若い。将来がある。諸君は国のためによかれと思ってやっていても、各方面に重大な影響を与えることになる。冷静に今後のこ

point! 李鵬

1928年、四川省成都に生まれる。周恩来の養子として育てられ、1948年にモスクワに留学。電力工業部部長、国務院副総理を歴任して1987年に政治局常務委員となり、総理に就任する。

戒厳令の布告を受け、地方から人民解放軍の部隊が首都に集結を始めます。

とを考え、ハンストを早くやめてほしい」話しかけているうちに、何度も嗚咽《おえつ》し、涙声になっていました。

この様子はテレビのニュースで放送されました。が、趙紫陽が表に出るのは、これが最後でした。

この日の夜、保守派の李鵬首相がテレビに出演。首都の治安維持を呼びかけました。冒頭、李鵬首相は、「党中央、国務院を代表して」と話し始めました。

首相は国務院のトップですから、「国務院を代表して」と言うのは当然ですが、問題は「党中央」をも代表していると言った部分です。党中央を代表するのは、総書記である趙紫陽だからです。保守派の李鵬が「党中央」をも代表していると言ったことで、趙紫陽が失脚したことを人々は知ったのです。

これより前、人々が街頭に繰り出し、中国の民主化や鄧小平の退陣を求めた五月十七日当日、鄧小平の自宅では、共産党の首脳が集まり、対策を協議していました。席上、鄧小平は、戒厳令を布告するように命じます。趙紫陽は反対しますが、多勢に無勢。戒厳令を出す方針が決まり、その夜、党政治局常務委員会が正式に開かれ、戒厳令の布告が正式に決まりました。委員会でも趙紫陽だけが反対。戒厳令発令の方針が決まると、趙紫陽は辞意を表明します。

鄧小平は、胡耀邦に続き、趙紫陽も切り捨てたのです。

趙紫陽は、一九一九年、河南省の豊かな農家に生まれました。十三歳で共産主義青年団に入り、十九歳で入党。文化大革命中に失脚しますが、その後、復権。

鄧小平の出身地である四川省で、農家の「生産請負制度」を実施して大きな成果を上げ、鄧小平に評価されて、総書記にまで引き上げられていました。

戒厳令が布告された

五月二十日午前十時。李鵬首相は、「北京市一部地域」に戒厳令を布告します。戒厳令とは、憲法の効力を停止し、立法・行政・司法の三権を軍隊に委ねることです。「北京市一部地域」である天安門広場一帯では、通常の警察ではなく、軍がすべての権力を行使することを宣言したのです。

この発表を聞いた学生たちは、軍隊の突入に備えて、バリケードを作り始めます。市内各地にバスやトラックを並べて、交通を遮断したのです。

その一方で、戒厳令の布告を受け、地方から人民解放軍の部隊が首都に集結を始めます。兵士を満載したトラックが市民に囲まれ、「人民の軍隊が人民を攻撃してはダメだ」と説得される姿も見られました。トラックを阻止しようとする市民と軍との衝突も各地で発生し始めました。

学生たちは、広場に座り込みを続ける一方、指導部は、今後の方針をめぐって堂々巡りの議論を続けました。

［中国こぼれ話］
温家宝も現場にいた

現在の中国の首相である温家宝《おんかほう》は、二〇〇七年四月に日本を訪問。国会で演説しました。実は温家宝は、当時、趙紫陽の秘書だったのです。

このため、趙紫陽が天安門広場でハンストをしている学生たちに会いに来たとき、温家宝が付き添っていました。

温家宝は、当時のことについて、一切コメントしていません。

天安門事件が起きた

天安門広場に運びこまれた「民主の女神」像

学生たちのリーダーになっていたのは、北京大学歴史学部一年の王丹《おうたん》や、北京師範大学心理学部の大学院生の柴玲《さいれい》、やはり北京師範大学で学部生のウアルカイシ（新疆ウイグル自治区出身のウイグル族）などでした。

とりわけ柴玲は、その美貌で闘争の〝マドンナ〟になっていました。

彼らの中でも、徹底抗戦を叫ぶ者、いったん撤退し、長期戦に移るべきだと主張する者に分かれました。

戒厳令の布告に脅《おび》えて、広場から立ち去る北京の大学生が相次ぐ一方、地方からは大学生たちが続々と天安門広場に集まってきました。

当初から学生運動の指揮をとっていた王丹やウアルカイシは、形勢不利と見て、いったん撤退する方針を提起します。しかし、新たに集まってくる地方の学生たちに押される形で、柴玲は徹底抗戦の方針を主張。主導権を握り、王丹やウアル

戦車部隊の前に、荷物を持った白いワイシャツ姿の男が一人立ちふさがったのです。

カイシは学生指導部から追い出されました。

共産党首脳が強硬策を取る一方で、学生も強硬派が主導権を握る。不幸な対立構造が完成しました。

二十一日になると、人民解放軍戒厳部隊指揮部が、テレビを通じて「北京市民に告げる書」を発表します。「戒厳令に従い、首都の治安維持のため、断固たる措置をとる」と宣言していました。「断固たる措置」が何を意味するかは明らかでした。

大量の戦車、装甲兵員輸送車、軍用トラックが、続々と北京周辺に集結します。人民解放軍二十万人が動員されたのです。

人民解放軍の標的になっていた天安門広場では、五月二十九日、「民主の女神」像が運び込まれました。中央美術院の学生が、発泡スチロールと石膏を固めて作った張りぼての像でした。高さ十メートル。アメリカの「自由の女神」がモデルです。稚拙なものでしたが、広場に据えつけられると、民主化を求める運動のシンボルになりました。

広場周辺が血に染まった

六月四日は日曜日。午前四時十分。天安門広場の電気が一斉に消され、広場は真っ暗闇になります。広場で寝ていた学生たちに動揺が広がります。広場に据えつけた拡声器から、学生たちが歌う「インターナショナル」の歌声が響きます。

「起来！ 飢寒交迫的奴隷……」（立て、飢えたる者よ……）

インターナショナルは労働歌。全世界の抑圧された労働者が団結して立ち上がろうと呼びかける歌で、共産党の集会ではおなじみの歌です。学生たちは、あえて「インターナショナル」を歌うことで、自分たちが「共産党に反対しているわけではない」と精一杯のアピールをしたのです。

午前四時三十分。赤色の信号弾が未明の空に打ち上げられ、広場を赤く照らしました。

これが合図でした。

戦車や装甲車が一斉に広場に突入します。広場やその周辺に銃声が響きます。

学生たちの七週間にわたる民主化要求の運動が、戦車によって踏みつぶされた瞬間でした。

「民主の女神」も倒されました。

この様子を現場から日本に向けて電話でリポートしていたNHKの若い記者は、涙声になっていました。

天安門広場周辺の主要道路である長安街では、兵士が群衆に向かって無差別射撃を開始します。逃げ惑う若者たちが、白いシャツを赤く染めて倒れます。

群衆の中から火炎瓶が投げつけられ、装甲車や軍用トラックが火を吹きます。火だるまになった兵士が息絶えます。

市街戦が繰り広げられたのです。

戦車を止めた男がいた

兵士による無差別銃撃は、翌日も続きます。人民解放軍の兵士を乗せた軍用トラックは大通りを行き来し、通りの両側のビルから顔を出す人たちに向かって発砲を繰り返したのです。

このとき、信じられない光景が出現しました。人通りの絶えた大通りを我が物顔に進む戦車部隊の前に、荷物を持った白いワイシャツ姿の男性が一人立ちふさがったのです。

天安門事件が起きた

戦車を止めた男

戦車は緊急停止。男を避けて通ろうとしますが、戦車が方向を変えるたびに、男は戦車の前に移動します。後続の戦車も身動きとれなくなりました。

戦車は、果たして男を轢《ひ》いてしまうのだろうか。見ていた人々は息を呑みました。にらみ合いが続きます。

やがて、脇から男たちが駆け寄り、男性は連れ去られました。

この様子は、外国のメディアが撮影。「戦車を止めた男」として世界に報道され、感動を呼びました。武器を持たない市民の抵抗と、それを押しつぶそうとする軍隊を象徴する映像になったのです。

犠牲者数は不明

これが、天安門事件の顛末《てんまつ》です。周恩来が死去したときにも人々が天安門広場に集結し、鄧小平失脚のきっかけになりました。このときも「天安門事件」と呼ばれたことから、今回の事件は、「第二次天安門事件」とも呼ばれます。最初の天安門事件で鄧小平は失脚しますが、第二次天安門事件は、鄧小平が命令して起こしたのです。

この事件で、一体どれだけの犠牲者が出たのか。真相は明らかではありません。

学生たちの
民主化要求がつぶされた後、
やって来たのは
冬の時代でした。

中国政府の公式発表は、鎮圧側の兵士や警察官も含めて死者三一九人、負傷者九〇〇〇人というものでしたが、この数字は実態よりはるかに少ないと見られています。

政府が、学生や市民の被害をなるべく小さく見せようとしていることや、遺族が死亡を届けなかった例があるためです。この事件で死亡したことがわかると、遺族も逮捕されたり不利益を被ったりすることを恐れ、別の場所で別の理由で死亡したことにして届けたケースもあるからです。

その後、一九九六年になって香港の雑誌は、中国公安部の報告として、民間人の死者五二三人、軍・警察の死者四十五人と伝えています。

なお、当初は、天安門広場でも多数の学生が殺害されたと見られましたが、その後の海外の報道機関の検証によって、広場では死者が出ていなかったことが確認されています。

軍が突入する直前、広場にいた学生の代表と軍の指揮官との話し合いで、広場の東南方向に軍が避難路を用意していました。戦車や装甲車が広場に突入した際、学生たちは、この避難路から脱出していたのです。

しかし、広場周辺の街路では衝突が繰り返され、兵士による無差別射撃で大勢の死者が出ました。

中国、再び長い冬へ

軍による鎮圧を報道することに、中国のマスコミは抵抗しました。天安門広場から学生を排除する様子の撮影を命じられた中央テレビ局のカメラマンは、「生命の危険」を理由に出動を拒否しました。

また、六月四日から三日間、中央テレビの男女のニュースキャスターは、喪服を着用して画面に登場し、事件のニュースを読むときは、悲しげな表情で抑揚をつけずに原稿を読み上げました。放送で抗議を示したのです。このため、二人は解雇されました。

国際ラジオ放送の英語部門は、「数千人の罪のない人民が、重武装の兵士によって殺害された」と報じ、人民に対する弾圧に抗議するように聴取者に呼びかけました。放送後、英語部門の担当者は全員厳しい取り調べを受け、自己批判書を書かされました。

学生運動を指揮していた柴玲やウアルカイシは、戦車が広場に突入する前に現場を離れ、国外に逃亡しました。

柴玲は当時結婚していて、夫婦でフランスに渡りますが、ここで夫とは離婚。その後、アメリカに移り、プリンストン大学を卒業後、ハーバード大学のビジネススクールを出て、アメリカで再婚した夫と会社を経営しています。

ウアルカイシは香港に出て台湾に渡り、台湾の女性と結婚。台湾で政治評論家になっています。

戦車の突入より前に撤退を呼びかけた王丹は北京に留まり、逮捕されました。一度は釈放されますが、天安門事件で大学を中退させられた学生たちを救援する活動を始めたことが「反革命組織作り」とされて再び投獄。獄中で体調を崩し、一九九八年、「病気治療」を名目にアメリカに出国させられました。

学生たちの民主化要求がつぶされた後、やって来たのは冬の時代でした。民主化運動の七週間に、公安は参加者たちの顔写真を撮影し、その多くの身元を特定していました。事件後、次々に逮捕されて

第12章

天安門事件が起きた

戒厳部隊をねぎらう鄧小平

これが、やがて若者たちの「反日」意識を育成することにつながるのです。

いったのです。

海外の放送局の取材に応じた人たちについては、当局がビデオに録画していて、国内のテレビで放映し、「この人物を指名手配」とやったのです。気軽にインタビューに応じた人たちが密告により逮捕されました。

物言えば唇寒し。中国は、以前の状態に逆戻りしたのです。

天安門広場に人民解放軍が突入してから五日後、鄧小平の行動が報道されました。人民解放軍の戒厳部隊をねぎらう鄧小平の姿があったのです。戒厳令の布告も武力弾圧も、すべて鄧小平の指示であることを全国に示しました。

六月二十三日、党の中央委員会総会が開かれ、趙紫陽の解任が正式に決定されます。趙紫陽を、「党と国家の生死存亡にかかわる重大なときに、動乱を支持し、党を分裂させる誤りを犯し、動乱の形成と発展に対して逃れられない責任を負っている」（『江沢民政権のゆくえ』）と批判する文書が公表されました。

趙紫陽は、この総会で一党員に格下げされた上で、党の審査を受けることになります。軟禁状態にされたのです。軟禁は、二〇〇五年一月に死去するまで続きました。

江沢民が起用された

趙紫陽が解任された後、党の序列で趙紫陽の次に位置していたのは李鵬首相でした。しかし、鄧小平は、保守派の李鵬は起用せず、平の政治局員でしかなかった江沢民を総書記に起用しました。政治局の常務委員たちを飛び越え、二階級特進でした。

対外的にはほとんど知られていなかった人物だけに、海外からは意外な人事と受け止められました。

鄧小平は、政治面での自由化は断固として阻止しましたが、経済面での自由化つまり「改革・開放」路線は維持したかったのです。その点で、保守派の李鵬は、経済の自由化に消極的でした。また、李鵬は、趙紫陽に反対して学生たちの弾圧した急先鋒と見られていました。イメージが悪かったのです。

当時、共産党上海市委員会書記だった江沢民は、趙紫陽に代表される民主派と、李鵬に代表される保守派の中間的存在でした。上海でも学生たちによる民主化運動が展開されていましたが、上海では軍を動員することなく、学生たちを説得して解散させていました。学生運動を弾圧したというイメージがなかったのです。

こうした条件から、鄧小平は、江沢民なら自分の言うことを聞き、改革・開放路線を守るだろうと判断したのです。鄧小平は、自分が総書記になれると思い込んでいた李鵬に対して、「改革を実行し、希望の持てるものだと人民に感じさせる指導グループ」を確立しなければならないのだと諭《さと》しています。

鄧小平、「引退」

党の総書記に江沢民を指名した後、この年の十一月、鄧小平は、「完全引退」を宣言。最後まで握っていた中央軍事委員会主席の座を江沢民に譲りました。

鄧小平は、表向き政治の舞台から退いた形をとっていましたが、中国での権力の源である軍隊のトップの座は握り続けていました。それを、江沢民に譲ったのです。八十五歳という年齢の鄧小平は、終身制にならないようにするためだ、と説明しました。

　これにより、江沢民は、党のトップであると共に、軍のトップにも就任し、最高権力者の座を確保しました。

　しかし、重要な問題は鄧小平同志に相談する、という党の中央委員会総会の決議は生きていました。表向きすべての役職から「引退」した形になったものの、鄧小平は、その後、一九九七年二月十九日に死去するまで「最高実力者」であり続けるのです。

「愛国教育」が徹底された

　江沢民は、鄧小平の路線を守りました。経済の改革・開放はもちろんですが、学生たちによる「動乱」を二度と起こしてはいけない、という点でも。

　鄧小平は、天安門事件が起きる六月四日の二日前に、政治局常務委員を前に、次のように語っていました。

「われわれは子供を十分に教育してこなかった。大量の思想工作がないがしろになった」「われわれは動乱を平定したのち、教育の面で犯した過ちを償うために懸命に努力しなければならない」(張良編　山田耕介ほか訳『天安門文書』)

　江沢民は、若者たちが、共産党に反抗することのないように、教育に重点を置くことになります。

　一九九〇年の大学新入生から、一か月間の軍事訓練が義務づけられました。学生運動の拠点になった北京大学と上海の復旦大学は特に厳しく、訓練期間が一年間もあったのです。九二年になってようやく両大学とも軍事訓練は他大学並みに減らされました。

　中学や高校では、歴史の授業時間数が増やされました。中国にとって屈辱の近代史の教育を徹底し、二度とこのようなことがないようにしなければならない、という点が強調されたのです。

「国旗法」が制定され、小中学校では毎週一度は早朝に国旗の掲揚式を行うことが義務づけられました。同時に、全校生徒が整列して、愛国主義を発揚する講話を聞くことになっています。

　江沢民は一九九一年、「愛国教育」として強調しなければならない柱として、次の四点を示しています。

1「アヘン戦争（一八四〇年）以来の百年以上にわたり中国人民が列強に欺かれ辱しめをうけた」

2「この期間に多くの志ある者と大衆が命を捧げ、血を流して中華を守ろうとした」

3「中国共産党が抗日戦争と解放戦争を闘い、新中国を打ち立てた。解放後も反侵略の戦争を経て中国人民を侮ることができないことを証明した」

4「中国人民が侵略に反対し、正義を貫き強暴な敵を恐れず平和を守った。特に覇権主義と強権政治に反対した」(清水美和『中国はなぜ「反日」になったか』より)

　二度と天安門事件を起こしてはならない。そのためには、若者たちに「中国共産党の政治的正統性」を強調しなければならない。かつての中国人民が、軍国主義の日本に苦しんだとき、人民を解放したのが中国共産党である。だから共産党は素晴らしく、人々は共産党を愛し、その指導に従わなければならない。

　第1章で見たように、こうした「愛国教育」(実際は「中国共産党を愛しなさい」という教育)を徹底するために、過去いかに中国人民が日本によって辛酸をなめさせられたかを強調することになります。これが、やがて若者たちの「反日」意識を育成することにつながるのです。

　かつて民主化を叫んだ若者たちが、いまや反日を叫ぶ。天安門事件以降の共産党による教育の成果が出ているのです。

第13章 香港を「回収」した

トップの行政長官も、
中国政府公認の候補が
当選を
続けているのです。

香港の行政長官に再選された曾蔭権（2007年3月）

行政長官が選挙で当選した

二〇〇七年三月二十五日、香港の行政長官の選挙が行われ、曾蔭権《そういんけん》が再選されました。

香港が中国に返還された後、香港の政治と行政のトップである行政長官は選挙で選ばれていますが、前回は無投票で当選。今回初めて対立候補が立ち、投票が行われたのです。

当選した曾蔭権は、前長官の後継者。中国政府の支援を受け、民主派候補を退けました。

香港は、イギリスから中国に返還された後、「中国式の政治体制ではなく、イギリス流の民主主義制度でいく」ということになっているのですが、実態は、大陸の中国政府の顔色をうかがいながらの政治が続いています。トップの行政長官も、中国政府公認の候補が当選を続けているのです。

二〇〇七年七月で香港返還から十周年。香港と中国本土との関係は、大きく変わりつつあります。

香港と呼ばれる地域は、香港島と九竜半島、それにランタオ島などの中小の島々で構成され、総面積は東京都の半分ほどの広さです。まばゆいばかりの夜景が有名な香港。かつての寒村がここまで繁栄してきたのですが、最近は、いささか異変も起きています。

この小さな地区は、数奇な運命をたどってきました。そもそも香港はなぜイギリスの植民地になり、そしてまた中国に返還されたのでしょうか。その歴史を振り返ってみましょう。

アヘン戦争で イギリスが奪った

イギリスと香港との関係が始まるのは、十九世紀のことです。当時の中国は清朝。イギリスは、中国から茶や絹、陶器などを買う一方、イギリスの植民地だったインドで生産したアヘンを売りつけました。

大量のアヘンが流れ込んだことで、アヘン中毒の患者が激増。清朝の広東省担当大臣だった林則徐《りんそくじょ》は、一八三九年、大量のアヘンを押収し、香港近くの場所で処分しました。

これに怒ったイギリスのアヘン商人は、イギリス本国の議会を動かして中国への派兵を決めさせ、アヘン戦争が始まったのです。一八四一年一月のことでした。アヘンを売りつけて中毒患者を増やしておきながら、そのアヘンを処分されると逆ギレする。これが帝国主義なのですね。

イギリス軍は、香港島に上陸すると、圧倒的な力で清朝の軍勢を一掃。一八四二年五月には上海まで占領します。これに驚いた清朝は、一八四二年八月、イギリスとの間に南京条約を締結。香港島がイギリスに譲り渡されたのです。

イギリスは、一八六〇年には今度は北京条約で九竜半島南部も割譲させます。

さらに一八九八年には、九竜半島の中部から北部地域（新界地区）を九九年間租借する協定を結びました。「香港境界拡張協約」です。こうして、香港はイギリスの植民地となったのです。

香港では、イギリスのビクトリア女王（当時）の代理の香港総督が全権を握り、その下に立法評議会と行政評議会が設置されました。立法評議会のメンバーは、香港の住民から選ばれますが、総督の諮問機関であって、議会の機能はほとんど果たしませんでした。

当時の香港は、さびれた小さな漁村。マラリアやコレラが流行するという極めて不衛生な場所でしたが、イギリスによる開発で発展することになります。

イギリスは、香港を自由貿易港として整備しました。貿易に原則として関税をかけなかったのです。その上でイギリス式の資本主義を持ち込んだことにより、香港は大きく発展することになります。

［中国こぼれ話］

僅差でアヘン戦争開始

イギリス軍の中国派兵を決めたイギリス議会の採決は、賛成二七一票、反対二六二票でした。わずか九票の差で、香港の運命が決まったのです。

アヘンを売りつけ、それが押収されると軍隊を派遣する。まさに砲艦外交でした。採決に当たって、当時の野党・保守党のグラッドストーンは、「これほどその原因が不正義である戦争は聞いたことがない」と演説して決議案に反対しました。

日本軍が 占領したことも

この香港を、日本が占領していた歴史を、意外に日本の若者たちは知りません。日本の観光客が必ずと言っていいほど「アフタヌーンティー」に立ち寄る「ペニンシュラ・ホテル」は、日本軍の司令部になっていたのです。

日本がアメリカ、イギリスに宣戦布告して太平洋戦争が始まった一九四一年十二月八日。日本軍はハワイの真珠湾を攻撃すると同時に、イギリスが支配してい

アヘンを売りつけて
中毒患者を増やしておきながら、
そのアヘンを処分されると
逆ギレする。

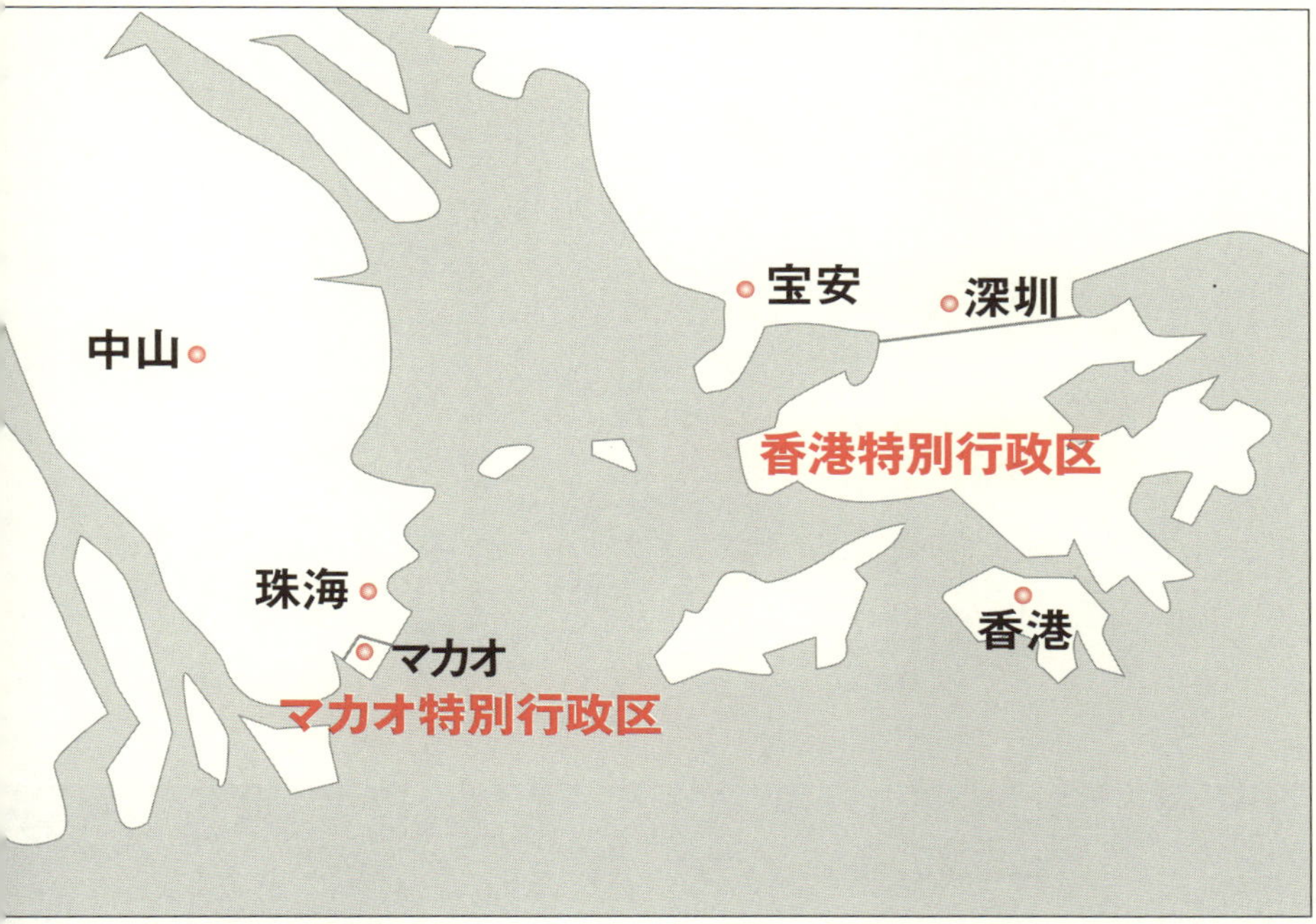

上:香港とマカオの位置
下:香港の夜景

た香港も攻撃しました。

日本軍は、それまでの日中戦争で、香港に隣接する中国大陸の広東省を占領していました。そこで日本軍は、広東省から国境を突破して新界地区に突入します。九竜半島を一気に南下して占領し、最後にイギリス軍の主力部隊が陣取る香港島を攻略しました。

香港島をめぐる激しい戦闘の結果、十二月二十五日、イギリス軍は降伏します。香港ではこの日のことを「ブラック・クリスマス」（黒いクリスマス）と呼ぶようになります。

香港を占領した日本軍は、ここを香島と改名。日本軍が駐留すると食料の確保がむずかしくなるため、二〇〇万人近くいた住民を大陸に強制退去させ、住民の数を六十万人に制限しました。

しかし、一九四五年八月、日本が連合国軍に降伏すると、香港は再びイギリスの統治下に戻りました。

長期打算、充分利用

第二次世界大戦後の国共内戦に勝利した中国共産党は、いったんは香港まで攻め込んで中国の領土とすることも考えたようですが、発展を続ける香港は、いわ

ペニンシュラ・ホテル

香港は、大陸の中国にとって世界に開けた窓であるように、西側陣営にとっても、大陸をのぞく窓であったのです。

ば「金の卵を産むガチョウ」。ガチョウを食べてしまっては、金の卵が手に入らなくなります。中国共産党は、あえて香港を支配せず、イギリス統治下で発展させる道をとりました。

この方針は、「長期打算、充分利用」（長い目で考慮し、できるだけ利用する）と表現されました。

香港をイギリスの支配下に残した理由について、周恩来は一九五一年、次のように説明しています。

東西冷戦によって、アメリカと中国は厳しく対立するようになった。しかしイギリスは、香港の植民地支配を継続したいので、いち早く中国を国家として承認した。中国をめぐって、アメリカとイギリスは立場が異なる。アメリカが中国を封じ込めようとしても、イギリスがそれに同調しないのである。我々が香港をイギリスの支配下に置くことで、アメリカの中国封じ込め政策に穴をあけることができる。

このように説明した後、こう述べています。

「香港は東南アジア、アジア、アフリカ、中南米および西側に通じる窓口となり、世界を相手にしたときの展望台、気象台、前線陣地となるだろう。アメリカをはじめとする西側陣営の中国封じ込め政策を打破するための前線基地でもある」（許家屯著　青木まさこほか訳『香港回収工作』）

難民にとっての安息の地に

中国大陸にありながら、イギリスの植民地であるという香港の特殊性から、中国大陸で大変動が起きるたびに、香港には大勢の難民が流れ込み、人口が増え続けます。

国共内戦で国民党が敗れると、国民党員やその家族の多くは台湾に逃げ込みますが、一部は香港に逃げ、ここに国民党の拠点を築きます。香港が中国に返還されるまで、香港ではあちこちで台湾の「青天白日旗」が翻っていました。

新生中国は、毛沢東の無謀な大躍進政策や文化大革命によって混乱が続きます。そのたびに、香港には、国境を越えて大勢の難民が逃げ込んできました。

この難民たちから話を聞くことで、〝竹のカーテン〟に隠れた大陸での様子を知ることができたのです。香港は、大陸の中国にとって世界に開けた窓であるように、西側陣営にとっても、大陸をのぞく窓であったのです。

イギリスの植民地であるゆえに、香港には、大陸にはない言論の自由がありました。さまざまな新聞や雑誌が発行されたのです。中国共産党を代弁する新聞もあれば、台湾の立場に立つ新聞もあり、まさに百家争鳴《ひゃっかそうめい》の状態でした。

大陸内部に情報源を持つ新聞や雑誌も多く、しばしば大陸の極秘情報が報道されました。ただ、中には誤報も多く、「香港情報」というと、日本の報道機関にとっては「真偽がはっきりしない」という代名詞にもなったのですが。

香港で中国を代表する〝大使館〟の役割を果たしたのは、中国の国営通信社である新華社の香港支社でした。通常の取材活動に名を借りて香港の情報を集めては北京に送っていました。香港で「情報源」を開拓するという、要するにスパイ活動の拠点でもありました。ここには中国共産党の宣伝工作部もあり、香港で発行されている中国系新聞に、記事の内容を指示していました。

point! サッチャー

マーガレット・ヒルダ・サッチャー。1925年生まれの政治家。イギリスで、女性として始めての保守党党首となり、1979から1990年までイギリス首相を務める。「鉄の女」は、ソ連のラジオ局がサッチャーを非難してそう呼び、以後ニックネームとなった。

反英暴動が起きたことも

香港は大陸とは無関係ではいられません。一九六七年、大陸で文化大革命の嵐が吹き荒れているとき、香港でも同じような事態が発生したのです。

この年の五月、香港の九竜地区のプラスチック造花工場で労使紛争が発生します。警察が労働者を強制的に排除したことから、親中国系左派の市民が労働者を支援して、大規模な反英デモに発展しました。

このときデモの参加者たちは、『毛沢東語録』を振りかざし、香港総督官邸の周囲の壁に壁新聞を貼り巡らせました。大陸の文化大革命とそっくりの様相を呈したのです。

左派系市民たちは、「愛国無罪、抗暴有理」を叫び、労働者のストライキや商店の閉店ストを呼びかけました。

話がまとまらなかったら、軍事力を使ってでも香港をイギリスから奪還すると言外に述べたのです。

騒ぎは三か月にも及び、この騒ぎで、香港在住の中国共産党員多数が逮捕されて、地下のネットワークは大打撃。以後、香港での共産党の活動は停滞することになります。

サッチャーがつまずいた

中国・北京の人民大会堂から外に出ると、広い石の階段があります。ここを下りようとしたイギリスのサッチャー首相は、階段につまずいて倒れかけました。その直前、鄧小平との会談で受けた衝撃から精神的に立ち直れなかったために起きたアクシデントだと語り伝えられています。一九八二年九月のことでした。

〝鉄の女〟と称せられたほどのサッチャーが受けた衝撃というのは、どんなものだったのでしょうか。

香港はイギリスの植民地でしたが、その内容は二つに分かれます。永久に割譲を受けた香港島・九竜半島と、九十九年間の租借地である新界地区です。九十九年間の租借が決まったとき、「九十九年」とは永久と同義に思われたのですが、一九九七年は、その「九十九年」の期限が切れる年でした。イギリスは、期限が切れても香港を維持しようとします。

国際法的には、イギリスが租借していた地域だけを返還し、イギリスが割譲を受けた地域をそのまま維持することも可能でした。しかし、香港島と九竜半島は、新界とその先の後背地に食料と水を依存していました。香港と九竜半島だけを切り離したのでは、自立することが不可能なのです。

それに、香港と九竜半島だけがイギリスの統治下に残るとすれば、新界地区の住民が香港と九竜半島に殺到することが予想されます。それだけの住民を収容することもできません。結局は、割譲地区も租借地区も、一体として考えなければならなかったのです。

一九七九年、つまり期限まで後二十年を切った時点で、当時のイギリスのマクリホース香港総督は、中国を訪問。一九九七年以降も租借を継続したいと打診しました。

これに対して鄧小平は、「期限が来れば中国は必ず香港の主権を回収する」と述べたのです。

一般に「香港返還」と呼ばれますが、中国からすれば、過去に奪われた香港を「回収」する、ということになります。

これを聞いた総督は、そうなれば香港人は将来に不安を抱くと反論すると、鄧小平は、「香港の投資家は安心してくださ

香港を「回収」した

中国を訪れたサッチャー首相(1982年9月)

い」と答えました。香港の資本主義体制を壊すようなことはしない、という意味でした。当時から鄧小平は、香港の体制は変えないまま回収するという方針を持っていたことをうかがわせます。この方針が、やがて「一国二制度」として結実します。

一九八二年九月、香港の返還をめぐって、中国とイギリスの本格的な交渉が始まりました。サッチャー首相が訪中し、鄧小平と会談したのです。

席上、サッチャー首相は、香港の繁栄を維持するためにはイギリス人が香港に留まることが必要だと主張しました。

これに対して、鄧小平は、こう述べたのです。

「中国は平和的な回収、交渉を通じた回収を望んでいるが、交渉がたとえ決裂しても、中国は香港を回収することにかわりはない」と。

つまり、話がまとまらなかったら、軍事力を使ってでも香港をイギリスから奪還すると言外に述べたのです。これが、サッチャーが階段でつまずくほどの衝撃を与えたのでした。

この強硬姿勢を受け、イギリスは、香港を中国に返還する方針を固めます。

香港市民は「二級市民権」

中国とイギリスとの交渉が始まる前年の一九八一年、イギリスは既に香港返還に備えた対策をとっていました。香港市民は、イギリス本国の永住権を持つことができないことにしたのです。

香港のパスポートを持っている人は、海外旅行中にトラブルに巻き込まれた場合、その国のイギリス大使館や領事館に助けを求めることはできますが、イギリス本国での永住権は与えられないことに

point! 一国二制度

一つの国で、二つの制度を共存させるという統合形式。もともとは台湾統一政策として構想されたもので、返還後の香港に適用された。中国の「祖国統一」が、武力路線から平和統一路線に転換されたという意味がある。

香港市民にとって、六月四日の軍による武力行使は、恐怖以外の何物でもありませんでした。

なりました。

同じイギリスの植民地であるジブラルタルやフォークランド諸島の人々は、イギリスでの永住権が認められていましたから、香港市民だけが、イギリス連邦の中で「二級市民」の扱いを受けることになったのです。

将来、香港が中国に返還された場合、中国支配を嫌った大量の香港市民がイギリスに逃げ込んで来られないように対策をとったのでした。

このイギリスの方針を見て、香港の人たちも自己防衛に走ります。資金に余裕のある人たちは、カナダやオーストラリアでの国籍取得を始めます。同じイギリス連邦のカナダやオーストラリアは、香港市民の移住や国籍取得に寛容だったからです。娘や息子をカナダに留学させ、そこで国籍を取らせて、後から家族が合流するという方式をとった人たちが多かったようです。いったん娘や息子がカナダ国民になれば、その親も永住権や国籍の取得が容易になります。

カナダやオーストラリアの国籍を取得した人たちは、いざというときの〝逃げ場〟を確保した上で、香港に戻ってきて、香港での事業を継続します。これが、大陸から逃げてきた難民の子孫たちのリスク管理でした。

最後の香港総督を務めたクリス・パッテンは、こう述べています。

「香港で人を区分けする線は、民主主義を信じるか信じないかよりも、中国を信じるか信じないかなのである」(クリス・パッテン著　塚越敏彦ほか訳『東と西』)

香港の中国への返還決まる

一九八四年、「中英共同宣言」が発表され、香港は一九九七年七月一日に中国に返還されることが決まりました。中国が香港を「回収」するのです。

香港の中国返還を決定づけたのは、中国が打ち出した「一国二制度」でした。

香港が中国に返還されても五十年間は、香港の体制を維持することを中国が約束し、これをイギリス政府が了承したのです。資本主義体制と自治を認めるだけでなく、言論の自由、信仰の自由も認めるというものでした。

詳しい内容は、次の通りです。

香港は、中国の憲法で、「香港特別行政区」に指定され、北京の中央政府が直轄するものの、高度の自治権を保有する。国防と外交は大陸の中国政府が担当するが、それ以外は特別行政区が権限を持つ。

香港特別行政区が行政権、立法権、司法権の三権を持ち、裁判の最終審判権(つまり最高裁判所の立場)も香港が持つ。

香港の政府は香港人によって組織され、選挙で選ばれた行政長官は中央政府が任命する。香港人による香港統治(港人治港)である。

「中国香港」という名称で、独自に国際組織に加盟することも認められる。

もとは台湾が対象だった「一国二制度」

社会主義国の中国が、資本主義の象徴であるような香港を、どう「回収」するのか。多くの人が注目していたのですが、その結果は、「一国二制度」というものでした。「社会主義国の中の資本主義」という考え方は、世界を驚かせました。

いまでこそ中国は「社会主義市場経済」という名の資本主義国になっていますから、香港の体制も違和感はないのですが、

「天安門事件」で中国政府に抗議する香港市民

この方針が打ち出されたときには、実に新鮮な発想に思えたのです。

この「一国二制度」は、そもそもは台湾を意識したものでした。

一九八一年九月、中国政府は台湾との統一を呼びかける「九項目提案」を発表しています。かつて中国は、「台湾を必ず解放する」と言っていたのですが、そうした勇ましい表現は影を潜め、平和的な統一を呼びかけました。この中で、統一後、台湾は特別行政区として高度の自治を享受し、自己の軍隊を保有できる、と持ちかけています。

台湾を対象に編み出した計画を、香港そしてマカオに適用することにしたのです。

ということは、もし香港での「一国二制度」が機能しなかった場合、台湾は、この制度を受け入れるはずがありません。中国政府にしてみれば、台湾との統一を果たすためにも、香港で「一国二制度」を成功させる必要がありました。

香港、天安門事件に衝撃

香港が中国の一部に編入されても、香港の現状は変わらず、言論の自由も保障される。「一国二制度」の案に香港の人々はとりあえず安心したのですが、その香港の人々を恐怖に陥れる事態が発生しました。天安門事件です。

一九八九年四月、北京をはじめ中国各地で民主化を求める学生集会や学生デモが始まると、香港でもこれに同調する動きが起こります。大勢の市民が学生たちを支持し、支援集会を開くようになったのです。

その香港市民にとって、六月四日の軍による武力行使は、恐怖以外の何物でもありませんでした。

百万人もの香港市民が街頭に出て、中国政府に抗議しました。集会では、「今日の北京は明日の香港」がスローガンでした。

「自分たちは、このような非民主的な国の一部になってしまうのか」という恐れでした。

香港経済に与えた影響も甚大でした。香港の株式市場は暴落。中国系の中国銀行には預金引き出しに市民が殺到しました。中国系企業に対する嫌がらせでした。中国銀行を破綻《はたん》させ、中国政府に打撃を与えようという市民の自発的な行動だったのです。

多額の預金が流出した中国銀行は危機に陥り、香港政庁やライバルの香港上海銀行が金融支援をして、ようやく一息つ

形式的な「民主主義」ではなく、実質的な民主主義が実現するのか、注目されています。

きました。

香港市民の海外移住の動きも加速。香港にある外国の領事館には、移住を申請する人たちの長い列ができました。香港の大企業が、海外に本社を移転する動きも出たのです。

総督から行政長官へ

天安門事件は、香港返還にとって大きな障害となりましたが、その後も返還に伴う制度改革は進みます。

香港のトップはイギリス女王の名代である総督。中国に返還後は、行政長官が香港特別行政区のトップとして、自治政府を運営することになりました。

初代の行政長官に選ばれたのは、董建《とうけん》華《か》でした。董建華は、香港の大手船会社の社長です。海運不況で経営危機に陥ったとき、中国系銀行である中国銀行の融資で危機を乗り切った経緯から、中国寄りの人物でした。そこが、中国政府のお眼鏡にかなったのです。

行政長官の選出方法をめぐっては、イギリスと中国が火花を散らしました。住民の直接選挙でトップを選ぶという民主主義を実現させたいイギリスと、中国の言うことを聞かない民主派が当選することを避けたい中国との対立です。

しかし、結局は香港を手中に収めることになる中国側の主張が通ります。行政長官の選出委員会が組織され、この委員たちが行政長官を選ぶという間接選挙方式が採用されました。

初代の行政長官を選ぶための選出委員会の委員数は四〇〇人。金融界や商業、工業などの経営者、労働団体、市民団体から選ばれました。民主派の活動家は注意深く排除されました。

香港の「高度な自治」は尊重されるものの、トップは中国寄りの人物を選ぶという仕組みになっているのです。

そしてイギリスが去った

一九九七年六月三十日の午後九時。香港に駐留する人民解放軍の第一陣五〇〇人が広東省の深圳から新界地区に入りました。香港では高度な自治が認められるといっても、外交と防衛は中国が担当。イギリスが去った後、人民解放軍が駐留を始めたのです。

その日の午後十一時四十分。返還式典が始まりました。七月一日の午前零《れい》時、「ユニオン・ジャック」が下ろされ、「五星紅旗」と香港特別行政区旗が掲揚されました。

式典には、イギリスからチャールズ皇太子、ブレア首相、サッチャー元首相も列席しました。中国側からは、江沢民国家主席、李鵬首相が出席。それに香港の董建華行政長官という顔ぶれでした。

式典を終えると、香港の最後の総督になったクリス・パッテンは、王室ヨット「ブリタニア」で香港を去りました。

イギリスの植民地支配が、遂に終わったのです。

董建華

香港返還式典（1997年7月）

実質的な民主選挙はいつのことか

　香港特別行政区の行政長官を選ぶ選挙は、二期目以降、各界から選ばれた八〇〇人の選挙委員会の委員たちの投票で実施されることになりました。ただし、立候補するには選挙委員一〇〇人以上の推薦が必要。民主派が当選できないような仕組みが作られているのです。

　董建華《とうけんか》に続いて二人目の行政長官となったのは曾蔭權《そういんけん》。香港政庁で公務員を勤めた実務家ですが、やはり中国寄りの人物です。

　二〇〇七年三月の選挙に再度出馬しましたが、この選挙では、初めて民主派から対立候補が立ちました。弁護士の梁家傑《りょうかけつ》です。

　しかし、選挙では曾蔭権が六四一人もの推薦を受けていたのに対して、梁家傑の推薦人は一三二人。最初から勝負はついていたのです。

　ただ、民主派は、次回二〇一二年の選挙で、行政長官を住民の直接選挙で選べるように求める運動をこれから展開します。形式的な「民主主義」ではなく、実質的な民主主義が実現するのか、注目されています。

　一方、香港の議会である立法会は、定員六十人。直接選挙で三十人、団体選挙で三十人という配分です。直接選挙では、香港を三十の小選挙区に分け、一人ずつの三十人を選出します。残りの三十人は、職能団体から選出されます。

　この仕組みなら、民主派が直接選挙で過半数を占めても、全体の過半数には達しないようになっているのです。

香港ドルより人民元が人気に

　香港が中国に返還されても、香港の通貨は香港ドルに変わりはありませんでした。

　香港ドルは、アメリカのドルと交換レートをほぼ固定しています。これを「ペッグ制」といいます。一ドルは七・七五香港ドルから七・八五香港ドルの範囲内でしか変動しないのです。

　これに対して、大陸の通貨である人民元は中央銀行に管理されながら、為替レートが緩やかに変化しています。中国経済が発展するにつれて、人民元は力を強め、二〇〇六年の一年間で、元が三・四%上昇。年末には一ドルが七・八元程度にまで高くなりました。

　つまり香港ドルと人民元がほぼ同額になったのです。その後、人民元がジリジりと値を切り上げています。遂に、人民元が香港ドルを上回るまでになったのです。

　この結果、香港周辺では異変が起きています。香港の人が隣接する広州などで買い物をして香港ドルで払おうとすると、店が香港ドルの受取りを拒否したり、「香港ドルだったら金額を上積みしてくれ」と要求したりするようになってきたのです。

　一方、大陸から香港に来た観光客が買い物をして、人民元で払おうとすると、かつては拒否されたものですが、いまや大歓迎されるまでになりました。

　中国経済の成長は止まりませんから、これからも人民元は上昇を続けるでしょう。ということは、香港ドルの価値は、これからも相対的に下がっていくことを意味します。香港ドルを持っているより、人民元を持っていたほうが有利だ、ということになります。


自治政府の税収も、七割はカジノから。カジノなくしてマカオは存在できなくなっています。


　また、人民元が上昇した結果、香港の企業が大陸から商品を買おうとすると、大陸の商品の値段が上がってしまうということも起きています。これまでのように安く大陸の商品を買えなくなってきたのです。

　香港の人々には、これがショックです。香港は大陸の中国より経済が発展し、豊かであることが誇りでした。その豊かさを求めて、大陸から大勢の人が香港に流れ込んできた歴史もあります。それが、一九九七年に香港が中国に返還されてからわずか十年で、通貨の価値が逆転することになったからです。

　もちろん、中国大陸全体の経済と、香港全体の経済を比較すれば、まだまだ香港のほうが上です。しかし、香港の中流以上の人々は、北京や上海の中流階層と比較してしまいます。すると、給料などは、いまや北京や上海のほうが高くなっている場合があるのです。

「香港にいるより、北京や上海に移ったほうが、より豊かになるチャンスがある」

　香港では、こう考えた若い人たちの流出が始まるほどです。

　その一方、香港ドルが人民元より安くなれば、香港から大陸に売る商品の値段が安くなり、商品が大量に売れるようになるので、それだけ香港経済にはプラスになる、という考え方もあります。香港のプライドを捨てて、安売りに徹すればいい、というわけです。

　香港が大陸に商品を安売りすることで商売するという、かつてとは逆転の現象が起きつつあるのです。

カジノで発展するマカオ

　香港から高速艇でわずか一時間。マカオも、香港返還の二年後、中国に返還されました。マカオは、十六世紀初めからポルトガルの居留地になっていましたが、香港がイギリスの植民地になった後、一八八七年に植民地としました。

　第二次世界大戦中、ポルトガルは中立国だったことから、日本の占領を免れました。

　一九七四年、ポルトガル本国で左派政権が誕生すると、海外の植民地をすべて放棄する方針を立て、中国に対して、マカオの返還を申し入れました。

　しかし、当時の中国は、香港も含め、その処遇について方針を決めていなかったため、中国側が返還（回収）を断っていました。

　その後、香港返還（回収）の方針が定まったことから、マカオについてもポル

マカオのカジノ

トガル政府と交渉し、一九九九年十二月二十日、中国に返還されました。現在は、マカオ特別行政区として、自治政府の統治が認められています。

ただし、香港と異なるのは、ギャンブルが公認だということです。ポルトガルの植民地時代からカジノが公認で、ギャンブルの町として栄えてきました。中国に返還されてもカジノはなくなりませんでした。それどころか、いまカジノが急増しているのです。

カジノといえばアメリカのラスベガス、というのは、どうやら過去のことになりつつあります。いまやマカオが、カジノ収入でラスベガスを抜くまでに成長しているのです。

中国返還前のマカオでは、地元の資産家スタンレー・ホー氏が「カジノ・リスボア」など十二のカジノを独占営業していました。しかし、返還後の二〇〇二年、マカオ自治政府が、カジノに外資導入の方針を打ち出し、ホー氏以外にもカジノ経営を認めました。

その結果、カジノの本場ラスベガスから資本が流入しました。

最初に開業した「マカオサンズ」は、ラスベガスのカジノ「サンズ」の進出です。二〇〇四年に開業し、初年度売上げは四四〇億円。総工費二五〇億円をあっという間に回収してしまったのです。

二〇〇五年にマカオを訪れた観光客は一八七二万人。このうち五六%の一〇四六万人は大陸からの客です。返還当初は、香港もマカオも「大陸の人民に資本主義の悪い影響を与える」という心配から、特別な許可を得た人しか訪問することはできなかったのですが、いまや大陸のほうがよっぽど「資本主義」。観光が自由化されて、観光客が殺到しています。

カジノやホテルの建設ラッシュで仕事も増え、マカオの経済成長率は年間二〇%を超えるという異常な好景気に沸いています。

自治政府の税収も、七割はカジノから。カジノなくしてマカオは存在できなくなっています。

カジノで大金を落としてくれるのは中国本土からの客。汚職で得た巨額の資金を持ってマカオに遊びに来る役人が多いのです。この人たちには、人目を避けて遊べるVIPルームのある豪華カジノが人気です。

香港もマカオも、中国に返還される際、「社会主義の中国に呑み込まれ、経済が停滞することになるのでは」と懸念する声がありました。それがいまや、中国の繁栄のお陰で経済が成り立つという逆転が起きてしまったのです。

第14章 江沢民から胡錦濤へ

「反日行動」の火が燃え盛ったのは、いつのことだったか、と不思議に思うほどの親日的な発言でした。

日本の国会で演説する温家宝首相（2007年4月）

共産党の存在理由を自己否定するかのような方針を打ち出したのです。

中国の首相が国会で演説

二〇〇七年四月。中国の温家宝《おんかほう》首相が来日し、国会で演説しました。この中で温家宝首相は、「侵略戦争は中国人民の心に言葉では言い表せないほどの傷と苦痛を与え、日本国民にも甚大な苦難と痛みを与えた」と述べる一方で、「日本政府と日本の指導者は何度も態度を表明し、被害国に深い反省とおわびを表明した」と語り、日本政府が中国に対して謝罪していることを認めました。

さらに温家宝首相は、戦後日本が中国に経済援助してきたことについて、「いつまでも忘れません」と述べたのです。

中国で「反日行動」の火が燃え盛ったのは、いつのことだったか、と不思議に思うほどの親日的な発言でした。

日本に対して執拗に「謝罪」を求め続けた江沢民とは、明らかに異なる対処法を示しています。

中国は胡錦濤《こきんとう》時代を迎え、対日関係の改善をはかっています。それは、江沢民の院政からようやく脱し、胡錦濤独自の政治ができるようになったからなのです。

この章では、江沢民政権から現在の胡錦濤政権までの動きを振り返ってみましょう。

「上海閥」で権力を固めた

天安門事件をめぐって趙紫陽《ちょうしよう》が失脚した後、一九八九年六月、鄧小平は、上海にいた江沢民を後継者に据えました。保守派でも民主派でもない、中間的な人物であることを評価してのことです。

江沢民にすべてのポストを譲った後も、鄧小平は最高実力者として中国政治に院政を敷きました。江沢民としては、常に鄧小平の目を気にして政治にあたるしかありませんでした。

それでも江沢民は、上海時代の自分の部下たちを次々に中央に引き上げ、政治の中枢を占めさせました。江沢民の後任として共産党上海市委員会書記だった朱《しゅ》鎔基《ようき》を首相に据えたのも、その一環でした。

鄧小平と関係の深かった北京市長兼党北京市委員会書記の陳希同《ちんきどう》を汚職容疑で逮捕するなど、「北京閥」を一掃して鄧小平の影響力を削ぐ一方、「上海閥」で周囲を固めたのです。

一九九七年二月に鄧小平が死去すると、江沢民は名実共に中国の最高実力者になりました。

江沢民の「三つの代表」

「世界最初の社会主義国としてソビエト連邦が出現して以来、最高権力者の重要な権力の源泉は正統イデオロギーの解釈権を握ることであった。なぜなら、そのイデオロギーにもとづいて自らの権力を正統化し、ライバルの思想を異端と決めつけて排除しうるからである」（渡辺利夫ほか『毛沢東、鄧小平、そして江沢民』）

中国の最高権力者として君臨した毛沢東は、マルクス・レーニン主義と並んで、「毛沢東思想」を樹立しました。

鄧小平は、毛沢東の死去後、権力を掌握すると、毛沢東思想は否定しないものの、毛沢東その人の誤りを批判して、自己の権力基盤を強化しました。ここから、「鄧小平理論」が生まれました。

江沢民も、自己の権力基盤を強化するためには、「江沢民思想」ないしは「江沢

江沢民

民理論」を打ち立てたいところでしたが、鄧小平によって後継者に指名された以上、鄧小平を批判したり、鄧小平とは別の理論を提唱したりするようなことはできません。独自の理論を提唱することなく、「鄧小平理論を継承・発展」するしかなかったのです。

そこで、「江沢民理論」という自分の名前を冠することはあきらめ、江沢民流に、「鄧小平理論を継承・発展」させた理論を打ち出します。

それが、「三つの代表」という概念でした。

二〇〇二年十一月の中国共産党第十六回大会で、共産党の規約が改正され、この概念が導入されました。「三つの代表」という理論は、マルクス・レーニン主義、毛沢東思想、鄧小平理論と並ぶ重要思想と位置づけられたのです。

現在の中国共産党は、「三つの代表」であるべきだというのです。「三つの代表」とは、

1 先進的な社会生産力の発展の要求
2 先進文化の前進の方向
3 最も広範な人民の根本的利益

の三つです。

わかりにくい表現ですが、要するに、

1 世界的レベルの進んだ生産性を推進
2 先進文化を発展させる
3 全人民の利益を代表する

という意味です。

資本家の入党も認めることに

問題は、三番目の「最も広範な人民の根本的利益」です。共産党は、そもそも労働者階級の代表と称して来ました。マルクス主義の理論によれば、労働者と資本家は対立しますから、資本家は「敵」になります。ところが、「広範な人民」ということになりますと、改革・開放路線以来、中国全土に増えた資本家たちも含まれるようになってしまいます。

中国は、「社会主義市場経済」の名のもとに、資本主義経済が復活。大小多数の資本家が生まれています。もはや資本家を抜きに政治や経済を進めていくことは不可能になっています。そうである以上、資本家の入党も認めようという方針に踏み切ったのです。

画期的というべきか、共産党の変質と呼ぶべきか。共産党の存在理由を自己否定するかのような方針を打ち出したのです。

中国が実質的に資本主義国となった以上、資本主義国での政権政党は、資本家を取り込まなければならない、というこ

point! 共産主義青年団

共青団とも呼ばれる。1922年に発足した、中国共産党が指導する青年組織で、党幹部の候補生養成所。構成は14歳から28歳まで。またこの組織は、少年少女の組織である中国少年先鋒隊を指導している。

胡耀邦は胡錦濤の将来を心配し、中央政治から距離を置けるように地方に配属させせます。

となのです。

一九二一年、中国共産党が誕生したとき、五十人あまりだった党員は、いまや六六〇〇万人。資本家も参加しなければ、党を維持できなくなってしまった現実を反映した規約の改正でした。

江沢民から胡錦濤へ

鄧小平から中国の舵取りを命じられ、鄧小平の方針を守って中国を発展させた江沢民ですが、やがて退任のときがやってきます。

二〇〇二年十一月の共産党大会で、自らの理論である「三つの代表」を規約に盛り込ませることができたのを花道に、江沢民は一線から退きます。代わって、中国共産党の総書記に就任したのが胡錦濤でした。そのとき五十九歳。若いリーダーの誕生でした。胡錦濤は翌年、国家主席にも就任しました。

ただし、江沢民は権力の源泉である軍を指揮する中央軍事委員会主席の座は、引き続き握りました。

かつて鄧小平が軍事委員会主席の座を確保することで院政を敷いたように、今度は江沢民が院政を敷こうとしたのです。

文化大革命で苦労した胡錦濤

胡錦濤の人生を見ると、中国の現代史と共に歩んできたことがわかります。中国現代史を振り返りながら、中国のトップとなった胡錦濤の人生を見ることにしましょう。

胡錦濤は、一九四二年十二月、日本軍占領下の上海に、茶葉問屋の長男として生まれました。

成績優秀で、中国のエリート大学である清華大学水利工程学部に入学します。水利学部は、水力発電所の建設にあたる要員を養成する学部。卒業すると山間僻地での勤務が多いので人気がない学部でした。胡錦濤の父が茶葉問屋という中小企業の経営者だったことから、胡錦濤は「出身階級が悪い」とされ、成績がよくても人気学部に入学できなかったのです。

大学に入ってからも、「出身階級が悪い」ことを理由に苦労しますが、成績優秀で態度も良好だったことから、在学中に共産党入党が認められます。ここから胡錦濤の出世の道が開けました。

清華大学を卒業後、共産党清華大学委員会の専従職員に採用され、清華大学の学生を指導する業務につきます。ここで、第5章で取り上げた文化大革命に出くわします。清華大学は、「我こそ革命派」と名乗る組織同士が対立。たびたび抗争事件を起こしたことから、胡錦濤は渦中で翻弄されます。

文化大革命の終わりに、毛沢東は、要のなくなった若者たちを地方に追いやることにします。「下放」です。胡錦濤は一九六八年、黄河のほとり甘粛《かんしゅく》省の省都、蘭州《らんしゅう》のダム工事現場に配属されました。

胡錦濤は、ここで学生時代の恋人と結婚。一男一女の父となります。まだ「一人っ子政策」が実施されていなかったので、二人の子を持つことができました。

胡耀邦に見出される

胡錦濤はここでの仕事が評価されて、甘粛省の幹部に抜擢。その後首相となる温家宝とここで出会います。

胡錦濤は、北京にある共産党中央党学

江沢民から胡錦濤へ

胡錦濤国家主席

校の若手幹部養成コースに派遣され、胡耀邦の長男と同級生になったことから、胡耀邦の自宅に出入りするようになり、胡耀邦に見出されます。

同じ胡という姓ですが、縁戚関係はありません。それでも、同姓であることが親しみをより増したようです。

党学校を卒業すると、共産党の青年組織である共産主義青年団のナンバー2、そしてトップに抜擢されました。

このころ、胡耀邦は日本の青年三〇〇〇人を中国に招待。胡錦濤は、日本の青年たちの接待にあたりました。第12章で取り上げたように、その後、この事業が胡耀邦失脚の罪状の一つになります。

胡錦濤は胡耀邦を支え、改革路線を守ろうとしますが、胡耀邦に対する保守派の攻撃は強まるばかり。胡耀邦は胡錦濤の将来を心配し、中央政治から距離を置けるように地方に配属させます。このおかげで、胡耀邦が失脚した後も、胡錦濤は巻き添えにならずに済んだのです。

胡錦濤は、貴州省の党委員会書記を経て、チベット自治区の党委員会書記に就任します。チベット自治区では、トップの共産党委員会書記は漢民族が確保し、ナンバー2の自治区主席に地元チベット人が登用されていました。

チベットに戒厳令

第6章で取り上げたように、チベットは、新生中国が成立すると、すぐに人民解放軍が駐留。宗教指導者ダライ・ラマはインドに亡命していました。

胡錦濤がチベット駐在中、長年北京に軟禁されてきたパンチェン・ラマがチベットに里帰りすることが認められます。

しかし、パンチェン・ラマは一九八九年一月、ラサで急死。二月には、「チベット独立」を求める住民がラサで暴動を起こします。

胡錦濤は、これを容赦なく弾圧。多数の死傷者を出しました。さらに胡錦濤は、中央に要請して、三月八日、チベットに戒厳令を布告します。天安門事件に先立つ戒厳令は、新生中国建国以来初めてのことでした。胡耀邦に見出されたとはいえ、本人は住民の運動に同情的ではなく、実力行使をためらわない人物であることがわかります。

これ以降、チベットでの独立運動は下火に向かいました。

最も若い常務委員に

こうした仕事ぶりが高く評価され、胡錦濤は一九九二年十月、第十四回党大会で政治局常務委員に抜擢されます。四十九歳という異例の若さでした。

中国共産党の方針は、五年に一回開かれる党大会で決定されますが、これでは時間がかかるし参加者も多すぎるので、年に一回開かれる中央委員会が基本的な方針を定めています。この中央委員会でも人数が多いので（中央委員と中央委員

第十六回党大会で共産党総書記に選ばれた胡錦濤（2002年）

日中関係の改善を模索していた胡錦濤政権にとっては、「渡りに船」だったのです。

候補で計三五〇人以上）、通常の意思決定は、党のトップである総書記と、七人の常務委員（現在は九人）が行っていました。この最高意思決定機関に加わることができたのです。

　鄧小平が、江沢民の次に誰をトップに持ってこようと考えているか、誰にもわかる人事でした。

江沢民の後継者に

　二〇〇二年十一月十五日、共産党の胡錦濤指導部が発足しました。「第四世代」の指導部と呼ばれました。毛沢東や周恩来、鄧小平が革命第一世代で、胡耀邦や趙紫陽が第二世代。江沢民が第三世代で、それに次ぐ第四世代という意味です。

　政治局常務委員は九人に増員され、江沢民派が過半数を占めました。

　江沢民は、国家主席と党総書記は引退したものの、党中央軍事委員会主席の座は胡錦濤に渡しませんでした。軍事委員会で胡錦濤は副主席の座です。

　江沢民は表向き引退しても、中央委員会は、「重要な問題は今後も江沢民同志に相談する」という秘密決議を採択していました。胡錦濤は、表のトップではあっても、最高指導者ではなかったのです。

　その後、二〇〇四年九月の中央委員会総会で、ようやく中央軍事委員会主席の座も胡錦濤に譲りますが、引き続き院政を維持しました。

江沢民の基盤を崩す

　この力関係が、二〇〇六年秋に崩れます。江沢民の基盤だった上海市の幹部たちが、根こそぎ汚職の容疑で逮捕されたからです。

　共産党幹部の汚職は、警察や検察が手を出せません。警察も検察も、共産党の指導を受ける立場だからです。共産党が事実上独裁の中国では、共産党幹部の汚職を捜査・摘発できるのは、共産党内部の規律委員会なのです。

　上海の汚職では、党の中央規律委員会から三〇〇人もの捜査員が派遣され、徹底的な捜査が行われました。

　これにより、江沢民の「上海閥」は、大きな打撃を受けました。江沢民の発言力が急激に失われたのです。

　かつて江沢民が権力を掌握する際、鄧小平につながる「北京閥」を汚職捜査で壊滅させたように、今度は「上海閥」を崩壊させることで、胡錦濤は名実共に中国のトップに立ったのです。

　日中戦争で親族が日本軍に殺害されたことから反日派だった江沢民に比べて、胡錦濤には、そんな怨念がありません。むしろ、かつては親日派だった胡耀邦の薫陶《くんとう》を受けています。その胡錦濤にとって、小泉政権時代にすっかり冷え切ってしまった日中関係の建て直しは急務でした。

　二〇〇六年秋、胡錦濤が実権を掌握しつつあるときに、日本では安倍政権が誕生。安倍首相は、最初の外遊先として中国を選択しました。日中関係の改善を模索していた胡錦濤政権にとっては、「渡りに船」だったのです。

　しかし、中国であまりに「親日派」である姿を見せると、胡耀邦のように追い落とされる危険と隣り合わせです。胡錦濤政権は、今後、慎重に日本との間合いをはかっていくことになるでしょう。

第15章
巨大な格差社会・中国

これが、現代中国の実情。
いまや世界一といってもいいほどの
格差社会に
なってしまいました。

高層ビルが建ち並ぶ上海

天安門広場で物乞いに会った

二〇〇六年夏、天安門広場から通りを渡って市街地に入った途端、物乞いの子どもたちに取り巻かれました。予期はしていたものの、やはり衝撃でした。

その傍らを、日本円でも千数百万円する高級スポーツカーが走り抜けます。

これが、現代中国の実情。いまや世界一といってもいいほどの格差社会になってしまいました。

二〇〇七年三月、北京で開かれた人民政治協商会議（共産党や他の政治組織の合同会議）に出席した委員たちが記者会見して、中国の現状が次々に明らかにされました。

支援を必要とする貧困層は一億人。このうち二一四八万人は、年収が日本円にして一万円に満たない。

二〇〇六年の一年間に汚職で摘発された公務員は四万人以上。規律違反で処分された共産党員は九万七二六〇人。全党員の一・四％に上るのです。

公務員が一年間に公費で飲み食いしている金額は一〇〇〇億元（日本円で約一兆五〇〇〇億円）に達しています。公費で国外視察に行く費用も同程度の金額です。

point! 3K

「きつい」「汚い」「危険」をローマ字にして、その頭文字のKが三になることから、劣悪な労働条件をさす言葉になった。

巨大な格差が生じているのに、汚職が蔓延《まんえん》する社会。この章では、現代中国の実情を点描するため、農村が抱える問題と汚職の蔓延、深刻さを増す環境問題について取り上げることにします。

都市を支える農民工

北京の天安門広場横に位置する毛主席紀念（記念）堂。毛沢東の遺体が安置され、長蛇の列に並べば、誰でも見ることができます。この列に並んでいたときのこと。日に焼けた男たちが割り込んできました。垢にまみれ、足元は布靴。これが、「農民工」と呼ばれる農村からの出稼ぎ労働者でした。

いわゆる3K職場で働く彼ら。この日は休日だったのでしょうか。北京という大都市で、毛沢東の遺体を一目見たかったのでしょう。列への割り込みは大目に見ることにしました。

オリンピックを前に再開発が続く北京の街。工事用のクレーンが林立する建設現場を支えているのが、彼ら農民工です。

しかし、彼らはいくら働いても、北京に居住することは認められません。都市の戸籍を持っていないからです。都市で働く彼らは、いわば〝もぐり〟です。

中国は、都市と農村では戸籍が異なり、農村の戸籍を持つ人は、都市に住むことが認められないのです。

都市と農村では戸籍が違う

都市と農村では戸籍が異なる。この制度を作ったのは、毛沢東でした。

農村を拠点とし、農民の支持を得て政

巨大な格差社会・中国

貧しい農村の風景

中国は巨大な農業国家なのに、農業は問題を抱え、農村は疲弊し、農民は生活に苦しんでいるのです。

権を取った毛沢東でしたが、いったん政権を握ると、農民の犠牲の上に国家を築きます。農民から農産物を取り上げ、都市に供給することで工業化を進めたのです。

農民を犠牲にするために取り入れられたのが、農村の戸籍制度でした。都市と農村では戸籍が異なり、農村の戸籍を持つ人が都市の戸籍を手に入れることは、原則としてできないようにしたのです。

都市の住民は「城鎮戸籍」、農村に住む農民は「農業戸籍」です。

都市が食料を確保するためには、農民に農業をしてもらわなければなりません。そのためには、農民が農村を離れて都市に流入しては困るのです。これが、戸籍を分けた理由でした。

たまたま農村に生まれると、原則として死ぬまで農村に縛りつけられる。現代の身分制度です。生まれた子どもは母親の戸籍に入ります。このため、農村の女性が都市の男性と結婚しても、生まれた子は農村の戸籍になります。農村の戸籍のままだと、都市に暮らしても義務教育を受けることができません。義務教育は、戸籍が存在する地方政府の責任だからです。

こうなると、都市の戸籍を持つ男性は、農村戸籍の女性と結婚するのはむずかしいということになります。男女の愛を裂く身分制度が厳存しているのです。

鄧小平による改革・開放政策以降、都市は発展し、農村は発展から取り残されています。都市部と農村の所得を比較すると、平均で都市部の所得は農村部の三・二八倍に上っています（二〇〇六年）。都市と農村が戸籍で隔てられている以上、所得格差も続きます。

農民は社会保障の対象外だった

中国の農村では、公的な年金制度がほとんど整備されていません。

と聞くと、驚く人もいるのではないでしょうか。「中国は社会主義国」というイメージを持ってきた人たちには、信じられない事実です。

都市の戸籍を持っている人は、改革・開放前は、本人の希望とは関係なく当局が就職先を決めていましたが、学校を出れば必ずどこかに就職できました。

就職すれば、所属する企業が、年金の面倒を見ます。定年退職すれば、現役時代の収入の六割程度を年金として受け取れます。

しかし、農民には土地という「生産手段」があるから、国家が面倒を見なくてもいい、という発想が、農民の無年金状態を放置してきました。

海外でも、農民には年金制度が存在しない国がありますが、土地が自分のものであれば、それなりの財産もあるでしょう。

しかし、中国の農村は、これまで見てきたように、人民公社制度によって個人の財産はすべて公社のものとされ、農民個人が持つ財産はほとんどありませんでした。土地はいまも国有であり、農民には耕作権しか与えられていません。年老いたからといって、土地を売ることもできないのです。

障害者や母子家庭など、ごく一部の人向けの生活保障制度はありますが、一般の農民は、年をとって働けなくなると、生活を家族に頼るしかないのです。

このため近年、農村の中小企業（郷鎮企業）などが資金を積み立てて、農民のための年金制度を創設する試みも始まっていますが、多くの農民は加入していないのが現状です。

ここにもまた、「毛沢東の遺産」が残っているのです。

こうした農村の抱える問題を、中国では「三農問題」と呼びます。三農とは、農業・農村・農民のこと。農業の低収益性、農村の荒廃、農民の低所得と高負担を指します。

中国の農民は七億四〇〇〇万人近く。十三億人の人口の六割です。中国は巨大な農業国家なのに、農業は問題を抱え、農村は疲弊し、農民は生活に苦しんでいるのです。

首相への手紙

二〇〇〇年三月、湖北《こほく》省監利《かんり》県の棋盤《きばん》郷（郷は日本の村に相当）の共産党書記だった李昌平《りしょうへい》は、朱鎔基首相に一通の手紙を出しました。農村のあまりの悲惨さに思い余っての行動でした。朱鎔基はこの手紙を読んでから、「三農問題」に真剣に取り組むようになりました。この手紙に描かれた農村は、決して特殊な例ではありません。中国の農村がどんな状態に置かれているのか、この手紙の一部を紹介しましょう。

手紙はまず、農民が田で働いていては生活ができないので、多くの人が都市に出稼ぎに出るため、この村の耕地の六十五％は放棄されているという事実を告げた上で、こう書いています。

「農民は田地を耕すと否とにかかわらず、人頭税、住宅税、自留地費を納めなければならず、労働力ではない八十歳の老人も生まれたばかりの赤ん坊も、例外なく数百元の人頭税を支払います」

「お年寄りが私の手を握って涙ながらに早く死にたいと願うのです。また、子供が跪《ひざまず》いて学校に行きたいと訴えるのです」

「一九九〇年に、棋盤郷では、税金で養っていた幹部は百二十人に過ぎませんでした。現在では三百四十人を超えています。（中略）役人は農民を搾《しぼ》り、農民は土地を搾るため泥まみれになっています。このような負担金に、農民はどうやって耐えていくのでしょう！」

「町に生まれれば、人頭税の負担金はありません。農村に生まれれば、毎年数百元の人頭税を支払わなければなりません。なんという不公平でしょうか！」（李昌平著　吉田富夫監訳『中国農村崩壊』）

この手紙を受け取った朱鎔基の指示で政府の現地調査が行われ、すべて事実だと判明しました。が、手紙を書いた李昌平は、県の幹部などから嫌がらせを受けて村にいられなくなり、党書記を辞職。村を去りました。

「人頭税」というのは、日本にはない税制ですが、住民一人一人にかかる税金のことです。家族が五人いれば、たとえ収入がなくても、五人分の税金を払わなければならない仕組みです。

「革命以前」の中国の農村

『中国農民調査』という本があります。中国の二人の作家が、中国の農村地帯を調査してまとめた文書です。かつて若き毛沢東は、一九二〇年代から三〇年代にかけて中国の農村を調査し、その貧しさの実態をまとめて、自らの革命理論を構築する材料としました。それから七十年も経った中国の農村はどうなっているのか。安徽《あんき》省の農村のルポルタージュです。そのごく一部を紹介しましょう。

一九九三年、利辛《りしん》県路営《ろえい》村の丁作明《ていさくめい》という農民は、村の共産党支部書記が、村民から集めた税金を懐に入れていると告発。これに怒った書記の命令で、地元警察は丁作明をデッチ上げの容疑で逮捕。派出所内で警察官たちがリンチをして、丁作明を殺してしまう。

一九九八年二月、固鎮《こちん》県唐南《とうなん》郷の小さな村では、村の幹部が農民から集めた税金をかすめているとして、農民の代表十二人が、村の帳簿監査を始めた。その途端、怒った副村長が農民たちを襲撃。四人を殺害し、一人に重傷を負わせた。
しかし、この事件を地元の新聞やテレビ局は単なるケンカによる過失致死事件として扱う。検察も裁判所も、被害者たちから事情を聞かないまま、過失致死事件として裁判を終了させてしまった。（陳桂棣、春桃著　納村公子ほか訳『中国農民調査』）

とまあ、安徽省という一つの省だけでも、こうした例が、これでもかとばかりに列挙されています。これが現代の中国で起きていることなのです。毛沢東が農村調査をした革命前と、どこが異なるのでしょうか。

この『中国農民調査』は、二〇〇四年一月に中国で出版され、評判を呼びますが、三月には発売禁止処分を受けます。国民に知られてはいけない内容だったようです。

> こうして、都市部でも、住民の不満はときとして暴動になって爆発します。

農業税は廃止されたが

いま見たように、中国の農民は、社会保障がないのに、重い税負担に喘《あえ》いでいます。

農民が払わなければならない税金は、国税と郷村の税金に分かれます。

国税は、農業税、牧業税、農業特産税、耕地占用税、不動産契約税です。日本の国税は国税庁という国の役所が徴収しますが、中国の場合は、末端の行政機関である郷鎮政府が代行して徴収します。このとき、郷鎮政府が独自の〝税〟を勝手に上乗せして徴収するケースが後を絶ちません。

二〇〇六年、中国政府は、最高で七％だった農業税を廃止しましたが、農民の税負担の重さは大して変わっていません。

一方、郷村の税金としては、公積金、公益金、管理費で、まとめて「提留金」と呼ばれます。

さらに、教育付加費、計画出産費、福祉費、民兵訓練費、道路費があり、まとめて「統籌金《とうちゅうきん》」と呼ばれます。

このほか、郷鎮政府が勝手に徴収する費用が各種あり、実態は不明です。郷鎮政府や共産党書記の懐に入っている分が膨大な金額に上ると見られています。

義務教育費も地元負担

中国で義務教育制度が実施されたのは、一九八六年。ごく最近のことです。それまで義務教育ではなかったのです。義務教育は九年制（小学校と中学校）で、日本と同じですが、同じなのは、そこまで。日本の義務教育は無償ですが、中国の場合、教育費を負担しなければならないのです。

日本の義務教育費は国が半分、都道府県が半分の負担です。これに対して中国は、地方政府が全額負担。資金難の地方政府は、住民から徴収します。

さらに、子どもを学校に通わせる家庭には、授業料ばかりでなく、燃料代やテスト代など、さまざまな名目の費用がかかります。多額の費用が必要なことから、家が貧しい子どもたちは学校をあきらめなければなりません。

それでも学校に入る収入は少なく、給料の安さに耐えかねた教師が都会に労働者として出稼ぎに出てしまい、学校が教員不足に悩むところもあります。

各地で暴動発生

これだけ農民が苦しい思いをしているのですから、圧政に耐えかねた農民たちが暴動を起こすこともしばしばあります。現代版「農民一揆」です。

しかし、こういう当局に都合の悪いことは報道差し止めになりますから、滅多に明らかになりません。まして交通事情の悪い奥地では、農民たちの反乱も闇へ葬られます。

不満は農村地帯ばかりではありません。警察も検察も報道機関も、共産党の指導を受けることになっていますから、地方の共産党幹部は、やりたい放題です。中央の規律委員会にさえ知られなければ、誰も問題にできないのです。こうして、都市部でも、住民の不満はときとして暴動になって爆発します。

二〇〇六年十二月、四川省達州《たっしゅう》市で、ホテルの女性従業員（十六歳）がホテル内で性的暴行を受けて死亡するという事件がありました。

ところが、地元の警察は死因を「急性アルコール中毒」と発表したことから、地元では、「犯人はホテルに酒を飲みに来た四川省の幹部なのに、警察がかばっている」という噂が広がりました。

二〇〇七年一月、それまでの警察やホテルの対応に怒った多数の住民がホテルに雪崩《なだれ》込み、暴れたのです。都市でこれだけの騒ぎになりますと、警察も無視できません。暴動の翌日になって警察は、暴行があった事実を認め、ホテルの男性従業員を逮捕しました。

四川省幹部が関与していたかどうかはっきりしませんが、地元警察の幹部が、このホテルの経営に不法に関与していたため、事実を隠そうとして、事件ではなく病死と処理したものと見られています。

こうした暴動は、ほとんど報道されないため、どれだけの件数が起きているかはっきりしませんが、香港誌の報道によると、二〇〇六年の一年間だけでも、デモや集会など、民衆による抗議行動が全国で一一万二六五五件発生し、のべ一二三〇万人が参加したといいます。

抗議行動が毎日三〇〇件以上も発生している計算になります。

汚職が蔓延する

二〇〇六年九月、上海市のトップだった陳良宇《ちんりょうう》・党上海市委員会書記が解任されました。容疑は、市の社会保障基金の不正流用です。陳書記と親しい上海の実業家が、社会保障基金から三十七億元（五七〇億円）の融資を不正に受け、不動産開発に流用。陳書記に謝礼を渡していた疑いがもたれています。

この実業家の土地取引をめぐっては、不正を告発しようとした市民が警察に拘束されていました。また、別件で逮捕されて服役中だったこの実業家が、刑務所の看守長を買収して特別待遇を受けていたことも明かるみに出ました。

どこまでも腐敗が広がり、告発しても、警察が腐敗しているので事件にならないどころか口封じされるという現実があるのです。

それでも、地方での汚職や不祥事についての報告を受け付ける中央の窓口は存在しています。北京の国家信訪局（陳情受付室）がそれです。ここには、地元幹部による不正や圧政を訴えるため、全国から人々が陳情や直訴に押し寄せます。

地方の汚職幹部は、ここに直訴されることを恐れ、直訴阻止に出ることもしばしばです。国家信訪局の窓口に役人が張り込み、地元から直訴や陳情に来た人を拉致して地元に連れ戻すのです。

水質規制が緩やかで、取締りもほとんど行われないため、大量の汚染物質が川に垂れ流しの状態です。

炭鉱事故が相次ぐ

二〇〇七年一月、山西省の大同市にあるヤミ炭鉱を取材に訪れた記者が、炭鉱主の命令を受けた部下たちに襲撃されて殺害されました。

この炭鉱は、採掘の許可を得ていないヤミ炭鉱でした。中国には正式な採掘許可を得ないで採掘をしている炭鉱が多数存在しています。地元政府と癒着することで目こぼししてもらい、「上納金」を払って採掘を続けているのです。

こうしたヤミ炭鉱は安全対策も不十分ですから、落磐事故や炭塵爆発などが後を絶ちません。炭鉱事故による死亡者は、二〇〇六年の一年間だけで四七四六人にも上っています。これが一九九五年には死者が一万人を超えていましたから、これでも数が減ったのです。

ただ、ヤミ炭鉱の場合、死亡事故そのものも闇に葬られている可能性があります。実際の死者数は二万人に上るという推測もあります。

報道の自由がなければ汚職や不正の事実は人々に知られませんから、いつまでも正されることがありません。炭鉱だけでも毎日一〇人以上の人が亡くなっているのです。

共産党がすべてを支配するため、近代国家には常識の「三権分立」が確立していません。誰であろうと法の下では平等に裁かれるという制度が整備されない限り、これからも汚職や不正は続くことでしょう。

環境破壊が進む

中国が抱えるもう一つの大問題。それが環境問題です。

北京をはじめ、中国の大都市の空は、どこも霞んでいます。大気汚染のためです。河川は濁り、中小河川は異臭を漂わせています。

二〇〇六年夏、チベットを訪れたとき、高原を流れる川が、すでに汚れていたのを見たときは衝撃でした。日本の高原の清流を勝手にイメージしていたのがいけなかったのかも知れませんが。

二〇〇一年の世界銀行の調査によると、大気汚染がひどい世界の都市ワースト二〇に、北京をはじめ中国の十六の都市が入っています。

大気汚染の原因は、中国のエネルギー源の多くが、いまだに石炭であることです。石炭を燃やすことによって、大量の硫黄酸化物が大気中にまき散らされています。これが北西の季節風に乗って日本列島にやって来ると、酸性雨や酸性雪となって日本海側に降りそそぎ、沿岸の松枯れを招いています。夏場は光化学スモッグを引き起こすようになっています。

大量の石炭を燃料として使用することで、二酸化炭素を大量に排出していますが、中国は、地球温暖化防止を定めた「京都議定書」で温室効果ガスを削減する義務を負っていません。

冬から春先にかけて、北西の季節風に乗って日本にやって来るのは、大気汚染物質に限りません。黄砂も、年々増加しています。もちろん北京など中国国内の影響のほうがひどく、まるで砂嵐の様相を呈することもあります。原因は、中国国内の砂漠化です。二〇〇七年の中国国家林業局の発表によると、砂漠化した地域は国土全体の十八%を占めるまでになったといいます。毛沢東の「大躍進政策」時代、各地で溶鉱炉の燃料として森林が伐採され、森林面積は急激に減少しました。その後も、文化大革命の混乱で植樹が行われないまま、鄧小平による改革・開放路線に突入。農地拡大のため、森林の伐採が続きました。

文化大革命によって知識人が否定され、農村地帯に送り込まれたことによって、中央政府に、環境問題を科学的に取り組む人材も不足しました。ここでも、毛沢東の負の遺産に悩まされているのです。

工場からの廃液による河川の汚濁も深刻です。水質規制が緩やかで、取締りもほとんど行われないため、大量の汚染物質が川に垂れ流しの状態です。

上流で汚染物質が流された場合、下流で飲料水用に取水していると、住民は、汚染された水を飲むことになります。各地で、がんの発生率が異常に高い「がん村」と呼ばれる地域のあることが報告されるようになっています。

地方政府による抜き打ちの汚染調査も、事前に工場側にもれるため、調査のときだけ排水をきれいにする、という工作も行われます。地方政府との癒着が、ここでも深刻なのです。地元の共産党委員会も関係していますから、マスコミは汚染の実態を報道しません。報道の自由と三権分立の欠如が、深刻な環境問題を引き起こしているのです。

黄砂の被害に悩む中国の国民

第16章

進む軍備拡張

中国がその気になれば、他国の情報収集衛星をいつでも破壊できる能力を持ったことを示しています。

西昌衛星発射センターから打ち上げられる弾道ミサイル「東風21」

衛星破壊実験に成功

二〇〇七年一月十二日午前、中国は、地球を周回している人工衛星をロケットで破壊するという実験に成功しました。

標的になった人工衛星は、老朽化した自国の気象衛星でした。高度約八五〇キロの宇宙空間の軌道を回っていた衛星に対して、四川省にある西昌衛星発射センターから、弾道ミサイル「東風21」を発射。「運動エネルギー迎撃体」と呼ばれる弾頭を衝突させて破壊したのです。

破壊された衛星は、多数の宇宙ゴミ(デブリ)となって飛散。地球周回軌道上に漂っています。今後、他国の衛星や宇宙ステーションにデブリが衝突して被害を及ぼす恐れが出てきたことから、国際的な非難を浴びています。

中国の実験成功は、中国がその気になれば、他国の情報収集衛星をいつでも破壊できる能力を持ったことを示しています。

アメリカの軍事戦略は、多数の偵察衛星や情報収集衛星から送られてくる情報を基盤に組み立てられています。これがいつでも崩される可能性のあることが明らかになったのです。

日本が、日本列島周辺の地上の情報を

point! 人工衛星破壊実験

地球周回軌道上にある人工衛星は3,150個、デブリ（宇宙ごみ）は、7,497個あるとされるが、中国による人工衛星破壊実験によって、あらたに517個のデブリがまき散らされた。実験という名の史上最大規模の宇宙ごみ投棄といわれている

収集する情報収集衛星（偵察衛星）は、高度五〇〇キロ。今回、中国が破壊に成功した衛星の高度は八五〇キロですから、日本の衛星はひとたまりもなく破壊される可能性があるのです。

現在、日本がアメリカと共同開発している「ミサイル防衛システム」は、偵察衛星が地上のミサイル発射を探知して軌道を計算することを前提にしています。その衛星が破壊されたら、防衛システムは機能しません。アメリカや日本にとって、中国の軍事技術が、大きな脅威となってきたことを如実に示す実験成功だったのです。

軍事力の近代化進む

中国は、二〇〇三年に有人宇宙船「神舟5号」の打ち上げに成功し、ロシア、アメリカに次いで、有人宇宙飛行を成功させた国になりました。さらに二〇〇五年十月には「神舟6号」も成功させました。

この有人宇宙飛行も明らかに軍事目的です。中国は、この宇宙飛行で、大量の偵察写真を撮影したと見られています。

中国は、天軍（宇宙軍）まで持とうとしていることを示しています。

最新型戦闘機「殲10」

要するに、アメリカに対抗する能力を獲得しつつあると警戒しているのです。

中国は、アメリカ全土を射程に収める大陸間弾道ミサイル（ICBM）の「東風31」を配備しています。核兵器を搭載したミサイルです。潜水艦から発射するタイプの弾道ミサイル（巨浪2）もあって、このミサイルを搭載した潜水艦は、海底に潜んで、米軍から居場所を突き止められないようにしています。

この他、核兵器を搭載していないミサイルに関しては、特に台湾を射程に収める地域に八〇〇基程度のミサイルを配備し、年間一〇〇基ずつのペースで増強されています。

中国の軍事力は、どれほどのものなのでしょうか。中国の陸軍は総兵力一四〇万人。戦車七〇〇〇両を保有しています。

海軍は兵力二十五万五〇〇〇人。原子力潜水艦五隻、ディーゼル型潜水艦五十隻、フリゲート艦と駆逐艦計七十隻を保有していますが、その多くが、台湾海峡周辺に配備されています。

空軍の兵力は四十万人。戦闘機は一五二五機、爆撃機は七七五機、輸送機四五〇機を保有するまでになりました。二〇〇七年一月には、最新型戦闘機「殲10」が、中国国内メディア向けに公開されました。すでに各地の空軍部隊に配備されているということです。

中国は、軍事力を急激に近代化させています。中国軍の実力に関して、米国防総省の「中国の軍事力に関する報告書二〇〇六年版」は、「人民解放軍は領土内での長期消耗戦を目的に構築された大衆軍から、高度技術を持った敵に対して短期決戦、高烈度戦闘を遂行し得る能力を有した近代軍への、長期の変革・再編の過程にある」と述べています（『世界週報』二〇〇六年八月一日号）。

ここでいう「高度技術を持った敵」とは米軍を指しています。要するに、アメリカに対抗する能力を獲得しつつあると警戒しているのです。

ところが、中国の軍事予算は、ベールに包まれています。二〇〇七年度予算は三四七二億元（日本円で約五兆二〇〇〇億円）と発表されていますが、発表されている数字は、ごく一部で、別の名目で多額の資金が支出されていると見られています。実際には、公表分の三倍はあるのではないかと推測されています。

中国の軍は共産党の軍隊

中国の軍隊は、世界でも極めてユニークです。国家の軍隊ではなく、党の軍隊だからです。

中国の軍の名前は、「人民解放軍」。「人民」を「解放」する軍隊です。中国共産党が、中国人民を「解放」するために誕生させた組織です。

かつて毛沢東は、「政権は銃口から生まれる」と言ったことがあります。軍隊の力によってこそ政権を獲得でき、維持できるのだという思想を示しています。人民解放軍は中国共産党の軍であり、いまも共産党の中央軍事委員会の指揮下にあるのです。

建前としては、国家の組織としても中央軍事委員会があって、人民解放軍は、そちらの指揮下にも入ることになっていますが、党と国家の軍事委員会はメンバーはほぼ同じです。

天安門事件のとき、国家の役職にはついていない鄧小平の命令で人民解放軍が出動したのも、党の命令で動く軍隊であることを示しています。

人民解放軍という巨大な軍事組織を持っている限り、中国共産党の支配は安泰だということになります。

point! 人海戦術

「人民の海に敵軍を葬る」という毛沢東の言葉は有名。日中戦争や朝鮮戦争の際、損害を無視し、圧倒的な兵力で敵を圧倒する中国兵の戦法として恐れられた。

ベトナムに「懲罰」のために侵攻したはずの中国軍は、大損害を出して、一か月で退却しました。

「人海戦術」がお家芸だった

人民解放軍は、時代と共に大きく変化してきました。

共産党が国民党支配に抗してゲリラ戦を展開していた当時は「紅軍」（赤軍）と呼ばれました。日中戦争当時、国民党と共に日本と戦った国共合作では、紅軍は国民党軍に編入されました。

戦後、再び国共内戦が始まると、農民の支持を受けて、強大な組織に成長します。

初期の人民解放軍の戦略・戦術は、文字通りの「人海戦術」でした。敵を圧倒的な数の軍隊で包囲して殲滅《せんめつ》させるという方法です。「敵を人民の海で溺れさせる」というわけです。

もし敵が中国を侵略した場合、敵軍を奥深く誘い込み、多数の兵で包囲するという戦法をとる軍隊です。その意味では、攻撃的というよりは、防衛的な軍隊だったといえるでしょう。

人民解放軍は、チベット侵略を別にしても、過去に三回の戦争をしています。朝鮮戦争とインド侵攻（中印戦争）、それにベトナム侵攻（中越戦争）です。いずれの戦争でも、貧弱な武器を持った多数の軍隊が徒歩で進撃するという、極めて原始的な戦法をとってきました。

文化大革命当時は、「階級を廃止するために戦う革命党の軍隊に階級があってはいけない」という発想から、軍隊の階級制度を廃止しました。軍服の階級章も廃止し、誰が指揮官で誰が部下か、一見ではわからない状態になったこともあります。

ベトナムに敗北し、路線変更

人民解放軍の性格が大きく変わるのは、ベトナム侵攻の失敗がきっかけでした。

ベトナムに侵攻する人民解放軍（1979年）

湾岸戦争時の多国籍軍による攻撃（1991年）

一九七九年二月十七日、人民解放軍二〇万人が、四か所の国境を突破して、ベトナムに侵攻しました。これが「中越戦争」です。

一九七五年まで続いたベトナム戦争で、中国は北ベトナムを支援しました。しかし、北ベトナムが勝利して南ベトナムを併合し、統一ベトナムが成立した後、ベトナム軍は西隣りのカンボジアに侵攻します。カンボジアを支配し、国民を大量虐殺していたポル・ポト政権と戦うためです（『そうだったのか！　現代史』参照）。

中国はポル・ポト政権を支援していたので、ポル・ポト政権を守るため、ベトナムに侵攻したのです。命令を下した鄧小平は、「ベトナムに懲罰を与える」と言ってのけました。

中国にしてみれば、小国ベトナムなら簡単に敗北させることができ、カンボジアに送り込んでいるベトナム軍を撤退に追い込むことができると踏んでいました。

ところが、ベトナム軍は、カンボジアに侵攻している軍は動かさないまま、北部守備隊だけで中国軍を迎え撃ちます。結果は、中国軍の大敗北でした。

ベトナム軍は、ベトナム戦争中に米軍から捕獲した多数の近代兵器を持って応戦。貧弱な武器で人海戦術をとった中国軍は、大きな犠牲を出したのです。この戦争で、中国軍は死者二万人、一方のベトナム軍は死者七〇〇〇人前後と推定されています。

ベトナムに「懲罰」のために侵攻したはずの中国軍は、大損害を出して、一か月で退却しました。

鄧小平には大きな衝撃でした。中国軍が時代遅れの軍隊になっていることを知らされたからです。これ以降、鄧小平の命令により、軍の近代化に着手します。軍隊内部の階級制度も復活しました。兵士の数を削減し、近代兵器を導入するようになるのです。

湾岸戦争が衝撃だった

中国軍首脳が青くなったのが、一九九一年の湾岸戦争でした。

クウェートに侵攻したイラク軍を追い出すため、米軍を中心とする多国籍軍がイラク軍を攻撃しました。このとき米軍は、精密誘導兵器を大量に使い、標的を「ピンポイント攻撃」しました。

この様子を米軍は積極的に公開。標的を破壊する映像は、世界に大きな衝撃を与えました。中国軍幹部もこの映像を見て、米軍の技術力の高さを思い知りました。もし米軍と戦うことになったら、中国軍は太刀打ちできない。この危機感から、中国軍の近代化への努力が加速されることになるのです。

中国軍の目標は「台湾解放」

中国軍にとっての現在の最大の目標は、「台湾解放」です。中国は「解放」と自称しても、台湾にすれば「侵略」なのですが。

中国としては、将来、台湾を平和裡に「解放」(統合)できることが望ましいのですが、もし台湾が独立を宣言した場合、中国は意地でも台湾を軍事攻撃することになるでしょう。

中国軍は、そのために台湾海峡沿いに多数のミサイルを配備しています。さらに、台湾を直接攻撃できる位置に多数の戦闘機も配備しています。

しかし、アメリカ軍が介入すると、目的を達成できません。そこで、アメリカ軍を牽制《けんせい》するだけの軍事能力を持とうとしているのです。

台湾が独立を宣言し、中国軍が台湾攻撃の準備を始めたところ、台湾周辺海上に米軍の空母機動部隊が登場し、中国軍迎撃の体制をとる。

これが中国軍にとっての悪夢です。こうした事態を引き起こさないようにするには、どうしたらよいか。中国軍が、米軍部隊を撃破できる能力を持っていれば、米軍は台湾周辺まで出動することに躊躇《ちゅうちょ》するでしょう。米軍来援を阻止しておいて、台湾を攻撃する。これが、中国のシナリオです。そのためには、せめて米軍を牽制するだけの能力を身につけたいのです。

「ロサンゼルスを犠牲にできるか」

二〇〇五年七月、人民解放軍国防大学政務学院院長の朱成虎少将は、記者会見で、「もし米国が中国領土を目標にしたミサイルを構えたなら、中国はこれに核兵器で対抗しなくてはならなくなると思う」と発言しました。

これは、米国がもし台湾を守ろうとするなら、ロサンゼルスを犠牲にする覚悟があるか、という意味です。

台湾が独立を宣言し、中国軍が攻撃態勢に入ったら、米軍も中国大陸にある中国軍基地を攻撃する準備をするでしょう。そんなことをしたら、中国は大陸間弾道ミサイルで、アメリカ西海岸のロサンゼルスやサンフランシスコを核攻撃するぞ、という脅しなのです。

アメリカも、自国が核攻撃される心配があれば、台湾防衛という行動には出られないだろう、というわけです。

この発言は国際的な批判を巻き起こしました。中国政府は、この少将発言は個人的な見解であり、中国政府は「核兵器を先制攻撃に使わない」という原則を守ると声明しました。従来、中国政府は、「中国の核兵器は防衛的なものであり、自国が核兵器で攻撃されない限り、自分から核兵器で先制攻撃することはない」と言明してきました。その方針に変わりはないと言ったのですが、中国軍幹部の発言は、中国軍の本音を示したものでしょう。

中国、空母建造へ

中国軍がもし台湾に侵攻する場合、「制空権」の確保が欠かせません。「制空権」とは、自国の戦闘機や爆撃機が常に上空を飛行して、敵の戦闘機が飛ぶことができない状態にすることです。

台湾侵攻に踏み切った場合、多数の艦船に兵士を乗せて、台湾に送り込まなくてはなりません。ところが、台湾の空軍が制空権を持っていたら、兵士を運ぶ艦船が、台湾海峡で沈められてしまいます。

米国がもし台湾を守ろうとするなら、ロサンゼルスを犠牲にする覚悟があるか、という意味です。

そういうことがないように、常時多数の戦闘機を上空に待機させておきたいのです。

そのためには、空母が必要です。台湾海峡に空母を配備すれば、台湾に近い場所から、多数の艦載機を飛ばすことが可能になるからです。

しかし、中国はまだ空母を保有していません。空母の建造と維持には、高い技術力と多額の資金がかかるからです。それでも中国は、空母を自力で建造する方針を決定したようです。

二〇〇七年三月八日、中国外務省の副報道局長が、空母建造について、「真剣に検討している」と述べたのです。

実は中国は、空母建造技術の獲得のため、ウクライナの空母を入手しています。一九九八年、マカオの中国系企業が、ウクライナ海軍の空母「ワリャク」を購入しました。ウクライナは旧ソ連ですから、要するにソ連海軍の空母です。購入目的

中国が購入したウクライナ海軍の「ワリャク」

は、老朽化して退役した空母を海上カジノに改造するためということでしたが、実際には大連港に運ばれ、中国海軍が構造を研究してきました。この研究で獲得した技術を用いて、空母の建造に着手するものと見られています。

さらに、独自で空母艦載機の開発を進める一方、ロシアから艦載機「スホイ33」を購入する予定だといわれています。

中国海軍が空母を保有し、台湾海峡周辺に配備したとき、台湾をめぐる軍事力のバランスは、中国側に大きく傾くことになります。

資源確保のために軍事力強化

中国がとりわけ海軍力の増強を進めているのは、台湾対策ばかりではありません。東シナ海や南シナ海の資源確保策でもあります。

この調査結果が発表されたところ、二年後から、中国と台湾が相次いで「自国の領土だ」という主張を始めたのです。

東シナ海では、日中の領海の中間線よりすぐ西側で、中国がガス田を開発し、海底の天然ガスの採掘を始めています。この天然ガス田は、地下で日本側まで広がっているものと推測され、中国側で吸い上げると、日本側の資源を〝盗掘〟することになるのではないかとして、日本が問題にしています。

こうした資源問題が発生した場合、強大な海軍力を保有していると、他国に対する無言の圧力になります。

日本と中国の間では、尖閣《せんかく》諸島の領有権問題もあります。尖閣諸島は、一番大きい魚釣島など五つの島と三つの岩礁か

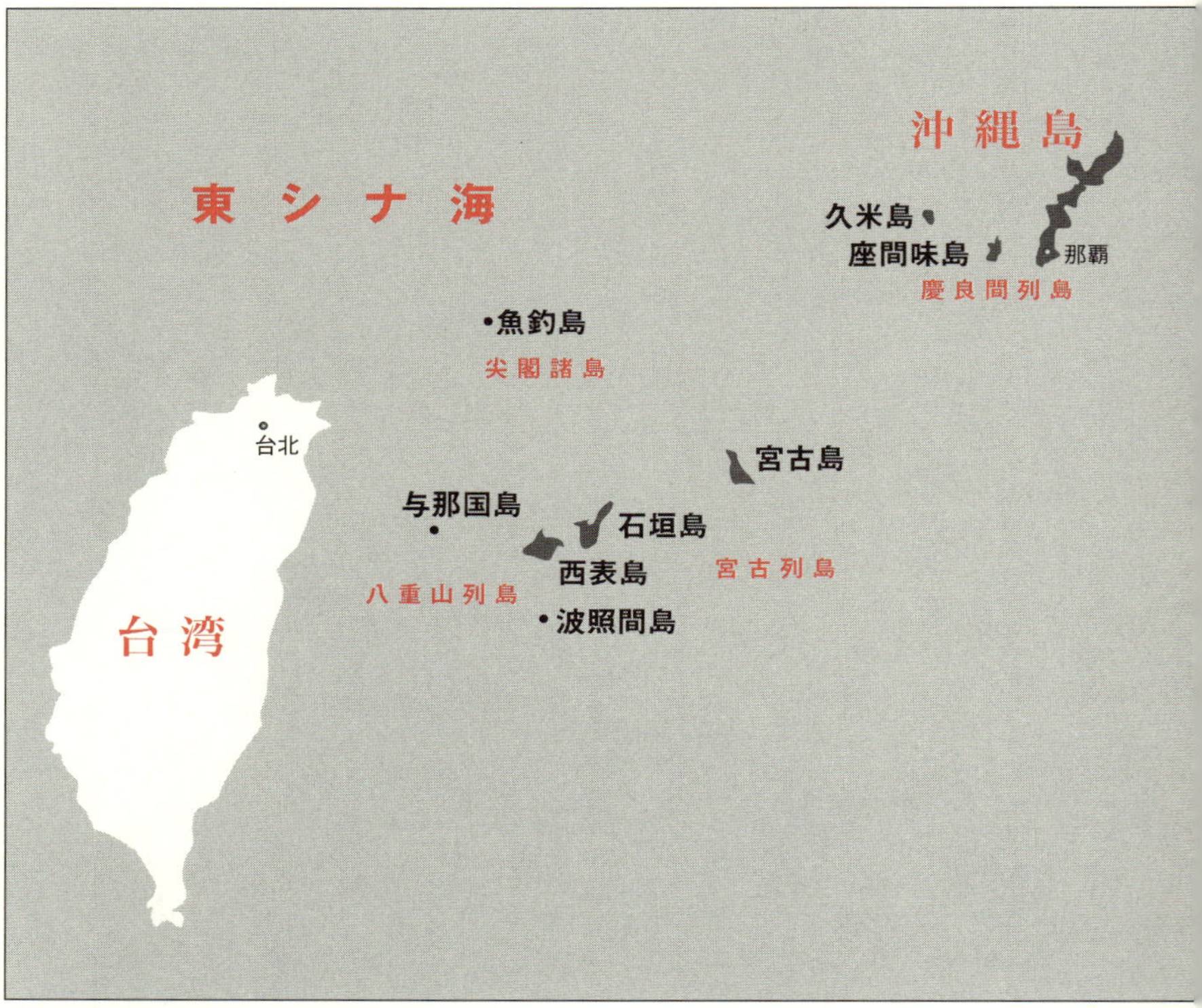

尖閣諸島の位置

尖閣諸島

らなり、沖縄県石垣市に所属します。

長らく注目されることのない無人島でしたが、一九六八年、国連のアジア極東経済委員会が、この周辺海域を調査した結果、石油資源が埋蔵されている可能性の高いことがわかりました。この調査結果が発表されたところ、二年後から、中国と台湾が相次いで「自国の領土だ」という主張を始めたのです。大変わかりやすい行動です。

中国が「自国の領土だ」という主張は、「ここは台湾に属する島であり、台湾は中国のものであるから、この島は中国のものだ」という論理です。つまり、「台湾は自国の一部だ」という主張の延長線上の主張なのです。

この尖閣諸島に関しては、日中平和友好条約を締結した際、鄧小平は、「将来の人々に解決を任せる」と発言し、あえて問題にせず解決を先送りにしました。

ところが一九九二年、中国の全国人民代表大会は「領海法」を制定し、尖閣諸島周辺は中国の領海であると宣言したのです。明らかに、鄧小平の約束を反故《ほご》にしています。

この「領海法」では、合わせて南シナ海についても、中国の領海であると宣言しています。南シナ海は、ベトナムやフィリピンが領海だと主張している海域を含みます。ここを中国は自国の領海だと主張し、現場の海域では小競り合いも起きています。

中国が海軍力を強めれば、南シナ海での支配権も維持することが可能になるのです。

こうして、軍事力を増強する中国。「中国を攻撃しようという国などないのに、なぜ中国は軍事力を強化するのか」という疑問に、中国は、どう答えようとするのでしょうか。

中国が、軍事費を透明にして将来の防衛構想を明らかにし、他国と協調する姿勢を示さない限り、「中国脅威論」は、これからますます高まることになるでしょう。

中国は、この「中国脅威論」を利用して、「戦わずして勝つ」という孫子の兵法を実践しようとしているようにも見えるのですが。

第17章 中国はどこへ行くのか

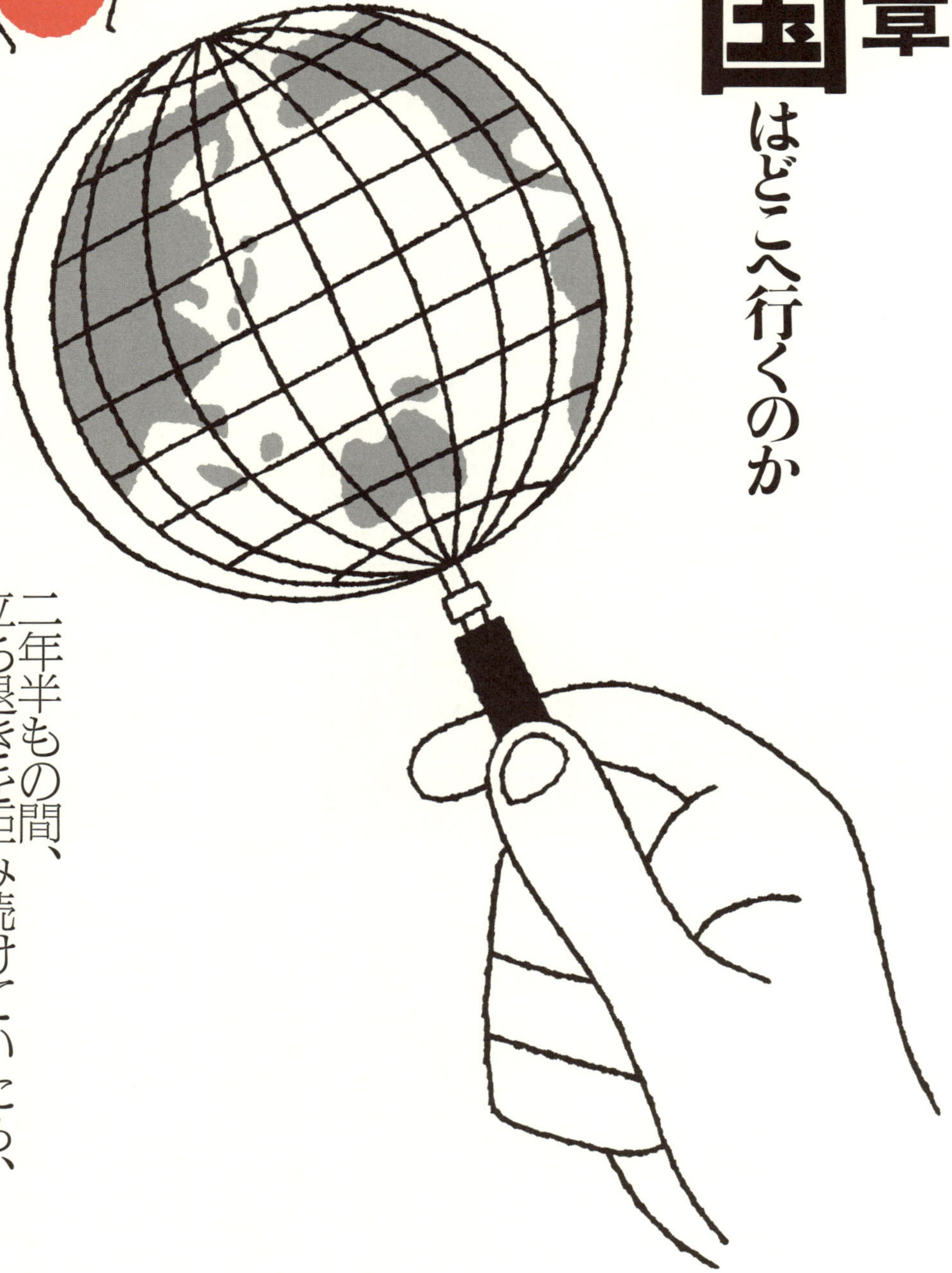

二年半もの間、
立ち退きを拒み続けていたら、
とうとう「陸の孤島」に
なってしまったというわけです。

立ち退きを拒んで「陸の孤島」と化した重慶市の民家

立退きを拒む住宅が出現した

二〇〇七年三月、一枚の写真が世界で話題になりました。中国内陸の重慶市の建設現場に立つ一軒の民家の写真です。

周囲を十メートルも掘り下げられ、一軒だけが、まさに「陸の孤島」のようになっていたのです。再開発に伴う立退きを拒んでいるうちに、業者が周囲の地面を掘り下げてしまい、とうとう住めなくなってしまったというわけです。

中国は社会主義国ということになっていますから、私有財産は認められず、土地は国家のもの。その土地を何の目的に使うかは、そこに住んでいる人ではなく、土地を管理している国が決めるのです。

この場合の国とは、実際の現場では、地元の役所が代行することになります。つまり役所が、「ここを再開発するから出ていけ」と言えば、そこに住んでいる人たちは立ち退かなくてはならないのです。

ところが、重慶市のこの民家に住む家族は、これに抵抗。二年半もの間、立退きを拒み続けていたら、とうとう「陸の孤島」になってしまったというわけです。

この写真は、いまの中国の現実を示しています。行政当局が、業者と一緒になって再開発を進める一方で、個人の権利

point! 社会主義市場経済

1992年10月、共産党第14回党大会で、江沢民によって、今後の経済改革の芽ザすべき目標として提起された全面的な市場経済化をめざす経済運営政策。伝統的な社会主義とは相容れない概念。

農民の家財道具一切を取り上げて、人民公社のものにしてしまった例までありました。

を主張する人々が出始めているからです。

この写真が報道された三月、中国は、遂に「私有財産」を認めることになりました。社会主義からまた一歩踏み出す(遠ざかる)動きです。この結果、中国では、これから全国で、こうした光景を見ることになるかも知れません。

「私有財産」とは生産手段だが

マルクス主義にもとづく社会主義では、「私有財産」が認められていません。

この場合の私有財産とは、なにも一般庶民の家財道具を指しているわけではありません。私有財産とは、生産手段のことなのです。

生産手段とは、たとえば工場の機械や敷地、あるいは農地のことです。

資本主義社会では、企業が工場を保有し、農民が農地を持って耕作しています。

こうした生産手段を持っていると、持っていない人に比べて金持ちになりやすく、人を雇って働かせると、その人を搾取することになる、というのがマルクス主義の考え方です。

そこで、マルクス主義にもとづく社会主義革命が起きると、生産手段つまり私有財産を資本家や大地主から取り上げ、公有(国家のもの)にしてしまうのです。

中国では家財道具まで

中国も、毛沢東率いる中国共産党が支配権を握ってからは、私有財産をすべて国家のものとしました。

企業はすべて国有企業となり、農地も「集団所有」という名の下に国家のものになりました。

中国共産党が、国共内戦時代に農民の支持を得られたのは、大地主から農地を取り上げ、それを小作農に分配したからです。「土地を分けてくれる共産党」と考えた農民たちが、共産党の側に立ちました。

ところが、いったん政権をとると、中国共産党は、農民から農地を取り上げ、人民公社のものにしました。「土地はみんなのものになった」というわけです。

しかも、第4章で取り上げたように、農民が持っていた農機具や家畜も人民公社のものになりました。「生産手段」(私有財産)を取り上げたのです。

このとき、「私有財産は取り上げる」という共産党の方針を聞いた下部党員の中には、私有財産を「個人の家財道具」まで含まれると勘違いして、農民の家財道具一切を取り上げて、人民公社のものにしてしまった例までありました。

農民はこれに抵抗し、家畜を取り上げられる前に処分して、一家で食べてしまうケースが相次ぎ、人民公社に統合されたら家畜がいなくなってしまった、という話まであります。

土地開発は役所の一声で

毛沢東が死去し、鄧小平が権力を握ると、「社会主義市場経済」という名の資本主義化が進められました。中国経済は猛烈な勢いで発展します。これに伴い、土地の再開発が各地で進められています。

中国での土地の再開発は、日本のような資本主義国に比べて、ずっと簡単です。役所が、「この土地を再開発する」と命じればいいのですから。土地はみんなのもの。どう使うかは、みんなの代表が決める、というわけです。みんなの代表とは、役所の幹部。「みんなの代表」を自由選挙で選ぶ仕組みはないのですが。

役所の幹部の鶴の一声で土地開発が進められるということは、汚職が起きやすいということでもあります。役所の幹部が、再開発を計画している企業と結託すれば、いくらでも土地を住民から取り上げることができるからです。

事実、中国では各地で住民が立退きを命じられ、再開発が進むと、役所の幹部の生活までが「開発」されて派手になる、というケースが相次いでいます。

重慶市の住宅の場合、こうした立退きに反発して、個人の権利を主張したのです。

以前なら、役所は警察官を動員して民家の住人を追い出し、住宅を取り壊して一件落着だったのですが、この場合、それができなかったのです。時代の風向きが変わってきたからです。

「物権法」ができた

それが、「物権法」という法律の成立です。国民が私有財産を保有する権利を認める法律が制定されるという方針が明らかになったため、地元の役所や開発業者が強制排除をためらったのです。

役所や開発業者がためらっているうちに、二〇〇七年三月に開かれた全国人民代表大会（日本の国会に相当）で、私有財産を認める物権法が成立しました。

この法律には、「私人の物権は、法律の保護を受け、いかなる組織や個人も侵犯してはならない」と明記してあります。この法律は二〇〇七年十月から施行です。

この法律によって、農民の土地を収用する（取り上げる）場合、農民に補償金を支払うことが義務づけられました。

さらに農民は、土地の使用権を「物権」として売買できることになったのです。

住宅に住んでいる人の土地使用権は七十年の期限つきですが、期限の満期後も、継続して使用することが保障されました。事実上、土地の所有権が認められたようなものです。

物権法の成立は、日本国内であまり大きなニュースになりませんでしたが、実は画期的な法律です。中国が、遂に社会主義の大原則である「私有財産禁止」を放棄したからです。

資本主義経済が成り立つためには、私有財産が保護されなければなりません。生産手段が認められてこそ、資本家が誕生し、資本（財産）が増えていくのです。

中国は、「社会主義市場経済」という名の下に、資本主義の道を歩んできました。それが、私有財産を法律で保護することによって、また一歩、資本主義の道を前に進んだのです。

重慶市の住宅の場合、大きく報道された後、住民と業者の話し合いが成立。住宅は結局取り壊され、再開発が進みました。住民に、一体どれほどの金額が支払われたのか明らかにはなっていませんが、中国としては天文学的な数字になったようです。

私有財産を保障する資本主義国では、土地を勝手に取り上げることはできません。これから中国では、重慶市のような住民の抵抗が、一段と活発になることでしょう。

しかし言論は統制

中国では経済のさまざまな制度が、資本主義になりつつあります。経済が資本主義になれば、政治面でも西側諸国のようになっていいはずですが、中国の場合、そうはならないのです。

中国はもはや社会主義ではなくなりましたが、権力は共産党が掌握しているからです。権力を維持するために、言論統制が続いているのです。

point! 物権法の成立

物件法成立以前の段階では、マイホームを購入した場合、土地使用権とマンションの所有権を買ったことを意味し、70年後、土地の使用期間が終了したとき、国が無償で回収するとされていた。

私有財産を認める物権法が成立した全国人民代表大会(2007年3月)

二〇〇六年夏、私は中国各地で、このことを身をもって体験しました。

いまや中国の大都市にはどこも近代的なホテルができ、各部屋に高速インターネットが整備されています。いつでもインターネットに接続できる環境になっているのです。

ところが、たとえば「天安門事件」という用語は検索できないのです。また、「法輪功」という用語では、この宗教団体を批判するウェブサイトしか出てきませんでした。当局が接続を遮断しているからです。ヤフーもグーグルも、中国進出にあたって、中国当局に協力し、検閲を認めています。

中国では、数万人に上る「ネット警察官」がいて、常にインターネットを検索し、中国共産党にとって都合の悪い内容が掲載されているサイトには、接続できないようにしています。

個人のブログも例外ではありません。反政府的な文章を掲載すると、ブログ自体が消滅してしまいます。まさに「人海戦術」で、インターネットの検閲を続けているのです。

検閲の内容は、その時々の政府の方針によって変わります。小泉内閣の時代、小泉首相が靖国神社を参拝すると、中国国内のネットには、反日の主張があふれました。ところが、安倍内閣になって、日中関係が改善されると、極端な反日の主張は削除されてしまうようになったのです。

宗教も弾圧される

私が中国のホテルで検索しようとした「法輪功」とは、中国で弾圧されている宗教団体です。ヨガのような気功のような健康増進をはかる運動で、中国では一九九二年から李洪志《りこうし》という人物が活動を開始しました。李洪志自身はアメリカに亡命しましたが、中国国内では幅広い支持を獲得しました。

ところが、一九九九年四月、雑誌に法輪功を批判する記事が出たことから、信者（学習者と自称）たちが天津市で抗議

point! 和諧社会

和には、睦まじい、穏やか、暖かいという意味。諧とは皆の声という意味で、ハーモニーのほかにバランスのとれたという意味がある。和諧社会とは「調和がとれた社会」を意味し、第11次五か年計画にも盛り込まれている。

行動をし、四十三人が逮捕されました。これに怒った信者たち約一万人が北京に集合。党や政府の幹部が住む中南海を包囲して座り込みました。

　これに恐怖を覚えた政府は、徹底弾圧の方針を打ち出します。法輪功を「邪教」だと認定して、信者が大量に逮捕されています。

　反政府活動をしたわけでもなく、破壊活動をしたわけでもないのですが、「法輪功」の信者だというだけで弾圧されているのです。

『週刊氷点』が停刊に

　二〇〇六年一月、中国の言論界を揺るがす騒動が発生しました。共産党の下部組織である共産主義青年団の機関紙『中国青年報』に毎週水曜日に付録としてつく『氷点週刊』が停刊に追い込まれたのです。

　問題の発端は、この週刊紙が掲載した論文が原因でした。「日本の教科書が歴史を歪曲したとして、中国政府は日本に抗議しているが、中国の歴史教科書も、決して歴史を正しく取り上げているとは言えない」という趣旨の大学教授の論文を掲載したのです。

　これに対して、共産主義青年団は、『氷点週刊』を停刊の処分にします。さらに、共産党中央宣伝部は、停刊処分したことについての報道も禁じる措置を決めたのです。

　「教科書の内容が正しくない」と指摘・主張したことが問題になりました。共産党公認の歴史に異議を唱えることは許されないことだったのです。

　しかし、この事実はインターネットのメールを人々が次々に転送することで、一気に知れ渡り、海外のメディアも報道するようになりました。

　あまりの反響の大きさに、共産党は、まもなく『氷点週刊』の復刊を認めますが、問題の論文を掲載した編集主幹と、停刊処分に抗議した副主幹は解職されてしまいます。

　さらに、大学教授の論文に反論する論文が復刊第一号に掲載されました。

　この顛末について、『氷点週刊』の編集主幹だった李大同《りだいどう》は、こう書いています。

「大衆に知らせないようにするか、知られてもできるだけ早く忘れさせようとするかが、中国共産党の意識形態を管理する官僚の使命の全てなのだ。この洗脳は非常に有効で、現在の中国では文化レベルが最も高い、情報を入手する手段が最も発達している大学生層でさえも、『四人組』・胡耀邦・趙紫陽とは誰なのか、『六・四天安門事件』とは何なのかを知らない人が多い」(李大同著　三潴正道監訳『「氷点」停刊の舞台裏』)。

　それでも、李大同が逮捕されることなく、この停刊の顛末を海外で出版することができるようになった（中国国内では禁書）だけ、中国国内の言論の取締りは緩くなったというべきなのでしょうか。

> 中国国民の不満は内攻し、不満がマグマのように地下にたまりつつあります。

国民が国民の代表を選べない

　このように報道の自由が存在しないのは、共産党が支配体制を維持しようとするからです。これは、選挙においても同じです。

　中国は、国民が自分たちの代表を自由な選挙で選ぶことができないのです。

　中国の最高意思決定機関ということになっている「全国人民代表大会」は、「日本の国会に相当」と表現されます。そうとしか言いようがないのですが、実態は、日本とは大きく異なります。

全国人民代表大会の代議員（国会議員）は、省の人民代表大会の代議員の中から選ばれます。省の人民代表大会の代議員は、県や市の人民代表大会の代議員から選ばれます。間接選挙の積み重ねで、国民の意思は直接伝わらない仕組みになっています。

一方、県や市の人民代表大会の代議員は、住民の直接選挙で選ばれますが、誰でも立候補できるわけではありません。共産党が組織した選挙委員会が候補者を指名するのです。

その結果、多くの場合、有権者は、立候補者の信任投票をするだけになってしまいます。

それでも最近は、ごく一部ながら、選挙委員会が指名した以外の人でも立候補が認められるようになってきています。

ただし、選挙委員会が指名した候補者は投票用紙にあらかじめ氏名が印刷されていますが、独自に立候補した人は、有権者に氏名を書いてもらわなくてはなりません。しかも、さまざまな嫌がらせを受けるのが実態です。当局と一体になった警察が嫌がらせの中心になるので、選挙妨害を警察に訴えても意味がないという現実があります。

国民が、社会の問題点を広く人々に呼びかけたり、政治の場で自分の意思を表明したりということができないのです。その分だけ、中国国民の不満は内攻し、不満がマグマのように地下にたまりつつあります。

その不満が、いつしか反共産党の暴動に発展しかねないところまで達しているのです。

胡錦濤は「和諧社会」を掲げるが

中国の胡錦濤・国家主席が掲げる中国の目標は、「和諧《わかい》社会」です。「調和ある社会」という意味です。

これまで見てきたように、現代の中国は、世界でもトップクラスの格差社会です。格差の広がりは、社会の安定を崩します。都市部での犯罪の増加、地方での暴動の激化。いずれも、中国の格差社会を反映しています。

かつて毛沢東をはじめ中国共産党の初期の党員たちは、国民党政権による腐敗と格差の拡大に憤り、中国共産党を結成しました。幾多の弾圧に耐え抜き、労働者・農民の支持を獲得して、新生中国を建国しました。

建国当初こそ、平等な社会に向けての前進が見られたものの、毛沢東による「大躍進」政策は、「国民が平等に貧しくなる」という「平等な社会」をもたらしました。

「大躍進政策」が批判され、毛沢東の権威が失墜すると、毛沢東は文化大革命を発動。これは、「国民が平等に混乱する」という「平等な社会」を現出しました。

これに対して、鄧小平は、「先富論」を打ち出し、「豊かになれる者から豊かになれ」という方針を打ち出しました。その結果、確かに豊かになった人々を出現させました。

同時に、いくら頑張っても豊かになれない多くの人民もまた生み出しました。

胡錦濤・温家宝政権は、このような歴史の「負の遺産」を背負っています。

しかし、「負の遺産」であることを認めることは、共産党公認の歴史に背《そむ》くこと。中国共産党は、過ちを認めようとしません。ところが、過去の失敗を認めないと、解決への正しい処方箋も作り出すことはできません。共産党の負の歴史を直視し、国民の思いを国政に正しく反映させる回路を築かない限り、真の「和諧社会」実現はないのです。

おわりに

「革命は、客を招いてごちそうすることでもなければ、文章をねったり、刺しゅうをしたりすることでもない。そんなにお上品で、そんなにおっとりとした、みやびやかな、そんなにおだやかでおとなしく、うやうやしく、つつましく、ひかえ目のものではない。革命は暴動であり、一つの階級が他の階級をうち倒す激烈な行動である」（『毛主席語録』）

「革命は暴動」という毛沢東の言葉通り、新生中国は、暴動の歴史でもありました。いまも各地で暴動が起きています。

この文章が掲載されている『毛主席語録』は、日本では『毛沢東語録』として知られています。文化大革命のとき、紅衛兵たちが、小さな赤い本を手にふりかざしていたものです。その日本語版を、北京郊外の古物市で入手しました。文化大革命当時、日本の若者たちにも読ませようと出版されたものなのでしょう。

実は、毛沢東の文章の「みやびやかな」という部分の原文は、「文質彬彬《ひんぴん》」です。「おだやかでおとなしく、うやうやしく、つつましく、ひかえ目」という部分の原文は、「温、良、恭、倹、譲」です。この二つは、いずれも『論語』に出てきます。

毛沢東は、「革命は上品なものではない」という激烈な言葉を吐いていますが、その文章は、さりげなく『論語』の文章を下敷きにしているのです。毛沢東本人の学識の高さを物語っています。

毛沢東は、大変な読書家で知られていました。文章力にも優れていました。ずば抜けた知識人でありながら、しかし本人は知識人を嫌い、信用しませんでした。それが、文化大革命での知識人排斥につながりました。

毛沢東が知識人を排斥し、科学的知見にもとづかない非科学的な農業指導や工業指導をしたために、中国がどれほど混乱し、多くの犠牲者を出したことか。

中国がいまも人口増に悩み、農民が苦しみ、自然破壊が進んでいるのも、毛沢東の負の遺産です。革命の理想には燃えていたのでしょうが、自らの権力をほしいままにしたツケが、いまだに中国人民を苦しめているのです。

しかし、現代の中国が、「毛沢東思想」にもとづいている以上、中国共産党は、この事実を認めようとはしません。歴史の偽造ないしは黙殺が、いまも行われているのです。

中国が進むべき道は、日本に対して主張する、「自国の歴史を直視せよ」という言葉を、自らにも問いかけることから始めるべきなのでしょう。

中国共産党が拠って立つマルクス主義によれば、社会は、経済の「下部構造」と、政治・文化の「上部構造」から成り立っています。下部構造の経済が発展すると、やがて上部構造が経済の発展にとって「桎梏《しっこく》」（邪魔）となり、上部構造は破壊されます。これが革命です。

中国共産党は、「社会主義市場経済」の名の下に、下部構造は資本主義、上部構造は社会主義という不思議な体制を築きました。その結果は、爆発的な経済の発展でした。経済発展に伴い、さまざまな矛盾・社会問題が引き起こされています。下部構造の経済の発展にとって、上部構造の社会主義が、桎梏となっているのです。マルクスの予言通り、「社会主義」という上部構造が、革命によって破壊される日が、やがて来ることになるのでしょう。極めて皮肉なことです。

この本を書こうと思い立ってから、二年かかりました。中国取材をアレンジし、取材にも同行してくださったホーム社の木葉篤さんには、長く待たせてしまいました。

『そうだったのか！』シリーズを一緒に作ってきた長澤潔さんにも、絶えず激励をいただきました。お二人に感謝しています。

二〇〇七年 六月

池上 彰

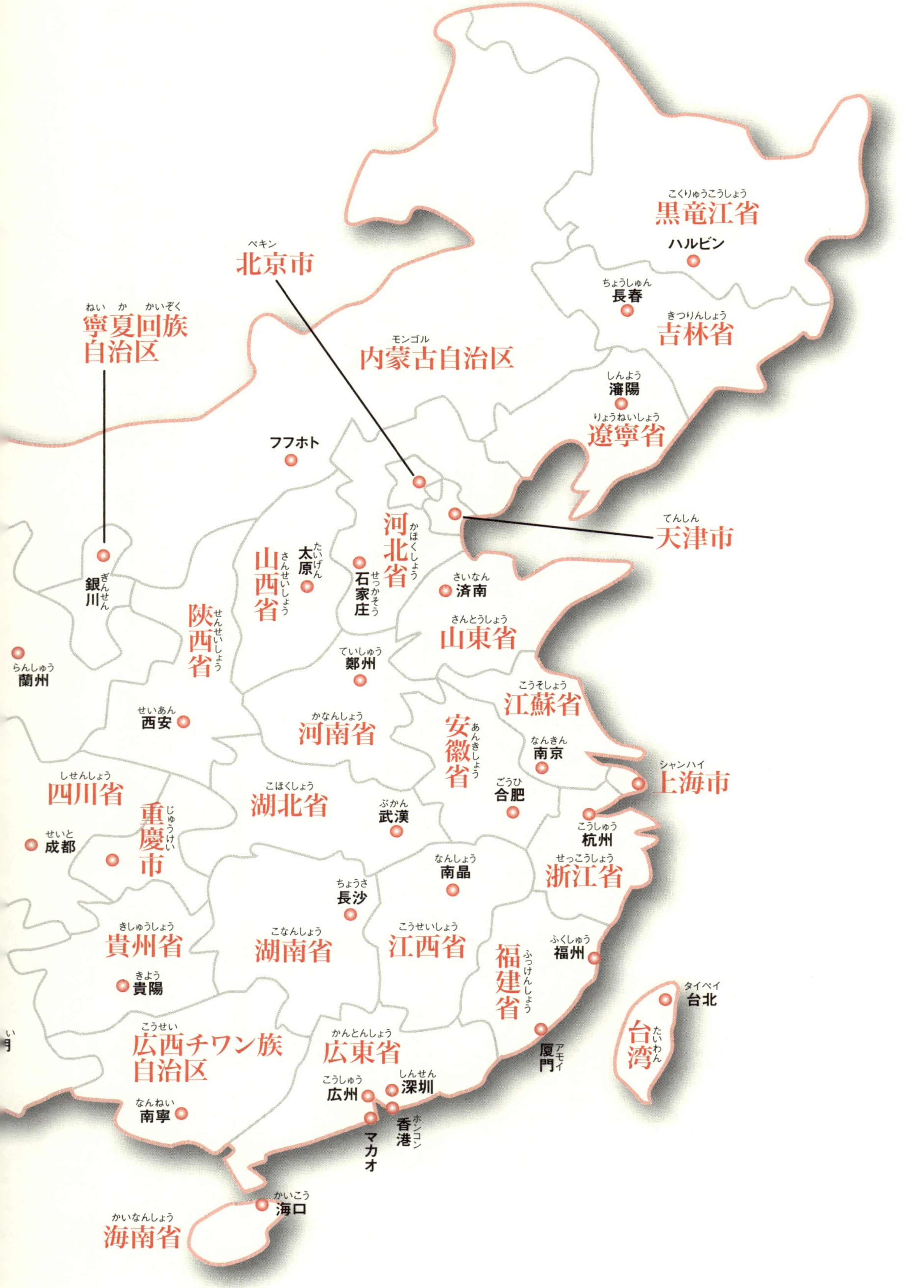

黒竜江省《こくりゅうこうしょう》
ハルビン
長春《ちょうしゅん》
吉林省《きつりんしょう》
北京《ペキン》市
寧《ねい》夏《か》回族《かいぞく》自治区
内蒙古《モンゴル》自治区
瀋陽《しんよう》
遼寧省《りょうねいしょう》
フフホト
天津《てんしん》市
河北省《かほくしょう》
太原《たいげん》
山西省《さんせいしょう》
石家庄《せっかそう》
済南《さいなん》
銀川《ぎんせん》
陝西省《せんせいしょう》
山東省《さんとうしょう》
蘭州《らんしゅう》
鄭州《ていしゅう》
江蘇省《こうそしょう》
西安《せいあん》
河南省《かなんしょう》
安徽省《あんきしょう》
南京《なんきん》
上海《シャンハイ》市
四川省《しせんしょう》
湖北省《こほくしょう》
合肥《ごうひ》
武漢《ぶかん》
重慶《じゅうけい》市
杭州《こうしゅう》
成都《せいと》
南昌《なんしょう》
浙江省《せっこうしょう》
長沙《ちょうさ》
貴州省《きしゅうしょう》
湖南省《こなんしょう》
江西省《こうせいしょう》
福州《ふくしゅう》
福建省《ふっけんしょう》
貴陽《きよう》
台北《タイペイ》
台湾《たいわん》
広西《こうせい》チワン族自治区
広東省《かんとんしょう》
厦門《アモイ》
深圳《しんせん》
広州《こうしゅう》
南寧《なんねい》
香港《ホンコン》
マカオ
海口《かいこう》
海南省《かいなんしょう》

ウルムチ
新疆《しんきょう》ウイグル自治区
甘粛省《かんしゅくしょう》
西寧《せいねい》
青海省《せいかいしょう》
西藏《チベット》自治区
ラサ
雲南省《うんなんしょう》

中華人民共和国地図

中華人民共和国憲法序言

中国は、世界で歴史が最も悠久な国家のひとつである。中国各民族人民は、輝かしい文化を共同して創造し、光栄ある革命の伝統を有している。

一八四〇年以降、封建的な中国は、半植民地的かつ半封建的な国家へと徐々に変わっていった。中国人民は、国家の独立、民族の解放及び民主と自由のために、前を行く者が倒れれば後の者が続くという英雄的な奮闘を進めてきた。

二〇世紀に、中国では天地を覆す偉大な歴史的変革が起こった。

一九一一年、孫中山［孫文］先生が領導する辛亥革命が、封建帝制を廃し、中華民国を建国した。しかし、中国人民が帝国主義及び封建主義に反対する歴史的任務は、いまだ完成していなかった。

一九四九年、毛沢東主席を領袖とする中国共産党が中国各民族人民を領導し、長期の苦難に満ち曲折した武装闘争及びその他の闘争を経た後、帝国主義、封建主義及び官僚主義の統治をついには覆し、中華人民共和国を建てた。このときから、中国人民は、国家の権力を掌握し、国家の主人となった。

中華人民共和国成立以降、我が国の社会は、新民主主義から社会主義に至る過渡を徐々に実現した。生産手段私有制の社会主義的改造はすでに完成し、人が人を搾取する制度はすでに消滅し、社会主義制度はすでに確立した。労働者階級が領導し、労農同盟を基礎とする人民民主独裁は、実質的にはプロレタリアート独裁であり、強固なものとなり、かつ発展している。中国人民及び中国人民解放軍は、帝国主義、覇権主義の侵略、破壊及び武力による挑発に戦勝し、国家の独立及び安全を護り、国防を増強した。経済建設は、大きな成果を得、独立し比較的完備した社会主義工業体系は、すでに基本的に形成され、農業生産は、顕著に向上している。教育、科学、文化等の事業には大きな発展があり、社会主義思想教育は明らかな効果を得た。広範な人民の生活には比較的大きな改善がある。

中国新民主主義革命の勝利及び社会主義事業の成果は、中国共産党が中国各民族人民を領導し、マルクス・レーニン主義、毛沢東思想の手引きのもとで、真理を堅持し、誤りを正し、多くの艱難険阻に戦勝して得たものである。我が国は、社会主義初級段階に長期にわたって位置することになる。国家の根本任務は、中国的特色の社会主義の道に沿って、力量を集中して社会主義現代化建設を進めることである。中国各民族人民は、ひきつづき、中国共産党の領導のもとにあって、マルクス・レーニン主義、毛沢東思想、鄧小平理論及び「三つの代表」という重要思想の手引きにより、人民民主独裁を堅持し、社会主義の道を堅持し、改革開放を堅持し、社会主義の各制度を不断に完全なものとし、社会主義市場経済を発展させ、社会主義民主を発展させ、社会主義法制を健全なものとし、自力更正と艱苦のなかでの奮闘とを進め、工業、農業、国防及び科学技術の現代化を徐々に実現し、物質文明、政治文明及び精神文明の協調的発展を推進し、我が国を富強、民主、文明の社会主義国家としていく。

我が国においては、搾取階級は、階級としてはすでに消滅しているが、しかし、階級闘争はいまだ一定範囲において長期に存在し続ける。中国人民は、我が国の社会主義制度を敵視し、破壊する国内外の敵対勢力及び敵対分子に対して、闘争を行なわなければならない。

台湾は、中華人民共和国の神聖な領土の一部分である。祖国を統一することを完成するという大業は、台湾同胞を含む全中国人民の神聖な職責である。

社会主義の建設事業は、労働者、農民及び知識分子をよりどころとして、団結できる一切の力量を団結させなければならない。長期の革命及び建設の過程において、中国共産党が領導し、各民主的諸党派及び各人民団体が参加し、すべての社会主義勤労者、社会主義事業の建設者、社会主義を擁護する愛国者及び祖国統一を擁護する愛国者を含む広範な愛国統一戦線は、すでに結成されており、この統一戦線はひきつづき強固なものとなり、発展していく。中国人民政治協商会議は、広範な代表性を有する統一戦線組織であり、過去において重要な歴史的役割を発揮し、今後国家の政治生活、社会生活及び対外友好任務遂行において、社会主義現代化建設を進め、国家の統一と団結を護る闘争において、さらにその重要な役割を発揮していく。中国共産党が領導する多党協働及び政治協商制度は、長期にわたって存在し発展していく。

中華人民共和国は全国各民族人民が共同して創建した統一の多民族国家である。平等、団結、互助の社会主義民族関係はすでに確立し、かつ、ひきつづき強まっている。民族団結を護る闘争においては、大民族主義、主には大漢族主義に反対することを要し、また、地方民族主義にも反対することを要する。国家は一切の努力を尽くして、全国各民族の共同繁栄を促進する。

中国の革命及び建設の成果は世界の人民の支持と切り離すことはできない。中国の前途は世界の前途と緊密に結びついている。中国は、独立自主の対外政策を堅持し、主権と領土の完全とを相互に尊重すること、相互に侵犯しないこと、相互に内政に干渉しないこと、平等に互いに利益となること、平和に共存すること、という五原則を堅持し、各国と外交関係及び経済、文化の交流を発展させる。帝国主義、覇権主義、植民地主義に反対し、世界各国人民との団結を強め、被抑圧民族及び発展途上国が民族独立を勝ち取り、それを護り、民族経済を発展させる正義の闘争を支持し、世界平和を護り、及び、人類進歩の事業を促進するために努力することを堅持する。

本憲法は、法律の形式を以て中国各民族人民の奮闘の成果を確認し、国家の根本制度及び根本任務を規定しており、国家の根本法であって、最高の法律的効力を有している。全国各民族人民、一切の国家機関及び武装力、各政党及び各社会団体、各企業、事業組織は全て憲法を以て根本の任務遂行準則としなければならず、かつ憲法の尊厳を護り、憲法実施の職責を負う。

（岩波文庫『［新版］世界憲法集』高見沢磨訳　中華人民共和国憲法より）

もっと知りたい人のために

中国の歴史と現代の実相について、もっと詳しく知りたい人のために、参考になる書物をいくつか紹介しましょう。

現代中国の歴史について概観したい人には、次の二冊がお勧めです。

『中華人民共和国史』
天児慧　岩波書店

『中国の歴史11　巨龍の胎動』
天児慧　講談社

日中戦争時代、中国共産党は、日本軍と果敢に戦ったというのが、中国共産党の公式見解ですが、実際はどうだったのか、次の書が新しい事実を教えてくれます。

『抗日戦争中、中国共産党は何をしていたか』
謝幼田著　坂井臣之助訳　草思社

中国建国後、毛沢東の大躍進政策によって、いったい何がもたらされたのか。次の書は、その実情についての鬼気迫る報告です。現代中国を知る上での必読書だと思います。

『餓鬼』
ジャスパー・ベッカー著　川勝貴美訳　中央公論新社

その毛沢東とは、どんな人物だったのか。毛沢東の主治医の報告は、驚くべき内情を伝えてくれます。読み物としても、大変興味深いものです。

『毛沢東の私生活』
李志綏著　新庄哲夫訳　文藝春秋

毛沢東についての次の書物は、資料の扱い方や、毛沢東の評価など、伝統的な歴史学者からは厳しい批判も出ていますが、「こういう見方もできるのか」という観点で読むことができるでしょう。

『マオ』
ユン・チアン、ジョン・ハリディ著　土屋京子訳　講談社

その毛沢東のもとで忠誠を尽くした周恩来はどんな人物だったのか。革命の人間模様を知るうえで、次の書は大変興味深いものです。

『周恩来秘録』
高文謙著　上村幸治訳　文藝春秋

毛沢東が発動した文化大革命では、どのような混乱が引き起こされたのか。次の岩波書店の本は、文庫三分冊にわたる大部の書物ですが、異常な実態を見事に描いています。

『文化大革命十年史』
厳家祺、高皐著　辻康吾監訳　岩波書店

実際に紅衛兵運動の体験者の手記が、講談社現代新書になっています。

『私の紅衛兵時代』
陳凱歌著　刈間文俊訳　講談社

チベットはどうなっているのか。ダライ・ラマ本人の二冊の自伝があります。チベット仏教についても知ることができます。

『チベットわが祖国』
ダライ・ラマ著　木村肥佐生訳　中央公論新社

『ダライ・ラマ自伝』
十四世ダライ・ラマ著　山際素男訳　文藝春秋

中国軍が、いかにチベットを侵略したか、次の本が詳説しています。

『中国はいかにチベットを侵略したか』
マイケル・ダナム著　山際素男訳　講談社インターナショナル

学生たちが民主化運動に立ち上がった天安門事件を現場で取材した新聞記者の書は、当時の様子を臨場感豊かに伝えてくれます。

『中国権力核心』
上村幸治　文藝春秋

台湾の首脳は何を考えているのか。次の二冊は、それを知ることができます。

『台湾の主張』
李登輝　ＰＨＰ研究所

『台湾之子』
陳水扁著　及川朋子ほか訳　毎日新聞社

台湾の若者が、日本をどう見ているのか。この二冊で大変よくわかります。

『台湾人と日本人』
謝雅梅　総合法令出版

『日本に恋した台湾人』
謝雅梅　総合法令出版

現代の中国の格差はどんなものなのか。信じられない内容を伝えてくれる本がいくつもあります。

『格差で読み解く現代中国』
王文亮　ミネルヴァ書房

『中国農民調査』
陳桂棣、春桃著　納村公子ほか訳　文藝春秋

『中国農村崩壊』
李昌平著　吉田富夫監訳　日本放送出版協会

中国は、なぜ「反日」になったのか。これからどうなるのか。次の本が参考になります。

『日中関係』
毛里和子　岩波書店

『中国はなぜ「反日」になったか』
清水美和　文藝春秋

『中国が「反日」を捨てる日』
清水美和　講談社

一方、中国国内にも、反日からの脱却を模索する動きがあります。

『〈反日〉からの脱却』
馬立誠著　杉山祐之訳　中央公論新社

『謝罪を越えて』
馬立誠著　箭子喜美江訳　文藝春秋

中国国内での言論の自由・報道の自由をめぐる現状について、次の二冊は現場からの報告です。

『中央宣伝部を討伐せよ』
焦国標著　坂井臣之助訳　草思社

『「氷点」停刊の舞台裏』
李大同著　三潴正道監訳　日本僑報社

中国の現状についての報告を概観するには、次の中公新書が手軽でしょう。

『膨張中国』
読売新聞中国取材団　中央公論新社

中国で日中関係のために尽くし、病に倒れた杉本氏の書物は、一読に値します。

『大地の咆哮』
杉本信行　ＰＨＰ研究所

中国の世界への進出は、ヨーロッパ各地で思わぬ事態を引き起こしています。世界規模で中国の影響を考えるうえで、次の書物が参考になることでしょう。

『中国が世界をメチャクチャにする』
ジェームズ・キング著　栗原百代訳　草思社

このほかにもさまざまな書物が出ていますが、冷静に分析・報告しているものもあれば、センセーショナルに危機を煽《あお》り立てる種類の本もあります。多種多様な本を読むことで、あなたなりの見方を獲得されることを期待しています。

主要参考文献

総論

『中華人民共和国史』天児慧　岩波書店
『中国の歴史11　巨龍の胎動』天児慧　講談社
『中国の現代史』奥村哲　青木書店
『中華人民共和国』国分良成　筑摩書房
『中国近現代史』小島晋治、丸山松幸　岩波書店
『中国現代史』小島朋之　中央公論新社
『中国の現代史』奥村哲　青木書店
『中国の歴史　中国高等学校歴史教科書』人民教育出版社歴史室編著、小島晋治ほか訳　明石書店
『わかりやすい中国の歴史　中国小学校社会教科書』小島晋治監訳　明石書店
『中国世界』加々美光行　筑摩書房
『現代中国治国論』許介鱗、村田忠禧　勉誠出版
『抗日戦争中、中国共産党は何をしていたか』謝幼田著　坂井臣之助訳　草思社
『最新教科書現代中国』區建英ほか　柏書房
『21世紀　中国はどう変貌するか』NHK「中国」プロジェクト編著　日本放送出版協会
『チャイナｎｏｗ』読売新聞社中国取材団　中央公論新社
『膨張中国』読売新聞中国取材団　中央公論新社
『現代中国の苦悩』藤野彰　日中出版
『嘆きの中国報道』藤野彰　亜紀書房
『巨龍』毎日新聞中国取材班　毎日新聞社
『中国のいまがわかる本』上村幸治　岩波書店
『現代中国を知るための60章』高井潔司、遊川和郎編著　明石書店
『中国激流』興梠一郎　岩波書店
『中華思想と現代中国』横山宏章　集英社

日中関係

『中国とどう付き合うか』天児慧　日本放送出版協会
『日中関係』毛里和子　岩波書店
『中国はなぜ「反日」になったか』清水美和　文藝春秋
『中国が「反日」を捨てる日』清水美和　講談社
『反日と反中』横山宏章　集英社
『中国は脅威か』中嶋嶺雄、古森義久　ＰＨＰ研究所
『「日中友好」のまぼろし』古森義久　小学館
『中国「反日」の虚妄』古森義久　ＰＨＰ研究所
『日中再考』古森義久　産経新聞ニュースサービス
『中国ＯＤＡ6兆円の闇』青木直人　祥伝社
『大地の咆哮』杉本信行　ＰＨＰ研究所
『〈反日〉からの脱却』馬立誠著　杉山祐之訳　中央公論新社
『謝罪を越えて』馬立誠著　箭子喜美江訳　文藝春秋
『日中一〇〇年史』丸川哲史　光文社
『「反日」で生きのびる中国』鳥居民　草思社
『「反日」解剖』水谷尚子　文藝春秋
『苛立つ中国』富坂聰　文藝春秋
『チャイナシンドローム』朱建栄、上村幸治　駿河台出版社
『田中角栄』水木楊　日本経済新聞社

毛沢東ほか人物

『毛沢東』ジョナサン・スペンス著　小泉朝子訳　岩波書店
『マオ』ユン・チアン、ジョン・ハリディ著　土屋京子訳　講談社
『実践論・矛盾論』毛沢東著　松村一人ほか訳　岩波書店
『中国がひた隠す毛沢東の真実』北海閑人著　廖建龍訳　草思社
『毛沢東と周恩来』矢吹晋　講談社
『毛沢東秘録』産経新聞取材班　産経新聞ニュースサービス
『毛沢東とその時代』ＮＨＫ取材班　恒文社
『毛沢東の私生活』李志綏著　新庄哲夫訳　文藝春秋
『周恩来秘録』高文謙著　上村幸治訳　文藝春秋
『毛沢東と林彪』笠井孝之　日中出版
『毛沢東、鄧小平そして江沢民』渡辺利夫ほか　東洋経済新報社
『わが父・鄧小平』毛毛著　藤野彰ほか訳　中央公論新社

『鄧小平』天児慧　岩波書店
『鄧小平　政治的伝記』ベンジャミン・ヤン著　加藤千洋、加藤優子訳　朝日新聞社
『鄧小平の遺産』田畑光永　岩波書店
『鄧小平』矢吹晋　講談社
『鄧小平伝』寒山碧著　伊藤潔訳編　中央公論社
『鄧小平伝』劉金田ほか編　孫秀萍ほか訳　東京新聞出版局
『江沢民』ロバート・ローレンス・クーン著　鵜澤尚武ほか訳　ランダムハウス講談社
『胡錦濤』楊中美著　青木まさこ訳　日本放送出版協会
『中国高級幹部人脈・経歴事典』高新著　田口佐紀子訳　講談社

文化大革命

『毛沢東語録』毛沢東著　竹内実訳　平凡社
『文化大革命十年史』厳家祺・高皋著　辻康吾監訳　岩波書店
『私の紅衛兵時代』陳凱歌著　刈間文俊訳　講談社
『私は「毛主席の小戦士」だった』石平　飛鳥新社
『紅衛兵の時代』張承志著　小島晋治ほか訳　岩波書店
『文化大革命』矢吹晋　講談社
『紅い桜』斎藤淑語り　講談社
『毛沢東の文革大虐殺』宋永毅編　松田州二訳　原書房

チベット

『チベットわが祖国』ダライ・ラマ著　木村肥佐生訳　中央公論新社
『ダライ・ラマ自伝』十四世ダライ・ラマ著　山際素男訳　文藝春秋
『ダライ・ラマ』ジル・ヴァン・グラスドルフ著　鈴木敏弘訳　河出書房新社
『ダライ・ラマとパンチェン・ラマ』イザベル・ヒルトン著　三浦順子訳　ランダムハウス講談社
『聞き書き　ダライ・ラマの言葉』松本榮一　日本放送出版協会
『中国はいかにチベットを侵略したか』マイケル・ダナム著　山際素男訳　講談社インターナショナル
『現代チベットの歩み』A・T・グルンフェルド著　八巻佳子訳　東方書店
『チベット史』ロラン・デエ著　今枝由郎訳　春秋社
『チベット』フランソワーズ・ポマレ著　今枝由郎訳　創元社
『天梯のくにチベットは今』堀江義人　平凡社
『チベットを知るための50章』石濱裕美子編著　明石書店

台湾

『蔣介石』保阪正康　文藝春秋
『蔣介石』黄仁宇著　北村稔ほか訳　東方書店
『蔣介石と毛沢東』野村浩一　岩波書店
『日・中・台――視えざる絆』本田善彦　日本経済新聞社
『台湾の主張』李登輝　ＰＨＰ研究所
『台湾を知る』国立編訳館主編　蔡易達、永山英樹訳　雄山閣出版
『台湾之子』陳水扁著　及川朋子ほか訳　毎日新聞社
『陳水扁の時代』丸山勝　藤原書店
『台湾人と日本人』謝雅梅　総合法令出版
『日本に恋した台湾人』謝雅梅　総合法令出版
『台湾は今日も日本晴れ！』謝雅梅　総合法令出版
『台湾の悲劇』正木義也　総合法令出版
『「ＮＯ」と言える台湾』黄文雄　日本文芸社
『微熱の島　台湾』岸本葉子　朝日新聞社
『台湾の選択』涂照彦　平凡社
『中国と台湾』岡田充　講談社
『台湾入門』酒井亨　日中出版
『台湾　したたかな隣人』酒井亨　集英社
『哈日族　なぜ日本が好きなのか』酒井亨　光文社
『現代台湾を知るための60章』亜洲奈みづほ　明石書店
『台湾新潮流』河添恵子　双風舎
『台湾総統列伝』本田善彦　中央公論新社
『一つの中国一つの台湾』楊中美著　趙宏偉、青木まさこ編訳　講談社
『私の家は山の向こう』有田芳生　文藝春秋
『中国・台湾・香港』中嶋嶺雄　ＰＨＰ研究所

香港

『観光コースでない香港』津田邦宏　高文研
『東と西』クリス・パッテン著　塚越敏彦ほか訳　共同通信社
『林則徐』堀川哲男　中央公論社
『香港と中国』野村総合研究所（香港）有限公司編　朝日新聞社
『香港回収工作』許家屯著　青木まさこほか訳　筑摩書房

『香港回収』朱建栄　岩波書店

天安門事件

『天安門に立つ』
ハリソン・E・ソールズベリー著　三宅真理ほか訳
日本放送出版協会
『天安門文書』張良編　山田耕介ほか訳　文藝春秋
『「天安門」十年の夢』譚璐美　新潮社
『中国権力核心』上村幸治　文藝春秋
『江沢民政権のゆくえ』荒井利明　亜紀書房

経済問題

『円と元』日本経済新聞社編　日本経済新聞社
『元切り上げ』黒田東彦　日経BP社
『通貨の興亡』黒田東彦　中央公論新社
『中国がクシャミをしたら』邱永漢　廣済堂出版
『いよいよ中国株の時代だ』邱永漢　廣済堂出版
『ジレンマのなかの中国経済』
渡辺利夫　東洋経済新報社
『社会主義市場経済の中国』渡辺利夫　講談社
『シリーズ現代中国経済2　農民国家の課題』
厳善平　名古屋大学出版会
『シリーズ現代中国経済8　経済発展と社会変動』
菱田雅晴、園田茂人　名古屋大学出版会
『中国が世界をメチャクチャにする』
ジェームズ・キング著　栗原百代訳　草思社

格差問題

『わが祖国、中国の悲惨な真実』陳惠運　飛鳥新社
『憤青』沙柚　新潮社
『格差で読み解く現代中国』
王文亮　ミネルヴァ書房

『中国・繁栄の裏側』村山宏　日本経済新聞社
『本当の中国を知っていますか?』山本秀也　草思社
『中国農民の反乱』清水美和　講談社
『「人民中国」の終焉』清水美和　講談社
『中国農民調査』
陳桂棣、春桃著　納村公子ほか訳　文藝春秋
『中国農村崩壊』
李昌平著　吉田富夫監訳　日本放送出版協会
『中国農民はなぜ貧しいのか』王文亮　光文社

軍事問題

『中国の「核」が世界を制す』伊藤貫　PHP研究所
『2013年、米中戦争勃発す!』
テッド・G・カーペンター著　中谷和男訳
河出書房新社
『中国はこれほど戦争を好む』
スティーブン・W・モッシャー著　松本道弘監訳
成甲書房
『台湾問題』平松茂雄　勁草書房
『中国、核ミサイルの標的』平松茂雄　角川書店
『わかりやすいベトナム戦争』三野正洋　光人社

その他

『餓鬼』
ジャスパー・ベッカー著　川勝貴美訳　中央公論新社
『やがて中国の崩壊がはじまる』
ゴードン・チャン著　栗原百代ほか訳　草思社
『中国改革最前線』天児慧　岩波書店
『中国　人口超大国のゆくえ』若林敬子　岩波書店
『中国現代化の落とし穴』
何清漣著　坂井臣之助、中川友訳　草思社
『中国環境リポート』
エリザベス・エコノミー著　片岡夏実訳
築地書館

『共産主義黒書〈コミンテルン・アジア編〉』
ステファヌ・クルトワほか著　高橋武智訳
恵雅堂出版
『鄧小平・後』和気靖　朝日新聞社
『中央宣伝部を討伐せよ』
焦国標著　坂井臣之助訳　草思社
『「氷点」停刊の舞台裏』
李大同著　三潴正道監訳　日本僑報社
『米中奔流』
ジェームズ・マン著　鈴木主税訳　共同通信社
『中国・アジア・日本』天児慧　筑摩書房

このほか、次のウエブサイトも参考にしました。
http://www.china-embassy.or.jp/jpn/default.htm
http://www.peoplechina.com.cn/
http://www.pekinshuho.com/
http://www.roc-taiwan.org/JP/mp.asp?mp=202
http://www.tibethouse.jp/

中華人民共和国年表

一七二〇年 八月 清朝のチベット派兵
一八三九年 一月 林則徐がイギリス商人のアヘンを押収、香港の近くで処分
一八四一年 一月 アヘン戦争始まる
一八四二年 八月二九日 イギリスと南京条約調印。香港がイギリス領となる
一八六〇年 一〇月二四日 イギリスと北京条約調印。九竜半島南部がイギリス領となる
一八八七年 三月二六日 マカオがポルトガル領となる
一八九四年 八月一日 日清戦争(～一八九五)
一八九五年 四月一七日 下関条約で日本が清朝から台湾を割譲
五月二五日 台湾の住民の一部が「台湾民主国」の設立を宣言
六月二日 日本軍が台湾に上陸
一八九八年 六月九日 イギリスが九竜半島の中部から北部地域(神界地区)を九九年間租借する、香港境界拡張協約締結
一九〇三年 一二月一三日 イギリス軍のチベット侵攻
一九〇七年 八月三一日 清朝によるチベット宗主権を認める英露条約が締結
一九一一年 一〇月一〇日 辛亥革命始まる
一九一二年 一月一日 中華民国成立。孫文が南京で臨時大統領に就任
二月一二日 宣統帝退位により清朝滅亡
一九一三年 二月 ダライ・ラマ一三世によるチベット独立宣言
一九一四年 七月三日 中華民国、チベット、イギリスが交渉し、中国インド間の国境を画定した、シムラ条約が締結
一九一七年 三月一二日 ロシア革命
一九一九年 五月四日 ヴェルサイユ条約への抗議運動が起こる。五・四運動
一〇月一〇日 孫文が中華革命党を中国国民党と改称
一九二一年 七月二三日 中国共産党第一回大会が開かれる
八月 中国労働組合書記部設置
一九二二年 七月一五日 日本で日本共産党が誕生する
一九二四年 一月二〇日 広州で中国国民党第一回全国大会が開かれる
一九二五年 三月一二日 孫文死去
一九二七年 四月一八日 中国国民党による中華民国国府が南京に成立
七月一五日 蒋介石の弾圧を受け、中国国民党から共産党員が脱退
八月一日 中国共産党が南昌で武装蜂起
一〇月 毛沢東、井岡山で革命根拠地の建設を始める
一九二八年 一〇月一〇日 蒋介石が政府主席に就任
一九三一年 九月一八日 満州事変起こる
一一月 第一回全国ソビエト代表大会が江西省瑞金で開かれる。「中華ソビエト共和国臨時中央政府」の成立
一九三四年 一〇月一〇日 長征の始まり
一九三五年 一月一五日 中国共産党政治局の拡大会議が貴州省遵義で開かれる
一〇月二〇日 中国共産党軍が陝西省の延安に根拠地を建設。長征の終わり
一九三六年 一二月一二日 国民党軍の張学良が西安で蒋介石を監禁する。西安事変
一九三七年 五月 日本軍海軍航空隊が重慶の市街地中心部に無差別爆撃を開始
七月七日 盧溝橋事件が起こる。日中戦争の始まり。第二次国共合作
一二月一三日 日本軍が中華民国(当時)の首都南京を占領。中華民国は首都を重慶に移転
一九四一年 一二月八日 日本軍がハワイ真珠湾と香港を攻撃
一二月二五日 香港島のイギリス軍降伏

一九四二年　二月一日　共産党内の反毛沢東派を絶滅させる「整風運動」が始まる
一九四三年　五月　毛沢東が中国共産党中央委員会主席に就任。
一九四五年　八月一四日　日本降伏。これにより香港が再びイギリス領となる
一〇月二五日　中華民国が台湾本島と澎湖列島の編入を宣言
一九四六年　六月二六日　国民党軍と共産党軍の内戦に突入
七月二〇日　第二次国共合作が崩壊
一九四七年　二月二八日　台北で、ヤミタバコの取締りをめぐる殺傷事件に端を発した反政府暴動起こる。二・二八事件。のちに台湾全土へ広がる
一九四八年　四月　国民大会で蔣介石が初代総統に選出
五月二〇日　蔣介石が中華民国の首都南京で総統に就任
一二月二五日　中華民国憲法が施行
一九四九年　一月　共産党の人民解放軍が北京に入る
七月一日　「向ソ一辺倒」宣言
一〇月一日　中華人民共和国の成立
一〇月二日　ソ連が各国に先立って新中国を承認
一二月七日　国民党が台北を臨時首都に制定。台湾への撤退を開始
一二月一〇日　蔣介石が台湾へ移る
一二月一六日　毛沢東訪ソ
一九五〇年　一月一日　「人民解放軍はチベットを解放する」と宣言
一月五日　アメリカのトルーマン大統領が台湾問題への不介入を宣言
二月一四日　中ソ友好同盟相互援助条約締結
五月　毛沢東が総兵力五〇万人の人民解放軍部隊による台湾への軍事計画を承認
六月二五日　朝鮮戦争勃発。北朝鮮の大軍が北緯三八度線を突破
六月三〇日　土地改革法の布告
一〇月八日　人民解放軍が「義勇軍」として北朝鮮軍支援に向かう
一〇月一〇日　「反革命活動の鎮圧に関する指示」が出される
一〇月二日　人民解放軍四万人がチベット東部に進撃
一一月一日　チベット政府が国連に「中国の侵略」を訴える
一九五一年　五月二三日　チベット平和解放に関する協定(一七条協定)の締結
一〇月二六日　人民解放軍二万人がラサに入る

一九五二年　四月二八日　中華民国と日本が日華平和条約締結
一九五三年　六月　人口が約六億人到達
六月一四日　第一次五か年計画の始まり
七月二七日　朝鮮戦争休戦
一九五四年　五月　人民解放軍が中国大陸の近くにある国民党軍駐留の島々を攻撃
六月一四日　中華人民共和国憲法制定
七月　ダライ・ラマ一四世とパンチェン・ラマ一〇世が北京で毛沢東と会見
九月一五日　第一回全国人民代表大会
一二月三日　アメリカが台湾の安全を保障する「米華相互防衛援助条約」が締結される
一九五六年　二月一四日　ソ連共産党第二〇回大会で、フルシチョフがスターリン批判
四月二八日　毛沢東が講演で「百花斉放・百家争鳴」を呼びかける
九月一五日　共産党第八回大会で「社会主義の確立」が宣言される
一九五七年　六月八日　毛沢東が「反右派闘争」の党内指示を出す
一〇月一五日　中ソ国防新技術協定締結
一九五八年　五月五日　共産党第八回大会第二回会議で「社会主義建設の総路線」を採択。「大躍進政策」の始まり
七月三一日　フルシチョフ訪中
八月一七日　政治局拡大会議で「人民公社設立についての決議」を採択
八月二三日　人民解放軍による金門島への砲撃開始
一九五九年　三月二三日　人民解放軍の軍事作戦(～九月)により八万七〇〇〇人のチベット人が殺害される
三月三一日　ダライ・ラマ一四世がインドへ亡命するためチベットを離れる
四月一八日　国家主席のポストが毛沢東から劉少奇に交替
六月二〇日　ソ連が中ソ国防新技術協定を破棄
九月三〇日　フルシチョフ再訪中
一九六〇年　七月一六日　ソ連が中国に派遣していた核技術者全員の引き揚げを通告
一九六二年　一月一一日　党中央委員会の拡大工作会議が開かれる
五月一八日　パンチェン・ラマ一〇世が中国支配による被害を告発する報告書「七万字」を周恩来に提出
八月　中国軍のインド侵攻

一九六四年 五月 『毛沢東語録』の初版発行
一〇月一六日 中国が初の原爆実験成功
一九六五年 九月九日 中央チベットと西チベットの地域に「チベット自治区」を創設
一一月一〇日 「文化大革命」の発端となった姚文元の論文が上海の新聞『文匯報』に掲載
一九六六年 三月一七日 政治局常務委員会の拡大会議で毛沢東が「知識人」を批判
五月 北京大学構内に大学の共産党委員会批判の壁新聞が張り出される
五月一六日 文化大革命始まる
八月 北京市公安局（首都北京の警察本部）が拡大会議で紅衛兵の暴力を容認する方針を採択
八月五日 「司令部を砲撃せよ」と毛沢東自ら書いた壁新聞が張り出される
八月一八日 毛沢東と紅衛兵が天安門広場で接見
一九六七年 五月一七日 香港九竜地区のプラスチック造花工場で労使紛争が起き、大規模な反英デモに発展
八月 劉少奇が監禁
一九六八年 九月 南京長江大橋完成
一二月二二日 紅衛兵を農村に追放する毛沢東の「下放」発言が『人民日報』に掲載される
一九六九年 三月二日 中ソ国境のウスリー川のダマンスキー島（中国名・珍宝島）で、両国の国境警備隊が軍事衝突
八月 ソ連駐米大使ドブルイニンが対中国核攻撃の準備があることを、アメリカの大統領補佐官キッシンジャーに伝える
八月一三日 新疆ウイグル地区とソ連との国境で軍事衝突
一一月一二日 劉少奇が死去
一九七〇年 三月 毛沢東による国家主席職廃止の提案
四月三〇日 アメリカ軍がカンボジアに侵攻
一九七一年 七月八日 キッシンジャーがパキスタンを訪問
七月九日 キッシンジャー訪中
九月一三日 逃亡を図った林彪が墜落事故に遭い死亡
一〇月二五日 国連総会で「中華民国を追放し、中華人民共和国を招請する」という決議案が可決
一九七二年 二月二一日 アメリカのニクソン大統領が訪中
七月七日 田中角栄が総理大臣に就任
九月二五日 田中角栄訪中
九月二九日 日本と中華人民共和国が国交正常化
一〇月二八日 日中国交回復の記念に中国から日本へ二頭のパンダが贈られる
一九七四年 七月一八日 マカオを支配するポルトガル本国で左派政権誕生
一一月 日中平和友好条約交渉始まる
一九七五年 四月五日 蔣介石が死去
五月 アメリカ軍が台湾から完全撤退
一九七六年 一月八日 周恩来が死去
三月 周恩来を悼んだ花輪が天安門広場の人民英雄記念碑に掲げられ始める
四月五日 天安門広場の群衆や花輪が四人組により排除される。第一次天安門事件
四月七日 華国鋒が総理就任
九月九日 毛沢東が死去
一〇月六日 総理代行の華国鋒が四人組を逮捕
一〇月七日 華国鋒が共産党主席、党中央軍事委員会主席に就任
一九七七年 七月一六日 鄧小平の復活。中国共産党中央委員会総会で四人組の党からの永久追放が決議
一九七八年 三月二一日 蔣経国が台湾総統に就任
四月一二日 漁船約二〇〇隻が尖閣諸島周辺に集結
八月一二日 日中平和友好条約締結
一〇月二二日 鄧小平訪日
一二月一八日 中国共産党中央委員会総会で、「天安門事件は偉大な革命的大衆運動であった」と宣言
一九七九年 一月一日 中国とアメリカが国交を樹立
一月二八日 鄧小平訪米（〜二月五日）
二月一七日 人民解放軍一〇万人がベトナム侵攻。中越戦争
三月 マクリホース香港総督が訪中
三月三〇日 鄧小平が民主化についての「四つの基本原則」を発表
七月 馬寅初の軟禁解除

一九八〇年 七月一五日 広東省の深圳、珠海、汕頭、福建省の厦門の四か所が「経済特別区」に指定される
一月 大平正芳首相訪中
一九八一年 一二月五日 アメリカが、台湾防衛する義務を定めた米華相互防衛援助条約を破棄
二月二三日 党中央委員会総会で故劉少奇の名誉回復がされる
六月 胡耀邦チベット訪問
六月二七日 共産党第一一期中央委員会第六回総会で「建国以来の党の若干の歴史問題に関する決議」を採択。胡耀邦が党主席に就任
九月三〇日 中国政府が台湾との統一を呼びかける「九項目提案」を発表
一九八二年 九月一日 共産党第一二回大会で二〇世紀末までに国民所得を四倍化するという目標が宣言される。共産党トップの名称が「主席」から「総書記」に変更
九月二二日 香港返還交渉が始まる
一九八三年 一〇月一二日 保守派による「精神汚染」一掃運動が始まる
一一月二三日 胡耀邦総書記訪日
一九八四年 一月一日 ほぼ一〇〇％の農家が「各戸生産請負制」に移行
一二月一九日 中英共同宣言
一九八五年 六月四日 人民公社がほぼ消滅
八月一五日 中曾根首相が戦後の首相として初の靖国神社公式参拝
一九八六年 四月一二日 義務教育制度実施
九月 鄧小平が引退を表明
一一月八日 胡耀邦が中曾根康弘を「個人の資格」で中国に招待
一二月五日 安徽省合肥の中国科学技術大学で、民主化を求める学生集会。のちに全国へ拡大
一九八七年 一月一六日 共産党の政治局拡大会議で、長老グループが胡耀邦を指弾。胡耀邦総書記解任
七月一五日 台湾で戒厳令が解除される
一九八八年 一月一三日 蔣経国が死去。李登輝が台湾総統に昇格
一月 文化大革命で破壊されたチベットのタシルンポ僧院の仏塔が再建
一九八九年 一月二八日 パンチェン・ラマ一〇世死去
三月五日 チベットのラサで独立運動
三月八日 チベットに戒厳令発布
四月一五日 胡耀邦死去
四月一七日 胡耀邦追悼と民主化要求で、北京の中国政法大学の学生五〇〇人が大学から天安門広場の人民英雄記念碑まで行進
四月二二日 人民大会堂で中国共産党中央委員会主催の胡耀邦追悼集会
四月二三日 政治局常務委員会で、動乱制止小組を設立
四月二五日 北京の三〇の大学の学生自治会が加盟する自治連合が発足
五月一三日 天安門広場で一〇〇〇人にのぼる学生がハンストに入る
五月一五日 ゴルバチョフ訪中、中ソ首脳会談
五月二〇日 李鵬首相が北京市の一部に戒厳令を布告
五月二二日 人民解放軍戒厳部隊指揮部が、テレビを通じて「北京市民に告げる書」を発表
六月四日 戦車や装甲車など人民解放軍の部隊が広場に突入。第二次天安門事件
六月二三日 党の中央委員会総会で、趙紫陽の解任が決定
一〇月五日 ダライ・ラマ一四世がノーベル平和賞を受賞
一一月六日 鄧小平が完全引退を宣言。中央軍事委員会主席の座を江沢民に譲る
一一月九日 ベルリンの壁崩壊
一九九〇年 五月 李登輝が台湾総統に就任
一九九一年 一月一七日 湾岸戦争勃発
五月一日 台湾、「反乱鎮圧動員時期臨時条項」（一九四八～）が解除される
一二月三一日 ソビエト連邦解体
一九九二年 一月一八日 鄧小平が深圳や珠海、上海を視察
二月 全国人民代表大会で領海法が制定され、尖閣諸島周辺を中国の領海と宣言
一〇月 共産党第一四回大会で胡錦濤が政治局常務委員に就任
一〇月一二日 共産党大会で、「社会主義市場経済体制を確立」することを決定
一九九四年 八月 愛国主義教育実施要綱制定
一九九六年 三月八日 台湾総統選挙期間中、中国が台湾周辺で軍事演習を行う
三月二三日 台湾、初の直接選挙で李登輝が当選

一九九七年　二月一九日　鄧小平死去
六月三〇日　イギリスの香港植民地支配が終わる
七月一日　香港が中国に返還

一九九八年　六月　江蘇省母子保健センター開所
一〇月八日　韓国の金大中大統領訪日。日韓共同宣言
一一月二五日　江沢民国家主席訪日

一九九九年　九月　北京国際空港第二ターミナル完成
一二月二〇日　マカオが中国に返還

二〇〇〇年　三月一八日　台湾総統選挙。陳水扁が当選

二〇〇二年　一一月一四日　共産党第一六回大会で共産党規約を改正し、「三つの代表」概念を導入
一一月一五日　共産党の胡錦涛指導部が発足

二〇〇三年　九月一日　台湾のパスポート表記の「REPUBLIC OF CHINA」に「TAIWAN」の表記が追加される
一〇月一五日　有人宇宙船「神舟5号」の打ち上げに成功

二〇〇四年　三月二〇日　台湾、総統選挙で陳水扁が再選
八月七日　サッカーのアジアカップの決勝戦、中国対日本戦が北京で行われる
九月一九日　中央委員会総会で、胡錦濤が中央軍事委員会主席に就任

二〇〇五年　四月九日　反日デモが北京の日本大使館周辺で行われる
四月一六日　反日運動。上海の日本総領事館への投石や日本料理店への襲撃が起きる
六月一六日　香港行政長官の選挙で、曾蔭権が当選
七月　人民解放軍国防大学政務学院院長の朱成虎少将が記者会見で、アメリカを牽制する発言
九月三日　抗日戦争勝利六〇周年の記念大会
一〇月一二日　「神舟6号」打ち上げ成功

二〇〇六年　一月一日　最高で七%あった農業税を廃止
一月二四日　『氷点週刊』紙が停刊、中国言論界を揺るがす騒動に
七月一日　北京からラサまでの直通鉄道「青蔵鉄道」が開通
九月六日　台北の国際空港の名称が「中正国際空港」から「台湾桃園国際空港」に変更
九月二四日　上海市のトップ陳良宇・党上海市委員会書記が汚職により解任
九月三〇日　チベットとネパールの国境で、亡命を図る人たちに中国の国境警備隊が発砲
一〇月三日　日本の安倍首相が最初の外遊先に中国を選ぶ
一一月一日　ダライ・ラマ一四世が国際平和会議のため訪日

二〇〇七年　一月一一日　人工衛星をロケットで破壊する実験に成功
二月一二日　台湾の郵政公社の名称が「中華郵政」から「台湾郵政」に変更
三月　北京で人民政治協商会議
三月　全国人民代表大会で物件法が成立
三月八日　中国外務省の副報道局長が空母建造について「真剣に考えている」と発言
三月一六日　全国人民代表大会で私有財産を認める、物権法が成立
三月二五日　香港行政長官の選挙で、曾蔭権が再選
四月一一日　中国の温家宝首相訪日
一〇月一日　物権法施行予定

142
202
203
マルサス(ロバート) 160
162

四つの基本原則 145
168
四人組 66
70~73
135
140
141

ふ

プーチン 111
112
物権法 231
232
フルシチョフ 112~115
文化大革命 20
51~54
57~62
64~73
86~88
100
123
142
143
145
146
155
169
170
191
192
204
217
235
文匯報 57

へ

平和共存路線 113
北京条約 188
北京の春 143~145

ほ

彭真 57
59
62
170
彭徳懐 48
49
57
法輪功 233~234
ホー(スタンレー) 199
ポル・ポト 38
51
香港境界拡張協約 188
香港総督 188
192
香港返還 192
194
196
198

ま

マーリン 17~19
マカオ 198~199
マカオ特別行政区 199
マクマホン・ライン 86
マクリホース 192
マルクス(カール) 51
65
104
160
マルクス主義 21
42
51
58
230
マルクス・レーニン主義 12
30
56
116

み

密植 44~45
三つの代表 202~204
民主の壁 143~144
168
民族資本 19

む

『矛盾論』 24
25

も

毛主席紀念(記念)堂 30
31
210
毛沢東 10
17
19~27
29~31
34~39
41~46
49~51
54~62
64~70
72
73
79~81
86~87
94
98
100
112~117
122~125
128
131
134
135
139~146
148
150
159~161
165
167
202
207
210
213
216~217
221
230
235
毛沢東語録(毛主席語録) 53
54
56
57
192
236

よ

葉群 68
楊尚昆 173
姚文元 57
66
67
72
73

り

李志綏 46
50
64
128
立法院 104
109
李登輝 95
102~104
106~109
李鵬 173
176
178
184
196
劉暁慶 168
劉少奇 36
50
54~57
59
67
114
159
林則徐 188
林彪 56~58
66~70
124
林立果 68
69

る

ルイセンコ 44

れ

レーニン 20
112
142
歴史問題 14
連戦 106

ろ

ロシア革命 18
23
呂秀蓮 108

わ

和諧社会 234~235

台湾総督府 95
96
台湾中油公司 93
台湾防衛法 130
台湾民主自治同盟 31
台湾郵政 93
108
竹のカーテン 64
191
田中角栄 10
15
101
130~133
WHO(世界保健機関) 159
164
ダライ・ラマ十三世 82
ダライ・ラマ十四世 75~76
78~83
85~91
205

ち

知識分子 38
57
チベット仏教 75
77~78
82
90
チベット平和解放に関する協定(十七条協定) 80
中英共同宣言 194
中越戦争 222~223
中華思想 15
中華人民共和国憲法 30
240
中華人民共和国の成立 10
29
79
94
159
中華ソビエト共和国臨時中央政府 23
24
中華郵政 93
中国共産党(共産党) 10~15
16~27
30~39
79~81
94
176
190~192
203
206
230
235
中国共産党第一期全大会 17
中国国家人口計画出産委員会 162
中国石油公司 93
中国造船公司 93
中国致公党 31
中国の赤い星 25
中国農工民主党 31
『中国農民調査』 213
214
中国民主建国会 31
中国民主促進会 31
中国民主同盟 31
中ソ友好同盟相互援助条約 34
35
中南海 33
59
116
172
173
234
張学良 26
張春橋 66
67
72
73
趙紫陽 170~178
184
202
207
長征 23~25
朝鮮労働党 32
陳雲 50
152
陳儀 96
97
陳水扁 93
106~109
陳独秀 18

て

提留金 214
テレサ・テン 168
169
天安門広場 14
28~30
33
60
71
87
116
167
168
172
173
174
176~184
209
210
田家英 46
纏足発言 153~154

と

ドイチェ・ベレ 106
檔案 34
党禁 102
董建華 196
197
鄧小平 12
59
67
70
72
73
87
102
114
121
133
135
140~149
150~155
168~174
176~178
183
184
185
192
193
202
204
207
212
217
221
223
235
統籌金 214
東風21 219
東風31 221
動乱制止小組 173
鄧力群 168
土地改革法 36
トルーマン 98

な

中曾根康弘 14
134
171
七万字 87
88
南京条約 188
南巡講和 152~154

に

二級市民 193~194
ニクソン 101
117
122~126
128~131
ニクソン・ショック 126
ニコルスキー 17
日韓共同宣言 14
日中共同宣言 14
日中平和友好条約 135~137
147
二・二八事件 97
『認識台湾』 96

の

農業戸籍 212
農村社会養老保険 165

は

買弁資本 19
馬寅初 159~161
薄一波 170
覇権 132
133
パッテン(クリス) 194
196
反右派闘争 38~39
43
57
パンチェン・ラマ十世 79
87
88
206
反日デモ 7~9
反覇権条項 133
137

ひ

一人っ子政策 161~164
204
百花斉放 38
39
43
143
145
168
百家争鳴 38
39
143
145
191
批林批孔 70
ピンポン外交 123

し

CIA（アメリカ中央情報局）　85, 112, 116
四旧打破運動　61
思想改造　38
実事求是　141~142
『実践論』　24, 25
下関条約　94, 95
社会主義　18, 35~39, 41, 42, 44, 51, 56, 58, 62, 65, 85, 145, 151, 154~155, 168, 230, 231
社会主義市場経済　154, 194, 203, 230, 231
周恩来　10, 24, 26, 36, 50, 62, 69~72, 115, 125, 126, 128, 131~135, 148, 191, 207
修正主義　60, 114, 116
臭老九　62
朱成虎　224
朱徳　36
朱鎔基　107, 202, 213
蒋介石　19, 20, 22, 23, 26, 82, 94, 96, 98~102, 108, 134
蒋経国　100, 102~104
小康　148, 149
小公主　157
小皇帝　157, 158, 163
招商銀行　164
城鎮戸籍　212
自力更生　114
辛亥革命　19
新華社　80, 177, 191
人工衛星破壊実験　219, 220
人口論　160
新四軍　26, 27
神舟5号　220
『新青年』　18, 21
親中意識　10
人頭税　213
人民解放軍　27, 32, 66, 79, 80, 94, 99, 122, 146, 178, 184, 196, 205, 221~223
人民公社　42, 45, 48, 66, 85, 113, 149~150, 212, 230
新民主主義　35
人民政治協商会議　30, 209
『人民日報』　174
人民服　61, 168, 177

す

スターリン　35, 37, 112, 142, 146
スターリン批判　112, 113
スノー（エドガー）　25, 124, 125

せ

西安事変　26
清華大学付属中学校　59
井岡山　21, 23, 25
西昌衛星発射センター　219
精神汚染　168
青蔵鉄道　90, 91
青天白日旗　191
西部大開発　90
尖閣諸島　136~137, 226~227
全国人民代表大会　33, 36, 231
234
殲10　220~221
先富論　150, 154, 235

そ

曾蔭権　187, 197
宋楚瑜　106, 107
造反有理　59~61, 64~65
宋美齢　98
園田直　137
孫文　19, 20, 102

た

第一次五か年計画　36
第一次国共合作　19
第一次世界大戦　18
第一次天安門事件　72, 142, 147
大字報　58
第二次国共合作　26, 27, 94, 102, 222
第二次世界大戦　15, 94, 96, 100, 101, 113, 121, 126, 190, 198
第二次天安門事件　11, 153, 173, 181, 185, 195, 196, 202, 206, 221
第八路軍　26
大躍進政策　39, 41~51, 53~57, 60, 73, 85, 86, 88, 100, 113, 114, 142, 155, 161, 191, 216, 235
台湾解放　224
台湾関係法　104, 105
台湾国際造船公司　93
台湾省行政長官公署　96, 97

索引

あ

愛国教育 11
12
185
愛国無罪 7
8
192
亜東関係協会 134
アヘン戦争 188

い

一国二制度 193~195
以徳報怨 100
134

う

ウアルカイシ 179
182
牛場信彦 131
右翼日和見主義 49
裏庭煉鋼炉 46

え

エンゲルス 51
104
袁世凱 19
83

お

王洪文 66
67
72
73
王丹 179
182
ODA(政府開発援助) 137
大平正芳 134
137
148~149
小渕恵三 13~14
温家宝 177
178
201
202
204
235

か

カーン(ヤヒア) 123
125
改革・開放路線 117
148
152~154
168
171
184
203
212
217
海瑞罷官 57
70
核シェルター 116
華国鋒 72
137
140
141
143
144
146
賀子珍 21
25
各戸生産請負制 149~150
163
合作社 37~38
42
壁新聞 58
59
143~145
171
192
下放 65
66
204

き

魏京生 144
145
キッシンジャー(ヘンリー) 116
122~127
金大中 14
義勇軍 80
122
義勇軍行進曲 30
九三学社 31
共産主義 18
19
42
43~45
51
56
58
65
145
共産主義青年団 204
205
共産党第八回全国大会 37
巨浪2 221

く

『空想から科学へ』 51
空想的社会主義 51

け

経済特別区 151~152
継続革命論 58
化身(トゥルク) 78
月光族 158
ゲルク(徳行)派 78
言者無罪 38
建設銀行 164

こ

紅衛兵 53
57
59~65
72
86
『紅旗』 114
紅軍 21~24
222
紅五類 62
江青 25
26
66
67
73
向ソ一辺倒 35
112
江沢民 11~14
89
154
184~185
196
202~204
207
郷鎮企業 150
212
呉晗 57
67
故宮博物院 94
95
胡喬木 168
胡錦濤 27
87
111
112
202
204~207
235
黒五類 62~64
極左冒険主義 24
国内旅券 42
43
国民大会 104
国民党 19
20
23
26
27
31
32
93
94
96~102
106~109
191
222
国民党革命委員会 31
五・四運動 18
19
五七一工程 68
互助組 37
五星紅旗 30
196
五族共和 82
国旗法 185
五反運動 34
コミンテルン(世界共産党) 17~22
胡耀邦 14
15
87
142
169~173
205~207
234
ゴルバチョフ 11
117
172~176

さ

財団法人交流協会 134
柴玲 179
182
サッチャー 192
193
196
三大紀律(規律)八項注意 22
80
三農問題 213
三反運動 34

そうだったのか! 中国《ちゅうごく》

2007年　6月30日　第1刷発行
2010年　5月19日　第4刷発行

著者　池上《いけがみ》 彰《あきら》

発行人　内橋良道

発行所　株式会社 ホーム社
〒101-0051 東京都千代田区神田神保町3-29 共同ビル
電話［出版部］03-5211-2966

発売元　株式会社 集英社
〒101-8050 東京都千代田区一ツ橋2-5-10
電話［販売部］03-3230-6393［読者係］03-3230-6080

印刷所　凸版印刷株式会社
製本所　凸版印刷株式会社

レイアウト　Design Trim 立花久人／福永圭子

写真　AP Images
共同通信社
毎日新聞社
ダライ・ラマ法王日本代表部事務所
・第10章P153 ©Ta Kung Pao/AP Images
・第16章P220 ©China Aviation Industry Corporation/AP Images(撮影日不詳)

イラスト　平田利之

図版　THÉAS

ISBN978-4-8342-5129-6 C0020